Treaty Series

Treaties and international agreements registered or filed and recorded with the Secretariat of the United Nations

VOLUME 2954

Recueil des Traités

Traités et accords internationaux enregistrés ou classés et inscrits au répertoire au Secrétariat de l'Organisation des Nations Unies

United Nations • Nations Unies
New York, 2020

Print ISBN: 978-92-1-900927-1
e-ISBN: 978-92-1-047670-6
ISSN: 0379-8267
e-ISSN: 2412-1495

TABLE OF CONTENTS

I

Treaties and international agreements
registered in September 2013
Nos. 51321 to 51356

TABLE DES MATIÈRES

I

Traités et accords internationaux
enregistrés en septembre 2013
N°s 51321 à 51356

NOTE BY THE SECRETARIAT

Under Article 102 of the Charter of the United Nations, every treaty and every international agreement entered into by any Member of the United Nations after the coming into force of the Charter shall, as soon as possible, be registered with the Secretariat and published by it. Furthermore, no party to a treaty or international agreement subject to registration which has not been registered may invoke that treaty or agreement before any organ of the United Nations. The General Assembly, by resolution 97 (I), established regulations to give effect to Article 102 of the Charter (see text of the regulations, vol. 859, p. VIII; https://treaties.un.org/Pages/Resource.aspx?path=Publication/Regulation/Page1_en.xml).

The terms "treaty" and "international agreement" have not been defined either in the Charter or in the regulations, and the Secretariat follows the principle that it acts in accordance with the position of the Member State submitting an instrument for registration that, so far as that party is concerned, the instrument is a treaty or an international agreement within the meaning of Article 102. Registration of an instrument submitted by a Member State, therefore, does not imply a judgement by the Secretariat on the nature of the instrument, the status of a party or any similar question. It is the understanding of the Secretariat that its acceptance for registration of an instrument does not confer on the instrument the status of a treaty or an international agreement if it does not already have that status, and does not confer upon a party a status which it would not otherwise have.

*

* *

Disclaimer: All authentic texts in the present Series are published as submitted for registration by a party to the instrument. Unless otherwise indicated, the translations of these texts have been made by the Secretariat of the United Nations, for information.

NOTE DU SECRÉTARIAT

Aux termes de l'Article 102 de la Charte des Nations Unies, tout traité ou accord international conclu par un Membre des Nations Unies après l'entrée en vigueur de la Charte sera, le plus tôt possible, enregistré au Secrétariat et publié par lui. De plus, aucune partie à un traité ou accord international qui aurait dû être enregistré mais ne l'a pas été ne pourra invoquer ledit traité ou accord devant un organe de l'Organisation des Nations Unies. Par sa résolution 97 (I), l'Assemblée générale a adopté un règlement destiné à mettre en application l'Article 102 de la Charte (voir texte du règlement, vol. 859, p. IX; https://treaties.un.org/Pages/Resource.aspx?path=Publication/Regulation/Page1_fr.xml).

Les termes « traité » et « accord international » n'ont été définis ni dans la Charte ni dans le règlement, et le Secrétariat a pris comme principe de s'en tenir à la position adoptée à cet égard par l'État Membre qui a présenté l'instrument à l'enregistrement, à savoir que, en ce qui concerne cette partie, l'instrument constitue un traité ou un accord international au sens de l'Article 102. Il s'ensuit que l'enregistrement d'un instrument présenté par un État Membre n'implique, de la part du Secrétariat, aucun jugement sur la nature de l'instrument, le statut d'une partie ou toute autre question similaire. Le Secrétariat considère donc que son acceptation pour enregistrement d'un instrument ne confère pas audit instrument la qualité de traité ou d'accord international si ce dernier ne l'a pas déjà, et qu'il ne confère pas à une partie un statut que, par ailleurs, elle ne posséderait pas.

*

* *

Déni de responsabilité : Tous les textes authentiques du présent Recueil sont publiés tels qu'ils ont été soumis pour enregistrement par l'une des parties à l'instrument. Sauf indication contraire, les traductions de ces textes ont été établies par le Secrétariat de l'Organisation des Nations Unies, à titre d'information.

I

Treaties and international agreements

registered in

September 2013

Nos. 51321 to 51356

Traités et accords internationaux

enregistrés en

septembre 2013

N°s 51321 à 51356

No. 51321

Guyana
and
Brazil

Memorandum of Understanding for the promotion of trade and investment between the Government of the Republic of Guyana and the Government of the Federative Republic of Brazil. Bonfim, 14 September 2009

Entry into force: *14 September 2009 by signature, in accordance with article 9*

Authentic texts: *English and Portuguese*

Registration with the Secretariat of the United Nations: *Guyana, 19 September 2013*

Guyana
et
Brésil

Mémorandum d'accord pour la promotion du commerce et de l'investissement entre le Gouvernement de la République du Guyana et le Gouvernement de la République fédérative du Brésil. Bonfim, 14 septembre 2009

Entrée en vigueur : *14 septembre 2009 par signature, conformément à l'article 9*

Textes authentiques : *anglais et portugais*

Enregistrement auprès du Secrétariat de l'Organisation des Nations Unies : *Guyana, 19 septembre 2013*

[ENGLISH TEXT – TEXTE ANGLAIS]

MEMORANDUM OF UNDERSTANDING FOR THE PROMOTION OF TRADE AND INVESTMENT BETWEEN THE GOVERNMENT OF THE REPUBLIC OF GUYANA AND THE GOVERNMENT OF THE FEDERATIVE REPUBLIC OF BRAZIL

The Government of the Republic of Guyana

and

The Government of the Federative Republic of Brazil
(hereinafter referred to as the "Parties"),

Inspired by the strong will to enhance and balance trade relations, as well as to foster new investments, with a view to reaffirming the commitment of both Parties to the strengthening of the relations among South American countries;

Determined to work towards the development of their countries and the well-being of their peoples, oriented by the promotion of trade and investment; and

Acknowledging the existing asymmetries in the trade relations between the two countries and reaffirming the importance of promoting a trade and investment-inducing environment, especially for Guyanese exports and Brazilian investments in Guyana,

Have come to the following understanding:

Article 1
Goals

The present Memorandum of Understanding aims at promoting the elaboration and implementation of plans and projects to be individually established, with a view to

a) fostering the growth of bilateral trade flow, seeking balance in the value and diversification of the trade exchange between the Parties, having in mind the Brazilian interest in favoring the increase in the acquisition of Guyanese products, under the Program of Competitive Substitution of Imports (PSCI);

b) promoting investments in the economies of the Parties, especially in the Guyanese territory, thereby facilitating the conditions to accomplish such investments;

c) developing, jointly and swiftly, a plan to implement projects and specific actions that lead to the deepening of relations between the economic agents of the Parties, in accordance with their respective national laws and regulations.

Article 2

Cooperation in the Promotion and Development of Trade Relations

In order to carry out the plans and specific projects directed at fostering bilateral trade exchange, especially to stimulate the growth of Guyanese exports to the Brazilian market, the Parties will take, according to their respective laws and regulations, the following measures, among others:

a) promotion and organization of meetings and other complementary activities that seek to widen trade and investment relations between their respective business sectors;

b) technical and operational support to the organization of missions of importers between the Parties, according to trade intelligence studies, which will define sectors and products with possible immediate increment in trade flow;

c) coordination with institutions from the public and private sectors, with international financing organizations and with private entities interested in foreign trade, aiming at fostering trade promotion and investment activities such as training and technical assistance, seminars, symposia, fairs and trade and industrial exhibits, trade missions, visits and market studies;

d) exchange of information and technical assistance to Guyana in the following areas: trade policies; existing institutional framework for the implementation of trade and sector policies; transportation systems and national, regional, and international commercialization channels; existing legal framework for the treatment of foreign investment; bilateral, regional and global supply and demand of exporting products; and any other areas the Parties may consider relevant;

e) stimuli to the private sectors of both countries towards the creation of investment projects, particularly in Guyana, aimed at fostering trade flows;

f) promotion of projects aimed at complementing and integrating the industrial, commercial and technological sectors, with a view to optimizing the usage of available resources by the Parties, taking into account the interest in supporting the improvement of productivity and competitiveness of Guyana; and

g) studies for the identification of possible actions aimed at overcoming difficulties relative to the maritime connection between Brazil and Guyana.

Article 3

Promotion and Development of Exports

The Parties will promote, according to their respective national laws and regulations, the implementation of plans and programs of cooperation with the objective of:

a) stimulating the growth and diversification of exports of Guyanese products and services to the Brazilian market, within the scope of the Brazilian Program of Competitive Substitution of Imports (PSCI);

b) promoting, among the economic agents of the Parties, the dissemination of information on advantages and tariff preferences mutually conceded under the Partial Scope Agreement 38 concluded between the Republic of Guyana and the Federative Republic of Brazil other instruments to be negotiated between the Parties;

c) fostering the interest of Brazilian companies in investment programs in Guyana, aimed at taking advantage of preferential access to third markets;

d) stimulating trade and investment flows along the border region of both Parties in order to favor the establishment of joint production areas, for supplying the respective internal markets and the markets of third parties;

e) seeking financing sources within public and private sector institutions and international organizations, with the intent of providing technical support to micro, small and medium Guyanese companies in order to develop their capability to export to the Brazilian market; and

f) transferring knowledge and practices to Guyana in the area of trade promotion in order to enhance productivity and competitiveness of Guyanese companies, particularly micro and small companies.

Article 4
Investment Promotion

In order to promote an increase in investments from Brazilian companies in Guyana:

a) the Government of the Republic of Guyana will provide to the Brazilian Government information about concrete investment opportunities in Guyana and will cooperate in making such information available for Brazilian companies or for those of third countries;

b) the Parties will examine the possibilities of partnerships between investors in specific economic sectors, considering projects presented by Guyana;

c) the Parties will study and work to identify new instruments and sources of national and international available financing that can contribute to the growth of investments in the territory of each Party;

d) the Parties will widely disseminate information with respect to the legislation and specific provisions that, directly and indirectly, can stimulate foreign investment, including currency exchange and tax regimes; and

e) the Parties will examine new alternatives for investment, keeping in mind the behaviour and trends of foreign direct investments (FDI) in international markets and in the territory of each Party.

Article 5

With the intent to promoting the investments mentioned in Article 4 of this Memorandum, the Parties will facilitate contacts between interested companies, taking into account the possibility of taking advantage of preferential access to third markets offered by Guyana. In order to achieve this goal, among others, the Parties will take the following actions, in accordance with their respective national laws and regulations:

a) stimulate of the organization of promotional events such as seminars, symposia, trade missions, business meetings, individual presentations for companies and other related activities;

b) identify, define and disseminate investment opportunities with the purpose of promoting them to the business sectors of both countries;

c) promote coordination among the institutions of investment promotion of both Parties;

d) facilitate the participation of Brazilian investors in programs of export promotion to third markets which include Guyanese products with preferential access.

Article 6
Financing

1. The Parties will take joint actions to obtain financial resources with the support of public and private sectors, national and international financial organizations and business entities interested in foreign trade and investment promotion, according to the respective national laws and regulations of each Party.

2. This Memorandum of Understanding does not imply any transfer of financial resources from one Party to the other or any other onerous burden to the national treasury of the Parties.

Article 7
Trade Facilitation

With the purpose of enabling satisfactory implementation of cooperation projects for trade facilitation and of searching for balance in the bilateral commercial exchange, the Parties will create proper mechanisms to find quick and efficient solutions to facilitate trade flows, by means of specific measures taken with the respective bodies of customs control and other bodies directly involved in authorizing the circulation of people and goods across the borders of the Parties, in accordance with the respective national laws and regulations of each Party. The Executive Working Group established in Article 8 of this Memorandum may recommend the measures to be adopted by the Parties in each case.

Article 8
Implementation

In order to accomplish the goals of the present Memorandum of Understanding, the Parties will establish an Executive Working Group (EWG), coordinated by the Ministry of External Relations of the Federative Republic of Brazil and the Ministry of Foreign Trade and International Cooperation of the Republic of Guyana. The EWG may invite representatives from national institutions, business associations or authorities directly related to specific themes of this Memorandum. The Group will meet once every semester, alternately in Brazil and Guyana, or extraordinarily when requested by one of the Parties.

Article 9
Validity, Termination, Amendments and Dispute Settlement

1. The present Memorandum of Understanding will come into effect on the date of its signature and will remain valid indefinitely.

2. Either Party may, at any time, notify the other of its intention to terminate the present Memorandum of Understanding, in writing and through the diplomatic channels. Termination will be effective ninety (90) days after the date of the notification.

3. The present Memorandum of Understanding may be amended by mutual consent of the Parties, in writing and through diplomatic channels.

4. Any dispute related to the interpretation or implementation of this Memorandum of Understanding will be settled by direct negotiations between the Parties, through diplomatic channels.

Signed in Bonfim, on September 14th 2009, in duplicate, in the English and Portuguese languages, both texts being equally valid.

FOR THE GOVERNMENT OF THE REPUBLIC OF GUYANA	FOR THE GOVERNMENT OF THE FEDERATIVE REPUBLIC OF BRAZIL

[PORTUGUESE TEXT – TEXTE PORTUGAIS]

MEMORANDO DE ENTENDIMENTO PARA A PROMOÇÃO DO COMÉRCIO E DO INVESTIMENTO ENTRE O GOVERNO DA REPÚBLICA DA GUIANA E O GOVERNO DA REPÚBLICA FEDERATIVA DO BRASIL

O Governo da República Cooperativista da Guiana

e

O Governo da República Federativa do Brasil
(doravante denominados as "Partes"),

Inspirados no firme propósito de incrementar e equilibrar as relações de comércio, bem como fomentar novos investimentos, a fim de favorecer a prioridade concedida por ambas as Partes ao fortalecimento das relações entre os países da América do Sul;

Decididos a trabalhar, mediante a promoção do comércio e do investimento, em prol do desenvolvimento de seus respectivos países e de melhores níveis de bem-estar de seus povos; e

Reconhecendo as assimetrias existentes nas relações comerciais entre os dois países e reafirmando a importância de promover um ambiente favorável ao comércio e ao investimento, particularmente para as exportações guianenses e os investimentos brasileiros na Guiana,

Chegaram ao seguinte entendimento:

Artigo 1
Objetivos

O presente Memorando de Entendimento tem como objetivo promover a elaboração e execução de planos e projetos a serem decididos caso a caso, com vistas a:

a) fomentar o crescimento do fluxo bilateral de comércio, buscando o equilíbrio no valor e na diversificação das trocas comerciais entre as Partes, tendo presente o interesse brasileiro em favorecer o incremento das compras de produtos guianenses, no âmbito do Programa de Substituição Competitiva de Importações (PSCI);

b) promover investimentos nas economias das Partes, especialmente em território guianense, facilitando as condições para tais investimentos;

c) desenvolver, de forma conjunta e expedita, um plano para a execução de projetos e ações específicas que conduzam ao aprofundamento dos vínculos entre os agentes econômicos das Partes, em conformidade com suas respectivas leis e regulamentos nacionais

Artigo 2
Cooperação na Promoção e Desenvolvimento das Relações de Comércio

A fim de concretizar os planos e projetos específicos voltados para o fomento do intercâmbio comercial, em especial para estimular o crescimento das exportações guianenses para o mercado brasileiro, as Partes tomarão, em conformidade com suas respectivas leis e regulamentos, entre outras, as seguintes medidas:

a) promoção e organização de encontros e outras atividades complementares que ampliem as relações de comércio e investimento entre seus respectivos setores empresariais;

b) apoio técnico e operacional à organização de missões de empresas importadoras entre as Partes, conforme estudos de inteligência comercial, que definirão setores e produtos passíveis de incremento imediato na corrente de comércio;

c) coordenação com instituições dos setores público e privado, organismos financeiros internacionais e entidades empresariais com interesses na área de comércio exterior, a fim de fomentar atividades de promoção comercial e de investimento, tais como capacitação e assistência técnica, seminários, simpósios, feiras e exposições comerciais e industriais, missões comerciais, visitas e estudos de mercado;

d) intercâmbio de informações e provimento de assistência técnica à Guiana nas seguintes áreas: políticas comerciais; marco institucional vigente para a execução de políticas comerciais e setoriais; sistemas de transporte e canais de comercialização nacionais, regionais e internacionais; marco jurídico vigente para o tratamento dos investimentos estrangeiros; oferta e demanda bilaterais, regionais e mundiais de produtos de exportação; e quaisquer outras áreas que as Partes considerem relevante;

e) estímulos aos setores privados de ambos os países para a criação de projetos de investimento, particularmente na Guiana, que permitam dinamizar os fluxos de comércio;

f) promoção de projetos que visem à complementação e à integração dos setores industrial, comercial e tecnológico, a fim de otimizar o aproveitamento dos recursos disponíveis pelas Partes, tendo em conta o interesse em apoiar a melhoria da produtividade e da competitividade da Guiana; e

g) estudos para identificação de possíveis ações com vistas a superar as dificuldades relativas às comunicações marítimas entre Brasil e Guiana.

Artigo 3
Promoção e Desenvolvimento da Exportação

As Partes promoverão, em conformidade com suas respectivas leis e regulamentos nacionais, a execução de planos e programas de cooperação com o objetivo de:

a) estimular o crescimento e a diversificação das exportações de produtos e serviços guianenses para o mercado brasileiro, no âmbito do Programa de Substituição Competitiva de Importações do Brasil (PSCI);

b) promover, entre os agentes econômicos das Partes, a difusão de informações sobre as vantagens e preferências tarifárias mutuamente concedidas no âmbito do Acordo de Alcance Parcial N° 38 entre a República Federativa do Brasil e a República da Guiana, e de outros instrumentos que venham a ser negociados entre as Partes;

c) estimular o interesse de empresas brasileiras em programas de investimento na Guiana, com vistas ao aproveitamento das vantagens de acesso preferencial a terceiros mercados;

d) estimular fluxos de comércio e investimentos nas regiões fronteiriças de ambas as Partes, com vistas a favorecer a conformação de áreas de produção conjunta, destinadas a suprir os respectivos mercados internos e os mercados de terceiros países;

e) buscar fontes de financiamento junto a instituições dos setores público e privado e organismos internacionais, a fim de prestar apoio técnico às micro, pequenas e médias empresas guianenses para desenvolver sua capacidade exportadora para o mercado brasileiro; e

f) transferir conhecimentos e práticas à Guiana na área de promoção comercial com vistas a melhorar a produtividade e a competitividade das empresas guianenses, particularmente as micro e pequenas empresas.

Artigo 4

Promoção de Investimentos

A fim de promover o aumento dos investimentos de empresas brasileiras na economia guianense:

a) o Governo da República da Guiana fornecerá ao Governo da República Federativa do Brasil informações sobre oportunidades concretas de investimento na Guiana e cooperará para torná-las disponíveis a empresas brasileiras ou de terceiros países;

b) as Partes examinarão as possibilidades de parcerias entre investidores em setores econômicos específicos, com base em projetos apresentados pela Guiana;

c) as Partes estudarão e procurarão identificar novos instrumentos e fontes de financiamento disponíveis, nacionais e internacionais, que possam contribuir para o aumento dos investimentos no território de cada Parte;

d) as Partes darão ampla divulgação a informações concernentes à legislação e às disposições específicas que, direta ou indiretamente, possam estimular investimentos estrangeiros, incluindo regimes cambiais e de caráter fiscal; e

e) as Partes examinarão novas alternativas de investimentos, tendo em vista o comportamento e as tendências dos investimentos estrangeiros diretos (IED) no mercado internacional e no território de cada Parte.

Artigo 5

Com o intuito de promover os investimentos mencionados no Artigo 4 deste Memorando, as Partes facilitarão contatos entre empresas interessadas, levando em conta a possibilidade de aproveitamento das vantagens do acesso preferencial a terceiros mercados oferecidas pela Guiana. Com tal finalidade, as Partes realizarão, entre outras, as seguintes ações, em conformidade com suas respectivas leis e regulamentos:

a) estimular a organização de eventos promocionais como seminários, simpósios, missões comerciais, reuniões empresariais, apresentações individuais para empresas e outras atividades correlatas;

b) identificar, definir e difundir oportunidades de investimentos, com o propósito de promovê-los junto aos setores empresariais de ambos os países;

c) promover a coordenação entre as instituições de promoção de investimentos de ambas as Partes;

d) facilitar a participação de investidores brasileiros em programas de promoção de exportações a terceiros mercados que incluam produtos guianenses com acesso preferencial.

Artigo 6
Financiamento

1. As Partes realizarão ações conjuntas para obter recursos financeiros com o apoio dos setores público e privado, de organismos financeiros nacionais e internacionais e de entidades empresariais interessadas no comércio exterior e na promoção de investimentos, em conformidade com as respectivas leis e regulamentos de cada Parte.

2. O presente Memorando de Entendimento não implica qualquer transferência de recursos financeiros de uma Parte à outra ou qualquer compromisso gravoso ao patrimônio nacional das Partes.

Artigo 7
Facilitação do Comércio

A fim de permitir a implementação satisfatória dos projetos de cooperação para a facilitação do comércio e para a busca do equilíbrio do intercâmbio bilateral, as Partes criarão os mecanismos adequados para encontrar soluções rápidas e eficientes para a facilitação do fluxo comercial, por meio de medidas pontuais junto aos respectivos órgãos de controle aduaneiro e outros órgãos diretamente envolvidos na autorização da circulação de pessoas e bens nas fronteiras das Partes, em conformidade com as respectivas leis e regulamentos de cada Parte. O Grupo Executivo de Trabalho estabelecido no Artigo 8 deste Memorando poderá recomendar às Partes medidas a serem adotadas em cada caso.

Artigo 8
Execução

Para a consecução dos objetivos do presente Memorando de Entendimento, as Partes estabelecerão um Grupo Executivo de Trabalho (GET), coordenado pelo Ministério das Relações Exteriores da República Federativa do Brasil e pelo Ministério de Comércio Exterior e Cooperação Internacional da República da Guiana. O GET poderá convidar representantes de instituições, entidades empresariais ou autoridades nacionais diretamente vinculadas aos temas específicos do presente Memorando. O Grupo se reunirá uma vez por semestre, alternadamente no Brasil e na Guiana, ou em caráter extraordinário a pedido de uma das Partes.

Artigo 9
Vigência, Denúncia, Emendas e Solução de Controvérsias

1. O presente Memorando de Entendimento entrará em vigor na data de sua assinatura e terá vigência indeterminada.

2. Qualquer das Partes poderá, a qualquer momento, notificar a outra de sua intenção de denunciar o presente Memorando de Entendimento, por escrito e por via diplomática. A denúncia surtirá efeito noventa (90) dias após a data da notificação.

3. O presente Memorando poderá ser modificado por consentimento mútuo das Partes, por escrito e por via diplomática.

4. Quaisquer controvérsias relativas à interpretação ou aplicação do presente Memorando de Entendimento serão resolvidas por negociação direta entre as Partes, por via diplomática.

Feito em Bonfim, em 14 de setembro de 2009, em dois originais, nos idiomas inglês e português, sendo ambos os textos igualmente autênticos.

PELO GOVERNO DA REPÚBLICA DA GUIANA	PELO GOVERNO DA REPÚBLICA FEDERATIVA DO BRASIL

[TRANSLATION – TRADUCTION]

MÉMORANDUM D'ACCORD POUR LA PROMOTION DU COMMERCE ET DE L'INVESTISSEMENT ENTRE LE GOUVERNEMENT DE LA RÉPUBLIQUE DU GUYANA ET LE GOUVERNEMENT DE LA RÉPUBLIQUE FÉDÉRATIVE DU BRÉSIL

Le Gouvernement de la République du Guyana et le Gouvernement de la République fédérative du Brésil (ci-après dénommés les « Parties »),

Mus par la ferme volonté de développer et d'équilibrer leurs relations commerciales, ainsi que d'encourager de nouveaux investissements, dans le but de réaffirmer l'engagement des deux Parties au renforcement des relations entre les pays d'Amérique du Sud,

Résolus à œuvrer pour le développement de leur pays et pour le bien-être de leur peuple, grâce à la promotion du commerce et de l'investissement, et

Reconnaissant l'existence de déséquilibres dans les relations commerciales entre les deux pays et réaffirmant l'importance de la promotion d'un environnement favorable au commerce et à l'investissement, en particulier en ce qui concerne les exportations guyaniennes et les investissements brésiliens au Guyana,

Sont convenus de ce qui suit :

Article premier. Objectifs

Le présent Mémorandum d'accord vise à promouvoir la conception et la mise en œuvre de plans et de projets, élaborés au cas par cas, en vue de :

a) Favoriser l'essor des flux commerciaux bilatéraux en cherchant à équilibrer la valeur et la diversification des échanges commerciaux entre les Parties et en tenant compte de l'intérêt du Brésil à accroître les acquisitions de produits guyaniens, conformément à son Programme de remplacement compétitif des importations;

b) Promouvoir les investissements dans chaque économie nationale, en particulier sur le territoire guyanien, facilitant ainsi les conditions pour réaliser lesdits investissements;

c) Développer, conjointement et rapidement, un plan pour mettre en œuvre des projets et des actions spécifiques afin d'approfondir les relations entre les agents économiques des Parties, conformément à leurs dispositions législatives et règlementaires internes respectives.

Article 2. Coopération pour la promotion et le développement des relations commerciales

Pour mener à bien les plans et les projets spécifiques visant à encourager les échanges commerciaux bilatéraux, et notamment à stimuler les exportations guyaniennes sur le marché brésilien, les Parties prennent, conformément à leurs dispositions législatives et règlementaires respectives, un certain nombre de mesures, dont les suivantes :

a) La promotion et l'organisation de réunions et d'autres activités complémentaires en vue d'approfondir les relations en matière de commerce et d'investissement entre leurs secteurs privés respectifs;

b) Un soutien technique et opérationnel à l'organisation de missions d'importateurs entre les Parties sur la base d'études d'information commerciale afin de définir les secteurs et les produits dont le flux commercial pourrait connaître une augmentation immédiate;

c) La coordination avec les institutions des secteurs public et privé, ainsi qu'avec les institutions financières internationales et les entités privées intéressées par le commerce extérieur, dans le but d'encourager la promotion des échanges commerciaux et les activités d'investissement grâce, par exemple, à la formation et à l'assistance technique, à des séminaires, à des symposiums, à des salons, à des expositions industrielles et commerciales, à des missions commerciales, à des visites et à des études de marché;

d) L'échange d'informations et l'assistance technique au Guyana dans les domaines suivants : politiques commerciales; cadre institutionnel existant pour la mise en œuvre de politiques commerciales et sectorielles; systèmes de transport et canaux de commercialisation nationaux, régionaux et internationaux; cadre juridique en vigueur pour le traitement des investissements étrangers; offre et demande de produits d'exportation aux niveaux bilatéral, régional et mondial; ainsi que tout autre domaine que les Parties jugent pertinent;

e) Des mesures incitatives destinées aux secteurs privés des deux pays afin de favoriser l'élaboration de projets d'investissements, en particulier au Guyana, visant à encourager les flux commerciaux;

f) La promotion de projets visant à développer les synergies entre les secteurs industriels, commerciaux et technologiques, dans le but d'optimiser l'usage des ressources disponibles par les Parties, en tenant compte de l'intérêt porté à l'amélioration de la productivité et de la compétitivité du Guyana; et

g) Des études afin d'identifier les mesures qui peuvent être prises pour surmonter les difficultés relatives à la liaison maritime entre le Brésil et le Guyana.

Article 3. Promotion et développement des exportations

Conformément à leurs dispositions législatives et règlementaires internes respectives, les Parties veillent à la mise en œuvre de plans et de programmes de coopération dans le but de :

a) Stimuler la croissance et diversifier les exportations de produits guyaniens vers le marché brésilien dans le cadre du Programme brésilien de remplacement compétitif des importations;

b) Favoriser la diffusion, auprès des agents économiques des Parties, des informations relatives aux avantages et préférences tarifaires convenus dans l'Accord partiel n° 38 conclu entre la République du Guyana et la République fédérative du Brésil, ou dans tout autre instrument négocié entre les Parties;

c) Susciter l'intérêt des entreprises brésiliennes pour les programmes d'investissement au Guyana visant à profiter de l'accès préférentiel à des marchés tiers;

d) Stimuler les flux en matière de commerce et d'investissement dans les régions frontalières des deux Parties afin de favoriser la création de zones communes de production pour approvisionner leurs marchés internes respectifs et les marchés tiers;

e) Rechercher des sources de financement auprès d'institutions des secteurs public et privé, ainsi que d'institutions internationales, dans le but d'apporter un soutien technique aux petites, moyennes et micro-entreprises guyaniennes pour leur permettre de développer leur capacité d'exportation vers le marché brésilien; et

f) Transférer au Guyana des connaissances et des pratiques en matière de promotion commerciale afin de renforcer la productivité et la compétitivité des entreprises guyaniennes, en particulier les petites et micro-entreprises.

Article 4. Promotion de l'investissement

Afin de favoriser la croissance des investissements d'entreprises brésiliennes au Guyana :

a) Le Gouvernement de la République du Guyana communique au Gouvernement brésilien des informations sur les possibilités concrètes en matière d'investissement au Guyana et coopère en mettant lesdites informations à la disposition des entreprises brésiliennes ou des entreprises de pays tiers;

b) Les Parties examinent les possibilités de partenariats entre les investisseurs de secteurs économiques spécifiques, en accordant une attention particulière aux projets présentés par le Guyana;

c) Les Parties cherchent, par des études et des travaux, à identifier de nouveaux instruments et de nouvelles sources de financement national et international disponibles pouvant contribuer à l'augmentation des investissements sur le territoire de chaque Partie;

d) Les Parties diffusent largement les informations relatives à leur législation et aux dispositions spécifiques qui, directement et indirectement, peuvent stimuler l'investissement étranger, notamment leurs régimes d'imposition et de taux de change; et

e) Les Parties examinent de nouvelles possibilités d'investissement, en tenant compte du comportement et des tendances des investissements étrangers directs sur les marchés internationaux et sur le territoire de chaque Partie.

Article 5

En vue de promouvoir les investissements visés à l'article 4 du présent Mémorandum, les Parties facilitent les échanges entre les entreprises intéressées, en tenant compte de la possibilité offerte par le Guyana de profiter de l'accès préférentiel aux marchés tiers. Afin de parvenir notamment à ce but, les Parties prennent, conformément à leurs dispositions législatives et règlementaires internes respectives, les mesures suivantes :

a) Encourager l'organisation d'événements promotionnels tels que des séminaires, des symposiums, des missions commerciales, des réunions de travail, des présentations individuelles pour les entreprises et autres activités y relatives;

b) Identifier, définir et diffuser les possibilités d'investissement afin de les promouvoir auprès des secteurs privés des deux pays;

c) Favoriser la coordination entre les institutions chargées de la promotion de l'investissement dans les deux Parties;

d) Favoriser la participation des investisseurs brésiliens à des programmes, comprenant des produits guyaniens jouissant d'un accès préférentiel, qui visent la promotion des exportations vers des marchés tiers.

Article 6. Financement

1. Les Parties prennent des mesures communes afin d'obtenir des ressources financières avec le soutien des secteurs public et privé, d'institutions financières nationales et internationales, et d'entreprises intéressées par le commerce extérieur et la promotion de l'investissement, conformément aux dispositions législatives et règlementaires internes respectives de chaque Partie.

2. Le présent Mémorandum d'accord ne prévoit pas le transfert de ressources financières d'une Partie à l'autre, ni de faire peser aucune autre charge financière sur le trésor public des Parties.

Article 7. Facilitation du commerce

Afin d'assurer la bonne mise en œuvre des projets de coopération pour la facilitation du commerce et de parvenir à l'équilibre dans les échanges commerciaux bilatéraux, les Parties créent les mécanismes appropriés permettant de trouver des solutions rapides et efficaces pour faciliter les flux commerciaux au moyen de mesures spécifiques prises en collaboration avec leurs organes respectifs chargés du contrôle douanier et tout autre organe directement chargé d'autoriser la circulation transfrontalière des personnes et des biens, conformément aux dispositions législatives et règlementaires internes respectives de chaque Partie. Le Groupe de travail exécutif, établi à l'article 8 du présent Mémorandum, peut recommander les mesures que les Parties doivent prendre dans chaque cas.

Article 8. Mise en œuvre

Afin d'atteindre les objectifs du présent Mémorandum d'accord, les Parties créent un Groupe de travail exécutif, géré conjointement par le Ministère des affaires étrangères de la République fédérative du Brésil et par le Ministère du commerce extérieur et de la coopération internationale de la République du Guyana. Le Groupe de travail exécutif peut inviter des représentants des institutions nationales, des associations professionnelles ou des autorités directement associées à des thèmes spécifiques du présent Mémorandum. Le Groupe de travail exécutif se réunit une fois par trimestre, alternativement au Brésil et au Guyana, ou de façon extraordinaire, à la demande de l'une des Parties.

Article 9. Validité, dénonciation, modifications et règlement des différends

1. Le présent Mémorandum d'accord entre en vigueur à la date de sa signature et reste valable pour une durée indéfinie.

2. Chaque Partie peut, à tout moment, notifier à l'autre Partie, par écrit et par la voie diplomatique, son intention de dénoncer le présent Mémorandum d'accord. La dénonciation prend effet 90 jours après réception de la notification.

3. Le présent Mémorandum d'accord peut être modifié par écrit d'un commun accord entre les Parties, par la voie diplomatique.

4. Tout différend portant sur l'interprétation ou la mise en œuvre du présent Mémorandum d'accord est réglé par des négociations directes entre les Parties, par la voie diplomatique.

SIGNÉ à Bonfim, le 14 septembre 2009, en deux exemplaires en langues anglaise et portugaise, les deux textes faisant également foi.

Pour le Gouvernement de la République du Guyana :
[SIGNÉ]

Pour le Gouvernement de la République fédérative du Brésil :
[SIGNÉ]

No. 51322

Guyana and Kuwait

Trade Agreement between the Government of the Co-operative Republic of Guyana and the Government of the State of Kuwait. Georgetown, 19 July 2010

Entry into force: *3 November 2011 by notification, in accordance with article 8*

Authentic texts: *Arabic and English*

Registration with the Secretariat of the United Nations: *Guyana, 19 September 2013*

Guyana et Koweït

Accord commercial entre le Gouvernement de la République coopérative du Guyana et le Gouvernement de l'État du Koweït. Georgetown, 19 juillet 2010

Entrée en vigueur : *3 novembre 2011 par notification, conformément à l'article 8*

Textes authentiques : *arabe et anglais*

Enregistrement auprès du Secrétariat de l'Organisation des Nations Unies : *Guyana, 19 septembre 2013*

2-يجوز تعديل هذا الاتفاق بموافقة الطرفين المتعاقدين وتدخل التعديلات حيز النفاذ وفقاً للإجراءات المنصوص عليها في الفقرة (1) من المادة (8).

3-يظل هذا الاتفاق ساري المفعول لمدة خمس سنوات ويجدد تلقائياً لمدد مماثلة، ما لم يخطر أحد الطرفين الطرف الآخر كتابة برغبته في إنهائه قبل مرور ثلاث أشهر من تاريخ انتهاء المدة الأولية أو أية مدة لاحقة.

مادة (9)

يستمر تطبيق أحكام هذا الاتفاق بالنسبة للعقود التي تبرم أثناء فترة سريانه, ولم يتم إنجازها من تاريخ انتهاء الاتفاق.

مادة (10)

أي خلاف قد ينشأ بين الطرفين المتعاقدين يتعلق بتفسير أو تطبيق هذا الاتفاق يتم تسويته وديا من خلال التشاور أو المفاوضات بين الطرفين عن طريق القنوات الدبلوماسية.

حرر في مدينة جورج تاون بتاريخ 19 يوليو 2010، من نسختين أصليتين باللغتين الانجليزية و العربية لكل منهما ذات الحجية.

عن	عن
حكومة جمهورية غوايانا التعاونية	حكومة دولة الكويت
C. Rodrigues-Birkett	[signature]
كارولين رودريغو بيركيت	أحمد راشد الهارون
وزير الخارجية	وزير التجارة والصناعة

مادة (4)

يشجع الطرفان المتعاقدان تبادل الوفود التجارية بين البلدين وفقا للقوانين والأنظمة السارية المفعول في كل من البلدين.

مادة (5)

في إطار هذا الاتفاق تكون كافة المدفوعات الخاصة بالبضائع والخدمات بين البلدين بعملة قابلة للتحويل بحرية وفقا للقوانين والأنظمة السارية لدى الطرفين المتعاقدين.

مادة (6)

يعفى الطرفان المتعاقدان البضائع التالية من الرسوم الجمركية والضرائب وفقا للقوانين والأنظمة المعمول بها في كل من البلدين:-

1-العينات ومواد الدعاية الضرورية لتسهيل وتطوير التبادل التجاري والتي ليس لها قيمة البضائع.

2-المعدات ومواد السلع المشاركة في المعارض التجارية بشرط إعادة تصديرها.

مادة (7)

يشكل الطرفان المتعاقدان لجنة تجارية مشتركة من ممثلين عن كل منهما تختص بالأتي:-

1- متابعة تطبيق وتفعيل مواد هذا الاتفاق.

2- تقييم التجارة الثنائية بين الطرفين المتعاقدين وتقديم التوصية اللازمة.

3- مناقشة المقترحات المقدمة من أحد الطرفان المتعاقدان لتنمية أو تنويع التجارة بين البلدين ووضع التوصيات اللازمة.

تعقد اجتماعات اللجنة التجارية المشتركة بالتناوب في غوايانا والكويت بناءا على طلب أي من الطرفين المتعاقدين وموافقة الطرف الآخر.

مادة (8)

1-يدخل هذا الاتفاق حيز النفاذ من تاريخ الإشعار الأخير الذي يخطر فيه أحد الطرفين الطرف الآخر كتابياً وعبر القنوات الدبلوماسية باستيفائه لكافة الإجراءات الدستورية اللازمة لنفاذه.

[ARABIC TEXT – TEXTE ARABE]

اتفاق تجاري
بين
حكومة جمهورية غوايانا التعاونية وحكومة دولة الكويت

إن حكومة جمهورية غوايانا التعاونية وحكومة دولة الكويت (ويشار إليهما فيما بعد" بالطرفين المتعاقدين").

ورغبة منها في تطوير العلاقات التجارية بين البلدين على أساس المساواة والمنفعة المتبادلة.

واقتناعا منهما بأهمية تطوير وزيادة تبادل البضائع والخدمات.

فقد اتفقا على ما يلي:-

مادة (1)

يأخذ الطرفان المتعاقدان بكل المقاييس التي تؤدي إلى توسيع وتنويع تبادل البضائع والخدمات بين البلدين من خلال هذا الاتفاق.

مادة (2)

يشجع الطرفان المتعاقدان إنجاز العقود بين الأشخاص الطبيعيين والمعنويين في دولة الكويت وجمهورية غوايانا التعاونية وفقا للقواعد والقوانين والأنظمة السارية المفعول في كل من البلدين.

مادة (3)

يعمل الطرفان المتعاقدان على تقديم التسهيلات اللازمة لتنظيم أو المشاركة في المعارض التجارية والأسواق الدولية والتي تقام وفقا للقوانين والأنظمة السارية المفعول في كل من البلدين.

[ENGLISH TEXT – TEXTE ANGLAIS]

**TRADE AGREEMENT
BETWEEN
THE GOVERNMENT OF THE CO-OPERATIVE
REPUBLIC OF GUYANA**

**AND
THE GOVERNMENT OF THE STATE OF KUWAIT**

The Government of the Government of the Co-operative Republic of Guyana and the State of Kuwait, hereafter referred to as the "Contracting Parties".

Desirous to develop trade relations between the two countries, on the basis of equality and mutual benefits.

Convinced of the need to develop and expand the exchange of goods and services,

Have agreed on the following:

Article 1

The Contracting Parties take all necessary measures to enlarge and diversify exchange of goods and services between the two countries, through this agreement.

Article 2

The Contracting Parties promote conclusion of contracts between juridical and natural persons in the State of Kuwait and the Co-operative Republic of Guyana, in accordance with the laws and regulations in practice in the two Countries.

Article 3

The Contracting Parties afford each other necessary facilities to participate in trade fairs and international markets to be organized according to the laws and regulations in practice in the two countries.

Article 4

The Contracting Parties shall encourage the exchange of commercial delegations between the two countries, in accordance with the laws and regulations in practice in the two countries.

Article 5

The payment for all goods and services done between the two countries in the framework of this agreement should be settled by freely convertible currencies in accordance with the laws and regulations of the Contracting Parties.

Article 6

The Contracting Parties exempt from customs duties and taxes on the following goods according to the laws and regulations in practice in the contracting parties:

1. Sample or advertisement items having no value as goods and which are mainly for promotion and commercial order.

2. Materials and equipment with value of those goods which are re-exported after been imported for trade fairs and exhibitions.

Article 7

The Contracting Parties establish a Joint Trade Commission composed of their representatives whose functions are the following:

1. Follow-up the implementation and operation of articles of this agreement.
2. Evaluate and advise on bilateral trade between the two Contracting Parties.
3. Discuss any proposals by either of the Contracting Parties for enlargement or diversification of trade between the two countries and make necessary recommendations.

The Joint Trade Commission shall meet at the request of either Party and consent of the other Party, alternately in Kuwait and Guyana.

Article 8

1- This Agreement will enter into force on the date of receipt of the last notification from either of the parties notifying the other in writing through diplomatic channels that it has satisfied all the internal constitutional procedures required for its entry into force.

2- This Agreement may be amended by mutual consent of both Contracting Parties and any such amendment shall come into force according to the procedure mentioned in paragraph (1) of Article 8, herein.

3- This Agreement shall remain in force for a period of five years and shall be automatically renewed for further periods of five years unless either

Contracting Parties notifies in writing at least six months prior to the expiration of this agreement of its intention to terminate it.

Article 9

The provisions of this agreement shall continue to be applied to all contracts concluded during its validity but not duly fulfilled at the date of expiry.

Article 10

Any dispute between the Contracting Parties that may result from the implementation or interpretation of this agreement shall be resolved through consultations and negotiations through diplomatic channels.

Done in Georgetown city, on 19th of July 2010, in two original copies, in the English and Arabic languages, all texts being equally authentic.

FOR	FOR
THE GOVERNMENT OF THE CO-OPERATIVE REPUBLIC OF GUYANA	**THE GOVERNMENT OF THE STATE OF KUWAIT**
Carolyn Rodrigues-Birkett **Minister of Foreign Affairs**	**Ahmad AL-Haroon** **Minister of Commerce and Industry**

[TRANSLATION – TRADUCTION]

ACCORD COMMERCIAL ENTRE LE GOUVERNEMENT DE LA RÉPUBLIQUE COOPÉRATIVE DU GUYANA ET LE GOUVERNEMENT DE L'ÉTAT DU KOWEÏT

Le Gouvernement de la République coopérative du Guyana et le Gouvernement de l'État du Koweït, ci-après dénommés les « Parties contractantes »,

Désireux de développer des relations commerciales entre les deux pays dans des conditions d'égalité et d'avantages mutuels,

Convaincus de la nécessité de développer et d'accroître les échanges de biens et de services,

Sont convenus de ce qui suit :

Article premier

Les Parties contractantes prennent toutes les mesures nécessaires pour développer et diversifier les échanges de biens et de services entre les deux pays en vertu du présent Accord.

Article 2

Les Parties contractantes encouragent la conclusion de contrats entre des personnes physiques et morales de l'État du Koweït et de la République coopérative du Guyana conformément aux lois et règlements en vigueur dans les deux pays.

Article 3

Chacune des Parties contractantes accorde à l'autre les installations nécessaires à sa participation aux foires commerciales et aux marchés internationaux organisés conformément aux lois et règlements en vigueur dans les deux pays.

Article 4

Les Parties contractantes encouragent les échanges de délégations commerciales entre les deux pays, conformément aux lois et règlements en vigueur dans les deux pays.

Article 5

Le paiement de tous les biens et services importés d'un pays à l'autre dans le cadre du présent Accord s'effectue en monnaie librement convertible conformément aux lois et règlements des Parties contractantes.

Article 6

Les Parties contractantes exemptent les biens suivants de droits de douane et de taxes conformément aux lois et règlements en vigueur dans les deux pays :

1. Les échantillons et les objets publicitaires sans valeur commerciale qui sont principalement destinés à des activités de promotion et de commercialisation.

2. Les fournitures et le matériel ayant une valeur commerciale qui sont réexportés après avoir été importés pour des foires ou des expositions.

Article 7

Les Parties contractantes établissent un Comité mixte pour les questions commerciales, composé de leurs représentants, dont les fonctions sont les suivantes :

1. Suivre la mise en œuvre et l'exécution des dispositions du présent Accord.

2. Évaluer et donner des avis en lien avec les échanges commerciaux bilatéraux entre les deux Parties contractantes.

3. Examiner toute proposition de l'une ou l'autre des Parties contractantes concernant le développement ou la diversification des échanges commerciaux entre les deux pays et faire les recommandations nécessaires à ce sujet.

Le Comité mixte pour les questions commerciales se réunit à la demande de l'une des Parties, avec l'assentiment de l'autre Partie, alternativement au Koweït et au Guyana.

Article 8

1. Le présent Accord entre en vigueur à la date de réception de la dernière notification écrite par laquelle l'une des Parties informe l'autre, par la voie diplomatique, de l'achèvement des procédures constitutionnelles internes requises à cet effet.

2. Le présent Accord peut être modifié sous réserve que les deux Parties contractantes y consentent; l'entrée en vigueur de toute modification est soumise à la procédure visée au paragraphe 1 du présent article.

3. Le présent Accord demeure en vigueur pendant une période de cinq ans, puis est tacitement reconduit pour des périodes successives de même durée, à moins que l'une des Parties contractantes n'avise l'autre par écrit, au moins six mois avant l'expiration du présent Accord, de son intention de le dénoncer.

Article 9

Les dispositions du présent Accord continuent à s'appliquer à tous les contrats conclus pendant sa période de validité mais non exécutés à la date de son expiration.

Article 10

Tout différend entre les Parties contractantes relatif à l'application ou à l'interprétation du présent Accord est réglé par des consultations et des négociations, par la voie diplomatique.

FAIT à Georgetown, le 19 juillet 2010, en deux exemplaires originaux en langues anglaise et arabe, tous les textes faisant également foi.

Pour le Gouvernement de la République coopérative du Guyana :

CAROLYN RODRIGUES-BIRKETT
Ministre des affaires étrangères

Pour le Gouvernement de l'État du Koweït :

AHMAD AL-HAROON
Ministre du commerce et de l'industrie

No. 51323

Guyana
and
United States of America

Air Transport Agreement between the Government of the Co-operative Republic of Guyana and the Government of the United States of America (with memorandum of consultation). Georgetown, 25 March 2013

Entry into force: *25 March 2013 by signature, in accordance with article 17*

Authentic text: *English*

Registration with the Secretariat of the United Nations: *Guyana, 19 September 2013*

Guyana
et
États-Unis d'Amérique

Accord relatif au transport aérien entre le Gouvernement de la République coopérative du Guyana et le Gouvernement des États-Unis d'Amérique (avec mémorandum de consultation). Georgetown, 25 mars 2013

Entrée en vigueur : *25 mars 2013 par signature, conformément à l'article 17*

Texte authentique : *anglais*

Enregistrement auprès du Secrétariat de l'Organisation des Nations Unies : *Guyana, 19 septembre 2013*

[ENGLISH TEXT – TEXTE ANGLAIS]

AIR TRANSPORT AGREEMENT

BETWEEN

THE GOVERNMENT OF

THE CO-OPERATIVE REPUBLIC OF GUYANA

AND

THE GOVERNMENT OF

THE UNITED STATES OF AMERICA

The Government of the Co-operative Republic of Guyana and the Government of the United States of America (hereinafter, "the Parties");

Desiring to promote an international aviation system based on competition among airlines in the marketplace with minimum government interference and regulation;

Desiring to make it possible for airlines to offer the traveling and shipping public a variety of service options, and wishing to encourage individual airlines to develop and implement innovative and competitive prices;

Desiring to facilitate the expansion of international air transport opportunities;

Desiring to ensure the highest degree of safety and security in international air transport and reaffirming their grave concern about acts or threats against the security of aircraft, which jeopardize the safety of persons or property, adversely affect the operation of air transportation, and undermine public confidence in the safety of civil aviation; and

Being Parties to the Convention on International Civil Aviation, done at Chicago December 7, 1944;

Have agreed as follows:

Article 1

Definitions

For the purposes of this Agreement, unless otherwise stated, the term:

1. "Aeronautical authorities" means, in the case of the Guyana, the Guyana Civil Aviation Authority and in the case of United States, the Department of Transportation and any person or agency authorized to perform functions exercised by the Department of Transportation or the Guyana Civil Aviation Authority;

2. "Agreement" means this Agreement and any amendments thereto;

3. "Air transportation" means the public carriage by aircraft of passengers, baggage, cargo, and mail, separately or in combination, scheduled or charter, for remuneration or hire;

4. "Airline of a Party" means an airline that has received its Air Operator's Certificate (AOC) from and has its principal place of business in the territory of that Party;

5. "Convention" means the Convention on International Civil Aviation, done at Chicago December 7, 1944, and includes:

a. any amendment that has entered into force under Article 94(a) of the Convention and has been ratified by both Parties, and

b. any Annex or any amendment thereto adopted under Article 90 of the Convention, insofar as such Annex or amendment is at any given time effective for both Parties;

6. "Full cost" means the cost of providing service plus a reasonable charge for administrative overhead;

7. "International air transportation" means air transportation that passes through the airspace over the territory of more than one State;

8. "Price" means any fare, rate, or charge for the carriage of passengers, baggage, or cargo (excluding mail) in air transportation, including surface transportation in connection with international air transportation, charged by airlines, including their agents, and the conditions governing the availability of such fare, rate, or charge;

9. "Stop for non-traffic purposes" means a landing for any purpose other than taking on or discharging passengers, baggage, cargo, or mail in air transportation;

10. "Territory" means the land areas, internal waters, and territorial sea under the sovereignty of a Party; and

11. "User charge" means a charge imposed on airlines for the provision of airport, airport environmental, air navigation, or aviation security facilities or services including related services and facilities.

Article 2

Grant of Rights

1. Each Party grants to the other Party the following rights for the conduct of international air transportation by the airlines of the other Party:

(a) the right to fly across its territory without landing;

(b) the right to make stops in its territory for non-traffic purposes;

(c) the right to perform international air transportation between points on the following routes:

(i) for airlines of the United States, from points behind the United States via the United States and intermediate points to any point or points in Guyana and beyond; and for all-cargo service, between Guyana and any point or points;

(ii) for airlines of Guyana, from points behind Guyana via Guyana and intermediate points to any point or points in the United States and beyond; and for all-cargo service, between the United States and any point or points; and

(d) the rights otherwise specified in this Agreement.

2. Each airline of a Party may, on any or all flights and at its option:

a. operate flights in either or both directions;

b. combine different flight numbers within one aircraft operation;

c. serve behind, intermediate, and beyond points and points in the territories of the Parties in any combination and in any order;

d. omit stops at any point or points;

e. transfer traffic from any of its aircraft to any of its other aircraft at any point;

f. serve points behind any point in its territory with or without change of aircraft or flight number and hold out and advertise such services to the public as through services;

g. make stopovers at any points whether within or outside the territory of either Party;

h. carry transit traffic through the other Party's territory; and

i. combine traffic on the same aircraft regardless of where such traffic originates;

without directional or geographic limitation and without loss of any right to carry traffic otherwise permissible under this Agreement, provided that, with the exception of all-cargo services, the transportation is part of a service that serves a point in the homeland of the airline.

3. On any segment or segments of the routes above, any airline of a Party may perform international air transportation without any limitation as to change, at any point on the route, in type or number of aircraft operated, provided that, with the exception of all-cargo services, in the outbound direction, the transportation beyond such point is a continuation of the transportation from the homeland of the airline and, in the inbound direction, the transportation to the homeland of the airline is a continuation of the transportation from beyond such point.

4. Nothing in this Article shall be deemed to confer on the airline or airlines of one Party the rights to take on board, in the territory of the other Party, passengers, baggage, cargo, or mail carried for compensation and destined for another point in the territory of that other Party.

5. Any airline of a Party performing charter international air transportation originating in the territory of either Party, whether on a one-way or round-trip basis, shall have the option of complying with the charter laws, regulations, and rules either of its homeland or of the other Party. If a Party applies different rules, regulations, terms, conditions, or limitations to one or more of its airlines, or to airlines of different countries, each airline of the other Party shall be subject to the least restrictive of such criteria. Nothing in this paragraph shall limit the rights of a Party to require airlines of both Parties to adhere to requirements relating to the protection of passenger funds and passenger cancellation and refund rights. Except with respect to the consumer protection rules referred to in this paragraph, neither Party shall require an airline of the other Party, in respect of the carriage of traffic from the territory of that other Party or of a third country on a one-way or round-trip basis, to submit more than a notice that it is complying with the applicable laws, regulations, and rules referred to in this paragraph or of a waiver of these laws, regulations, or rules granted by the applicable aeronautical authorities.

Article 3

Authorization

Each Party, on receipt of applications from an airline of the other Party, in the form and manner prescribed for operating authorizations and technical permissions, shall grant appropriate authorizations and permissions with minimum procedural delay, provided:

a. substantial ownership and effective control of that airline are vested in the other Party, nationals of that Party, or both;

b. the airline is qualified to meet the conditions prescribed under the laws and regulations normally applied to the operation of international air transportation by the Party considering the application or applications; and

c. the other Party is maintaining and administering the provisions set forth in Article 6 (Safety) and Article 7 (Aviation Security).

Article 4

Revocation of Authorization

1. Either Party may revoke, suspend, limit, or impose conditions on the operating authorizations or technical permissions of an airline where:

a. that airline is not an airline of the other Party under Article 1(4);

b. substantial ownership and effective control of that airline are not vested in the other Party, the other Party's nationals, or both; or

c. that airline has failed to comply with the laws and regulations referred to in Article 5 (Application of Laws) of this Agreement.

2. Unless immediate action is essential to prevent further noncompliance with subparagraph 1c of this Article, the rights established by this Article shall be exercised only after consultation with the other Party.

3. This Article does not limit the rights of either Party to withhold, revoke, suspend, limit, or impose conditions on the operating authorization or technical permission of an airline or airlines of the other Party in accordance with the provisions of Article 6 (Safety) or Article 7 (Aviation Security).

Article 5

Application of Laws

1. The laws and regulations of a Party relating to the admission to or departure from its territory of aircraft engaged in international air navigation, or to the operation and navigation of such aircraft while within its territory, shall be complied with by such aircraft upon entering, when departing from, or while within the territory of the first Party.

2. While entering, within, or leaving the territory of one Party, its laws and regulations relating to the admission to or departure from its territory of passengers, crew or cargo on aircraft (including regulations relating to entry, clearance, aviation security, immigration, passports, customs and quarantine or, in the case of mail, postal regulations) shall be complied with by, or on behalf of, such passengers, crew or cargo of the other Party's airlines.

Article 6

Safety

1. Each Party shall recognize as valid, for the purpose of operating the air transportation provided for in this Agreement, certificates of airworthiness, certificates of competency, and licenses issued or validated by the other Party and still in force, provided that the requirements for such certificates or licenses at least equal the minimum standards that may be established pursuant to the Convention. Each Party may, however, refuse to recognize as valid for the purpose of flight above its own territory, certificates of competency and licenses granted to or validated for its own nationals by the other Party.

2. Either Party may request consultations concerning the safety standards maintained by the other Party relating to aeronautical facilities, aircrews, aircraft, and operation of airlines of that other Party. If, following such consultations, one Party finds that the other Party does not effectively maintain and administer safety standards and requirements in these areas that at least equal the minimum standards that may be established pursuant to the Convention, the other Party shall be notified of such findings and the steps considered necessary to conform with these minimum standards, and the other Party shall take appropriate corrective action. Each Party reserves the right to withhold, revoke, suspend, limit, or impose conditions on the operating authorization or technical permission of an airline or airlines of the other Party in the event the other Party does not take such appropriate corrective action within a reasonable time and to take immediate action, prior to consultations, as to such airline or airlines if the other Party is not maintaining and administering the aforementioned standards and immediate action is essential to prevent further noncompliance.

Article 7

Aviation Security

1. The Parties affirm that their obligation to each other to protect the security of civil aviation against acts of unlawful interference forms an integral part of this Agreement. Without limiting the generality of their rights and obligations under international law, the Parties shall in particular act in conformity with the provisions of the Convention on Offenses and Certain Other Acts Committed on Board Aircraft, done at Tokyo September 14, 1963, the Convention for the Suppression of Unlawful Seizure of Aircraft, done at The Hague December 16, 1970, the Convention for the Suppression of Unlawful Acts against the Safety of Civil Aviation, done at Montreal September 23, 1971, and the Protocol for the Suppression of Unlawful Acts of Violence at Airports Serving International Civil Aviation, Supplementary to the Convention for the Suppression of Unlawful Acts against the Safety of Civil Aviation, done at Montreal February 24, 1988.

2. The Parties shall provide upon request all necessary assistance to each other to prevent acts of unlawful seizure of civil aircraft and other unlawful acts against the safety of such aircraft, of their passengers and crew, and of airports and air navigation facilities, and to address any other threat to the security of civil air navigation.

3. The Parties shall, in their mutual relations, act in conformity with the aviation security standards and appropriate recommended practices established by the International Civil Aviation Organization and designated as Annexes to the Convention; they shall require that operators of aircraft of their registry, operators of aircraft that have their principal place of business or permanent residence in their territory, and the operators of airports in their territory act in conformity with such aviation security provisions.

4. Each Party agrees to observe the security provisions required by the other Party for entry into, for departure from, and while within the territory of that other Party and to take adequate measures to protect aircraft and to inspect passengers, crew, and their baggage and carry-on items, as well as cargo and aircraft stores, prior to and during boarding or loading. Each Party shall also give positive consideration to any request from the other Party for special security measures to meet a particular threat.

5. When an incident or threat of an incident of unlawful seizure of aircraft or other unlawful acts against the safety of passengers, crew, aircraft, airports or air navigation facilities occurs, the Parties shall assist each other by facilitating communications and other appropriate measures intended to terminate rapidly and safely such incident or threat.

6. When a Party has reasonable grounds to believe that the other Party has departed from the aviation security provisions of this Article, the aeronautical authorities of that Party may request immediate consultations with the aeronautical authorities of the other Party. Failure to reach a satisfactory agreement within 15 days from the date of such request shall constitute grounds to withhold, revoke, suspend, limit, or impose conditions on the operating authorization and technical permissions of an airline or airlines of that Party. When required by an emergency, a Party may take interim action prior to the expiry of 15 days.

Article 8

Commercial Opportunities

1. The airlines of each Party shall have the right to establish offices in the territory of the other Party for the promotion and sale of air transportation.

2. The airlines of each Party shall be entitled, in accordance with the laws and regulations of the other Party relating to entry, residence, and employment, to bring in and maintain in the territory of the other Party managerial, sales, technical, operational, and other specialist staff required for the provision of air transportation.

3. Each airline shall have the right to perform its own ground-handling in the territory of the other Party ("self-handling") or, at the airline's option, select among competing agents for such services in whole or in part. The rights shall be subject only to physical constraints resulting from considerations of airport safety. Where such considerations preclude self-handling, ground services shall be available on an equal basis to all airlines; charges shall be based on the costs of services provided; and such services shall be comparable to the kind and quality of services as if self-handling were possible.

4. An airline of a Party may engage in the sale of air transportation in the territory of the other Party directly and, at the airline's discretion, through its agents, except as may be specifically provided by the charter regulations of the country in which the charter originates that relate to the protection of passenger funds, and passenger cancellation and refund rights. Each airline shall have the right to sell such transportation, and any person shall be free to purchase such transportation, in the currency of that territory or in freely convertible currencies.

5. Each airline shall have the right to convert and remit to its country and, except where inconsistent with generally applicable law or regulation, any other country or countries of its choice, on demand, local revenues in excess of sums locally disbursed. Conversion and remittance shall be permitted promptly without restrictions or taxation in respect thereof at the rate of exchange applicable to current transactions and remittance on the date the carrier makes the initial application for remittance.

6. The airlines of each Party shall be permitted to pay for local expenses, including purchases of fuel, in the territory of the other Party in local currency. At their discretion, the airlines of each Party may pay for such expenses in the territory of the other Party in freely convertible currencies according to local currency regulation.

7. In operating or holding out the authorized services under this Agreement, any airline of one Party may enter into cooperative marketing arrangements such as blocked-space, code-sharing, or leasing arrangements, with

a) an airline or airlines of either Party;

b) an airline or airlines of a third country; and

c) a surface transportation provider of any country;

provided that all participants in such arrangements (i) hold the appropriate authority and (ii) meet the requirements normally applied to such arrangements.

8. Airlines and indirect providers of cargo transportation of both Parties shall be permitted, without restriction, to employ in connection with international air transportation any surface transportation for cargo to or from any points in the territories of the Parties or in third countries, including to and from all airports with customs facilities and to transport cargo in bond under applicable laws and regulations. Such cargo, whether moving by surface or by air, shall have access to airport customs processing and facilities. Airlines may elect to perform their own surface transportation or to provide it through arrangements with other surface carriers, including surface transportation operated by other airlines and indirect providers of cargo air transportation. Such intermodal cargo services may be offered at a single, through price for the air and surface transportation combined, provided that shippers are not misled as to the facts concerning such transportation.

Article 9

Customs Duties and Charges

1. On arriving in the territory of one Party, aircraft operated in international air transportation by the airlines of the other Party, their regular equipment, ground equipment, fuel, lubricants, consumable technical supplies, spare parts (including engines), aircraft stores (including but not limited to such items of food, beverages and liquor, tobacco, and other products destined for sale to or use by passengers in limited quantities during flight), and other items intended for or used solely in connection with the operation or servicing of aircraft engaged in international air transportation shall be exempt, on the basis of reciprocity, from all import restrictions, property taxes and capital levies, customs duties, excise taxes, and similar fees and charges that are (a) imposed by the national authorities, and (b) not based on the cost of services provided, provided that such equipment and supplies remain on board the aircraft.

2. There shall also be exempt, on the basis of reciprocity, from the taxes, levies, duties, fees, and charges referred to in paragraph 1 of this Article, with the exception of charges based on the cost of the service provided:

a. aircraft stores introduced into or supplied in the territory of a Party and taken on board, within reasonable limits, for use on outbound aircraft of an airline of the other Party engaged in international air transportation, even when these stores are to be used on a part of the journey performed over the territory of the Party in which they are taken on board;

b. ground equipment and spare parts (including engines) introduced into the territory of a Party for the servicing, maintenance, or repair of aircraft of an airline of the other Party used in international air transportation;

c. fuel, lubricants, and consumable technical supplies introduced into or supplied in the territory of a Party for use in an aircraft of an airline of the other Party engaged in international air transportation, even when these supplies are to be used on a part of the journey performed over the territory of the Party in which they are taken on board; and

d. promotional and advertising materials introduced into or supplied in the territory of one Party and taken on board, within reasonable limits, for use on outbound aircraft of an airline of the other Party engaged in international air transportation, even when these materials are to be used on a part of the journey performed over the territory of the Party in which they are taken on board.

3. Equipment and supplies referred to in paragraphs 1 and 2 of this Article may be required to be kept under the supervision or control of the appropriate authorities.

4. The exemptions provided by this Article shall also be available where the airlines of one Party have contracted with another airline, which similarly enjoys such exemptions from the other Party, for the loan or transfer in the territory of the other Party of the items specified in paragraphs 1 and 2 of this Article.

Article 10

User Charges

1. User charges that may be imposed by the competent charging authorities or bodies of each Party on the airlines of the other Party shall be just, reasonable, not unjustly discriminatory, and equitably apportioned among categories of users. In any event, any such user charges shall be assessed on the airlines of the other Party on terms not less favorable than the most favorable terms available to any other airline at the time the charges are assessed.

2. User charges imposed on the airlines of the other Party may reflect, but shall not exceed, the full cost to the competent charging authorities or bodies of providing the appropriate airport, airport environmental, air navigation, and aviation security facilities and services at the airport or within the airport system. Such charges may include a reasonable return on assets, after depreciation. Facilities and services for which charges are made shall be provided on an efficient and economic basis.

3. Each Party shall encourage consultations between the competent charging authorities or bodies in its territory and the airlines using the services and facilities, and shall encourage the competent charging authorities or bodies and the airlines to exchange such information as may be necessary to permit an accurate review of the reasonableness of the charges in accordance with the principles of paragraphs 1 and 2 of this Article. Each Party shall encourage the competent charging authorities to provide users with reasonable notice of any proposal for changes in user charges to enable users to express their views before changes are made.

4. Neither Party shall be held, in dispute resolution procedures pursuant to Article 14, to be in breach of a provision of this Article, unless (a) it fails to undertake a review of the charge or practice that is the subject of complaint by the other Party within a reasonable amount of time; or (b) following such a review it fails to take all steps within its power to remedy any charge or practice that is inconsistent with this Article.

Article 11

Fair Competition

1. Each Party shall allow a fair and equal opportunity for the airlines of both Parties to compete in providing the international air transportation governed by this Agreement.

2. Each Party shall allow each airline to determine the frequency and capacity of the international air transportation it offers based upon commercial considerations in the marketplace. Consistent with this right, neither Party shall unilaterally limit the volume of traffic, frequency, or regularity of service, or the aircraft type or types operated by the airlines of the other Party, except as may be required for customs, technical, operational, or environmental reasons under uniform conditions consistent with Article 15 of the Convention.

3. Neither Party shall impose on the other Party's airlines a first-refusal requirement, uplift ratio, no-objection fee, or any other requirement with respect to capacity, frequency, or traffic that would be inconsistent with the purposes of this Agreement.

4. Neither Party shall require the filing of schedules, programs for charter flights, or operational plans by airlines of the other Party for approval, except as may be required on a non-discriminatory basis to enforce the uniform conditions foreseen by paragraph 2 of this Article or as may be specifically authorized in this Agreement. If a Party requires filings for information purposes, it shall minimize the administrative burdens of filing requirements and procedures on air transportation intermediaries and on airlines of the other Party.

Article 12

Pricing

1. Each Party shall allow prices for air transportation to be established by airlines of both Parties based upon commercial considerations in the marketplace.

2. Prices for international air transportation between the territories of the Parties shall not be required to be filed. Notwithstanding the foregoing, the airlines of the Parties shall provide immediate access, on request, to information on historical, existing, and proposed prices to the aeronautical authorities of the Parties in a manner and format acceptable to those aeronautical authorities.

Article 13

Consultations

Either Party may, at any time, request consultations relating to this Agreement. Such consultations shall begin at the earliest possible date, but not later than 60 days from the date the other Party receives the request unless otherwise agreed.

Article 14

Settlement of Disputes

1. Any dispute arising under this Agreement, except those that may arise under Article 12 (Pricing), that is not resolved within 30 days of the date established for consultations pursuant to a request for consultations under Article 13 may be referred, by agreement of the Parties, for decision to some person or body. If the Parties do not so agree, either Party may give written notice to the other Party through diplomatic channels that it is requesting that the dispute be submitted to arbitration.

2. Arbitration shall be by a tribunal of three arbitrators to be constituted as follows:

a. Within 30 days after the receipt of a request for arbitration, each Party shall name one arbitrator. Within 60 days after these two arbitrators have been named, they shall by agreement appoint a third arbitrator, who shall act as President of the arbitral tribunal;

b. If either Party fails to name an arbitrator, or if the third arbitrator is not appointed, in accordance with subparagraph a of this paragraph, either Party may request the President of the Council of the International Civil Aviation Organization to appoint the necessary arbitrator or arbitrators within 30 days. If the President of the Council is of the same nationality as one of the Parties, the most senior Vice President who is not disqualified on that ground shall make the appointment.

3. The arbitral tribunal shall be entitled to decide the extent of its jurisdiction under this Agreement and, except as otherwise agreed, shall establish its own procedural rules. The tribunal, once formed, may at the request of either Party recommend interim relief measures pending its final determination. If either of the Parties requests it or the tribunal deems it appropriate, a conference to determine the precise issues to be arbitrated and the specific procedures to be followed shall be held not later than 15 days after the tribunal is fully constituted.

4. Except as otherwise agreed or as directed by the tribunal, the statement of claim shall be submitted within 45 days of the time the tribunal is fully constituted, and the statement of defense shall be submitted 60 days thereafter. Any reply by the claimant shall be submitted within 30 days of the submission of the statement of defense. Any reply by the respondent shall be submitted within 30 days thereafter. If either Party requests it or the tribunal deems it appropriate, the tribunal shall hold a hearing within 45 days after the last pleading is due.

5. The tribunal shall attempt to render a written decision within 30 days after completion of the hearing or, if no hearing is held, after the last pleading is submitted. The decision of the majority of the tribunal shall prevail.

6. The Parties may submit requests for interpretation of the decision within 15 days after it is rendered and any interpretation given shall be issued within 15 days of such request.

7. Each Party shall, to the degree consistent with its national law, give full effect to any decision or award of the arbitral tribunal.

8. The expenses of the arbitral tribunal, including the fees and expenses of the arbitrators, shall be shared equally by the Parties. Any expenses incurred by the President of the Council of the International Civil Aviation Organization in connection with the procedures of paragraph 2b of this Article shall be considered to be part of the expenses of the arbitral tribunal.

Article 15

Termination

Either Party may, at any time, give notice in writing to the other Party of its decision to terminate this Agreement. Such notice shall be sent simultaneously to the International Civil Aviation Organization. This Agreement shall terminate at midnight (at the place of receipt of the notice to the other Party) at the end of the International Air Transport Association (IATA) traffic season in effect one year following the date of written notification of termination, unless the notice is withdrawn by agreement of the Parties before the end of this period.

Article 16

Registration with ICAO

This Agreement and all amendments thereto shall be registered with the International Civil Aviation Organization.

Article 17

Entry into Force

This Agreement shall enter into force on the date of signature.

Upon entry into force, this Agreement shall supersede, as between the Government of the Co-operative Republic of Guyana and the Government of the United States of America, the Agreement between the Government of the United States of America and the Government of the United Kingdom relating to Air Services between their Respective Territories, signed at Bermuda February 11, 1946, as amended.

IN WITNESS WHEREOF the undersigned, being duly authorized by their respective Governments, have signed this Agreement.

DONE at Georgetown, Guyana, this 25th day of March, 2013, in four originals, in the English language.

FOR THE GOVERNMENT OF THE CO-OPERATIVE REPUBLIC OF GUYANA:	FOR THE GOVERNMENT OF THE UNITED STATES OF AMERICA:
Hon. Robeson Benn, M.P. Minister of Public Works	H. E. D. Brent Hardt Ambassador

MEMORANDUM OF CONSULTATION

On **March 25, 2013**, representatives of the Government of the Cooperative Republic of Guyana and the Government of the United States met in Georgetown, Guyana, to sign an Open-Skies Air Transport Agreement (the "Agreement").

The representatives Government of Guyana had proposed the inclusion of the Community of Interest principle in the Agreement in order to permit carriers of third countries in the Caribbean Community the right to provide service under the Agreement. The United States representatives responded that it would be a significant departure from U.S. practice to include such a principle in this type of Agreement. The United States representatives further stated that, with respect to Article 3 and 4 of the Agreement, the U.S. Department of Transportation (USDOT) has broad authority to waive the ownership and control standards with respect to foreign airlines. In addition, the United States representatives stated that USDOT has an established practice of waiving such provisions for airlines when all countries involved are Open Skies partners.

The representatives of the Government of Guyana requested assistance in achieving an IASA Category 1 rating. The representatives of the Government of the United States undertook to convey the request to the Federal Aviation Administration.

The representatives of the governments noted that the Agreement entered into force upon signature.

FOR THE GOVERNMENT OF THE CO-OPERATIVE REPUBLIC OF GUYANA:

Hon. Robeson Benn, M.P.
Minister of Public Works

FOR THE GOVERNMENT OF THE UNITED STATES OF AMERICA:

H. E. D. Brent Hardt
Ambassador

[TRANSLATION – TRADUCTION]

ACCORD RELATIF AU TRANSPORT AÉRIEN ENTRE LE GOUVERNEMENT DE LA RÉPUBLIQUE COOPÉRATIVE DU GUYANA ET LE GOUVERNEMENT DES ÉTATS-UNIS D'AMÉRIQUE

Le Gouvernement de la République coopérative du Guyana et le Gouvernement des États-Unis d'Amérique (ci-après dénommés « les Parties »),

Désirant promouvoir un système de transport aérien international fondé sur la concurrence entre les entreprises de transport aérien sur un marché soumis à un minimum d'interventions et de réglementations gouvernementales,

Désirant permettre aux entreprises de transport aérien d'offrir aux voyageurs et aux expéditeurs un éventail de services et souhaitant encourager les entreprises de transport aérien à adopter et à appliquer des tarifs novateurs et concurrentiels,

Désirant faciliter le développement des possibilités qui s'offrent dans le domaine du transport aérien international,

Désirant garantir le plus haut niveau de sécurité et de sûreté dans le domaine du transport aérien international et réaffirmant leur profonde préoccupation face aux actes ou aux menaces dirigés contre la sûreté des aéronefs, qui mettent en danger la sécurité des personnes ou des biens, nuisent au bon fonctionnement des services de transport aérien et minent la confiance du public dans la sécurité de l'aviation civile, et

Étant Parties à la Convention relative à l'aviation civile internationale, ouverte à la signature à Chicago le 7 décembre 1944,

Sont convenus de ce qui suit :

Article premier. Définitions

Aux fins du présent Accord, sauf disposition contraire, le terme ou l'expression :

1. « Autorités aéronautiques » désigne, dans le cas du Guyana, l'Autorité de l'aviation civile du Guyana et, dans le cas des États-Unis, le Département des transports et, dans les deux cas, toute personne ou tout organisme habilité à remplir les fonctions exercées par lesdites autorités;

2. « Accord » désigne le présent Accord et toute modification y relative;

3. « Transport aérien » désigne le transport public, par aéronef, de passagers, de bagages, de marchandises et de courrier, séparément ou en combinaison, régulier ou affrété, contre rémunération ou en vertu d'un contrat de location;

4. « Entreprise de transport aérien » désigne une entreprise de transport aérien qui a reçu son Certificat d'exploitant aérien de l'une des Parties et dont le principal établissement se trouve sur le territoire de cette Partie;

5. « Convention » s'entend de la Convention relative à l'aviation civile internationale ouverte à la signature à Chicago le 7 décembre 1944 et qui comprend :

a) Toute modification entrée en vigueur conformément à l'alinéa a) de l'article 94 de la Convention et ratifiée par les deux Parties; et

b) Toute annexe ou toute modification connexe adoptée au titre de l'article 90 de la Convention, dans la mesure où cette annexe ou cette modification est à tout moment en vigueur dans les Parties;

6. « Coûts économiques intégraux » s'entend du coût direct du service fourni, plus une redevance raisonnable pour les frais généraux d'administration;

7. « Transport aérien international » désigne le transport aérien qui s'effectue en traversant l'espace aérien situé au-dessus du territoire de plus d'un État;

8. « Tarifs » s'entend de tout tarif, taux ou redevance pour le transport aérien de passagers, de bagages ou de marchandises (à l'exclusion du courrier), y compris le transport par surface en lien avec le transport aérien international, facturé par les entreprises de transport aérien ou leurs agents, et des conditions régissant l'offre de tels tarifs, taux ou redevances;

9. « Escale non commerciale » désigne un atterrissage à toute autre fin que l'embarquement ou le débarquement de passagers ou le chargement ou le déchargement de bagages, marchandises ou courrier en transport aérien;

10. « Territoire » s'entend des zones terrestres, des eaux intérieures et des mers territoriales relevant de la souveraineté d'une Partie; et

11. « Redevance d'usage » désigne une redevance imposée aux entreprises de transport aérien pour la fourniture d'installations ou de services aéroportuaires, d'environnement, de navigation aérienne ou de sûreté de l'aviation, y compris les services et les installations connexes.

Article 2. Octroi de droits

1. Les Parties s'octroient mutuellement les droits suivants pour assurer l'exploitation du transport aérien international par leurs entreprises de transport aérien respectives :

a) Le droit de survoler son territoire sans y atterrir;

b) Le droit d'effectuer des escales sur son territoire à des fins non commerciales;

c) Le droit d'assurer le transport aérien international régulier entre les points sur les routes suivantes :

i) Pour les entreprises de transport aérien des États-Unis, de points situés en deçà des États-Unis via les États-Unis et des points intermédiaires à destination d'un point ou de plusieurs points situés en Guyana et au-delà; et pour les services tout-cargo, entre le Guyana et un point ou plusieurs points;

ii) Pour les entreprises de transport aérien du Guyana, de points situés en deçà du Guyana via le Guyana et des points intermédiaires à destination d'un point ou de plusieurs points situés aux États-Unis et au-delà; et pour les services tout-cargo, entre les États-Unis et un point ou plusieurs points; et

d) Les droits autrement spécifiés dans le présent Accord.

2. Chaque entreprise de transport aérien d'une Partie peut, à sa convenance, sur chaque vol ou sur tous les vols :

a) Assurer des vols dans une direction ou dans l'autre, ou dans les deux directions;

b) Combiner plusieurs numéros de vol sur un même aéronef;

c) Desservir les points en deçà, les points intermédiaires et au-delà, et les points situés sur le territoire des Parties sur les routes, dans toute combinaison et dans n'importe quel ordre;

d) Omettre des escales en un point ou en plusieurs points;

e) Transférer le trafic de l'un de ses aéronefs vers un autre de ses aéronefs en tout point des routes;

f) Desservir les points en deçà d'un point quelconque de son territoire, avec ou sans changement d'aéronef ou de numéro de vol, et présenter et annoncer ces services au public en tant que services directs;

g) Faire escale en tous points situés à l'intérieur ou à l'extérieur du territoire de l'une ou l'autre des Parties;

h) Effectuer un transport de transit à travers le territoire de l'autre Partie; et

i) Combiner le trafic sur le même aéronef indépendamment de l'origine du trafic;

sans restriction de direction ou d'ordre géographique et sans préjudice du droit de transport du trafic autrement autorisé en vertu du présent Accord, sous réserve que, à l'exception des services tout-cargo, le service desserve un point sur le territoire de la Partie qui a désigné l'entreprise de transport aérien.

3. Sur tout tronçon ou tous tronçons des routes décrites ci-dessus, toute entreprise de transport aérien d'une Partie peut assurer des services de transport aérien international sans aucune restriction quant au changement, en tout point de la route, du type ou du nombre d'aéronefs exploités sous réserve que, à l'exception des services tout-cargo, le transport au-delà de ce point, dans le sens aller, soit la continuation de l'itinéraire partant du territoire de la Partie qui a désigné l'entreprise de transport aérien, et qu'au retour, l'itinéraire vers le territoire de la Partie qui a désigné l'entreprise soit le prolongement de l'itinéraire qui a commencé au-delà de ce point.

4. Aucune disposition du présent article ne saurait être interprétée comme conférant à une ou plusieurs entreprises de transport aérien de l'une des Parties le droit d'embarquer, sur le territoire de l'autre Partie, des passagers, leurs bagages, du fret ou du courrier, à titre onéreux, à destination d'un autre point sur le territoire de cette autre Partie.

5. Toute entreprise de transport aérien désignée par l'une ou l'autre des Parties assurant le transport aérien international affrété en provenance du territoire de l'une des Parties, qu'il s'agisse d'aller simple ou d'aller-retour, a le choix d'observer les lois, règlements et règles en matière d'affrètement soit du pays d'origine, soit de l'autre Partie. Si une Partie applique des règles, des règlements, des modalités, des conditions ou des restrictions autres à l'une ou à plusieurs de ses entreprises de transport aérien, ou à des entreprises de transport aérien d'autres pays, l'entreprise de transport aérien désignée est soumise aux critères les moins restrictifs. Aucune des dispositions du présent paragraphe ne limite les droits de l'une ou de l'autre des Parties d'exiger des entreprises de transport aérien de respecter les exigences relatives à la protection des fonds des passagers ainsi que leurs droits d'annulation et de remboursement. Exception faite des règles de protection des consommateurs visées dans le présent paragraphe, ni l'une ni l'autre des Parties ne peut exiger d'une entreprise de transport aérien désignée par l'autre Partie, eu égard au transport du trafic en provenance du territoire de cette Partie ou d'un pays tiers dans un sens ou dans les deux sens, autorisé sur la base d'un aller simple ou d'un aller-retour, de présenter plus d'une déclaration de conformité aux lois, règlements et règles visés dans le présent paragraphe, ou d'une dérogation à ces lois, règlements ou règles accordés par les autorités aéronautiques compétentes.

Article 3. Autorisation

Dès réception d'une demande soumise par l'entreprise de transport aérien désignée par l'autre Partie, dans la forme et de la manière prescrites pour les autorisations d'exploitation et les permis techniques, chaque Partie accorde les autorisations et permis appropriés dans un délai de traitement minimal, pour autant que :

a) La propriété substantielle et un contrôle effectif de l'entreprise de transport aérien soient détenus par l'autre Partie, les ressortissants de cette Partie, ou les deux;

b) L'entreprise de transport aérien désignée satisfasse aux conditions prescrites par les lois et règlements normalement appliqués à l'exploitation des services de transport aérien international par la Partie à laquelle ont été soumises la ou les demandes; et

c) L'autre Partie applique et fasse respecter les normes énoncées à l'article 6 (Sécurité) et à l'article 7 (Sûreté de l'aviation).

Article 4. Révocation de l'autorisation

1. L'une ou l'autre des Parties peut révoquer, suspendre, limiter ou soumettre à certaines conditions l'autorisation d'exploitation ou le permis technique d'une entreprise de transport aérien désignée par l'autre Partie si :

a) Cette entreprise de transport aérien n'est pas une entreprise de transport aérien de l'autre Partie au sens du paragraphe 4 de l'article premier;

b) Une part substantielle et un contrôle effectif de cette entreprise de transport aérien ne sont pas détenus par l'autre Partie, les ressortissants de celle-ci ou les deux; ou

c) L'entreprise de transport aérien a enfreint les lois et règlements visés à l'article 5 (Application des lois) du présent Accord.

2. À moins qu'une mesure immédiate ne s'impose pour empêcher toute autre infraction à l'alinéa c) du paragraphe 1 du présent article, les droits définis au présent article ne sont exercés qu'après consultation de l'autre Partie.

3. Le présent article ne limite pas le droit de l'une ou l'autre des Parties de suspendre, de révoquer, de limiter ou de soumettre à certaines conditions l'autorisation d'exploitation ou les permis techniques d'une ou de plusieurs entreprises de transport aérien de l'autre Partie, conformément aux dispositions de l'article 6 (Sécurité) ou de l'article 7 (Sûreté de l'aviation).

Article 5. Application des lois

1. Les lois et règlements de chaque Partie contractante qui régissent sur son territoire l'entrée ou la sortie d'aéronefs affectés à des services de transport aérien international, ou encore l'exploitation et la navigation de ces aéronefs tant qu'ils se trouvent sur son territoire, doivent être respectés par l'entreprise désignée par l'autre Partie contractante lorsque ceux-ci entrent sur le territoire de la première Partie ou quittent ce territoire et aussi longtemps qu'ils s'y trouvent.

2. Lors de l'entrée ou du séjour sur le territoire d'une Partie, ainsi que lors du départ de ce territoire, ses lois et règlements relatifs à l'admission sur son territoire, ou au départ dudit territoire, de passagers, d'équipages ou de fret à bord d'aéronefs (y compris la réglementation relative à l'entrée, au dédouanement, à la sûreté de l'aviation, à l'immigration, aux passeports, à la

douane et à la quarantaine ou, dans le cas du courrier, à la réglementation postale), sont respectées par les passagers, les équipages ou le fret ou en leur nom, par les entreprises de transport aérien de l'autre Partie.

Article 6. Sécurité

1. Chaque Partie reconnaît la validité, aux fins de l'exploitation du transport aérien visée au présent Accord, des certificats de navigabilité, des brevets d'aptitude et des licences émis ou validés par l'autre Partie et en cours de validité, sous réserve que les conditions de délivrance ou de validation de ces certificats ou licences soient au moins aussi rigoureuses que les normes minimales qui peuvent être établies en vertu de la Convention. Toutefois, chaque Partie se réserve le droit de refuser de reconnaître la validité, aux fins de survol de son territoire, de brevets d'aptitude et de licences délivrés à ses propres ressortissants par l'autre Partie ou qui leur sont validés par cette dernière.

2. Chacune des Parties peut demander des consultations sur les normes de sécurité qu'applique l'autre Partie aux installations aéronautiques, aux équipages, aux aéronefs et à l'exploitation des entreprises de transport aérien désignées par cette autre Partie. Dans le cas où, à l'issue ces consultations, l'une des Parties considère que l'autre Partie n'applique pas et ne fait pas respecter de manière effective les normes et les exigences de sécurité dans ces domaines qui sont au moins aussi rigoureuses que les normes minimales qui peuvent être définies en application de la Convention, l'autre Partie est informée de ces conclusions et des mesures jugées nécessaires pour se conformer à ces normes minimales, et l'autre Partie prend les mesures correctives qui s'imposent. Chacune des Parties se réserve le droit de suspendre, de révoquer ou de limiter les autorisations d'exploitation ou les permis techniques accordés à une ou plusieurs entreprises de transport aérien désignées par l'autre Partie dans le cas où cette dernière ne prend pas les mesures correctives appropriées dans un délai raisonnable, et de prendre des mesures immédiates, en amont des consultations, si l'autre Partie n'applique pas et ne fait pas respecter les normes énoncées et si une mesure immédiate s'impose pour empêcher toute autre violation.

Article 7. Sûreté de l'aviation

1. Les Parties affirment que leur obligation réciproque de protéger la sûreté de l'aviation civile contre des actes d'intervention illicite fait partie intégrante du présent Accord. Sans préjudice de l'ensemble de leurs droits et obligations en vertu du droit international, les Parties agissent notamment conformément aux dispositions de la Convention relative aux infractions et à certains autres actes survenant à bord des aéronefs, signée à Tokyo le 14 septembre 1963, de la Convention pour la répression de la capture illicite d'aéronefs, signée à La Haye le 16 décembre 1970, de la Convention pour la répression d'actes illicites dirigés contre la sécurité de l'aviation civile, signée à Montréal le 23 septembre 1971, et du Protocole pour la répression des actes illicites de violence dans les aéroports servant à l'aviation civile internationale, complémentaire à la Convention pour la répression d'actes illicites dirigés contre la sécurité de l'aviation civile, signé à Montréal le 24 février 1988.

2. Les Parties se prêtent mutuellement, sur demande, toute l'assistance nécessaire pour prévenir les actes de capture illicite d'aéronefs civils et tout autre acte illicite portant atteinte à la sécurité desdits aéronefs, de leurs passagers et équipages, des aéroports et des installations de

navigation aérienne, ainsi que de toute autre menace contre la sûreté de la navigation aérienne civile.

3. Dans le cadre de leurs rapports mutuels, les Parties agissent conformément aux normes de sûreté de l'aviation et aux pratiques recommandées appropriées, établies par l'Organisation de l'aviation civile internationale et désignées comme annexes à la Convention; elles exigent des exploitants d'aéronefs immatriculés par elles, des exploitants d'aéronefs dont le principal établissement ou la résidence permanente est située sur leur territoire, et des exploitants des aéroports se trouvant sur leur territoire qu'ils se conforment à ces dispositions relatives à la sûreté de l'aviation.

4. Chacune des Parties s'engage à observer les dispositions en matière de sûreté que l'autre Partie prescrit à l'entrée, à la sortie et durant le séjour sur son territoire, et à prendre des mesures adéquates pour assurer la protection des aéronefs et inspecter les passagers, l'équipage, leurs bagages de soute et leurs bagages à main, ainsi que le fret et les provisions de bord, avant et pendant l'embarquement ou le chargement; chacune des Parties examine également avec bienveillance toute demande formulée par l'autre Partie visant à prendre des mesures de sûreté spéciales pour faire face à une menace spécifique.

5. En cas d'incident ou de menace de capture illicite d'aéronefs ou d'autres actes illicites contre la sécurité des passagers, de l'équipage, des aéronefs, des aéroports ou des installations de navigation aérienne, les Parties se prêtent mutuellement assistance en facilitant les communications et prennent d'autres mesures appropriées qui visent à mettre fin de manière prompte et sûre à de tels actes ou menaces.

6. Lorsqu'une Partie a des raisons valables de croire que l'autre Partie a dérogé aux dispositions du présent article relatives à la sûreté aérienne, les autorités aéronautiques de la première Partie peuvent demander des consultations immédiates avec les autorités aéronautiques de l'autre Partie. En l'absence d'accord satisfaisant dans un délai de 15 jours à compter de la date de cette demande, l'autorisation d'exploitation et le permis technique de l'entreprise ou des entreprises de transport aérien de la première Partie sont retirés, révoqués, limités ou soumis à certaines conditions. En cas d'urgence, une Partie peut prendre des mesures provisoires avant l'expiration du délai de 15 jours.

Article 8. Possibilités commerciales

1. Les entreprises de transport aérien de chaque Partie ont le droit d'établir des bureaux sur le territoire de l'autre Partie, aux fins de la promotion et de la vente de services de transport aérien.

2. Les entreprises de transport aérien de chaque Partie sont autorisées, conformément aux lois et règlements de l'autre Partie en matière d'entrée, de séjour et d'emploi, à faire entrer et séjourner sur le territoire de l'autre Partie du personnel commercial, technique, de gestion et d'exploitation, ou d'autres spécialistes nécessaires pour assurer des services de transport aérien.

3. Chaque entreprise de transport aérien a le droit d'assurer ses propres services au sol sur le territoire de l'autre Partie (« services d'escale autogérés ») ou, à son gré, de les confier, intégralement ou partiellement, à un prestataire en concurrence. L'exercice de ces droits n'est limité que par les contraintes matérielles imposées par les considérations tenant à la sécurité des aéroports. Lorsque de telles considérations s'opposent à ce que l'entreprise de transport aérien assure elle-même ses services d'escale, les services au sol sont fournis à toutes les entreprises de transport aérien aux mêmes conditions; ils sont facturés sur la base de leur coût et ils sont

comparables en nature et en qualité aux services d'escale autogérés que l'entreprise de transport aérien aurait pu assurer.

4. Toute entreprise de transport aérien d'une Partie peut vendre des services de transport aérien sur le territoire de l'autre Partie directement et, à sa discrétion, par l'entremise de ses agents, sous réserve des dispositions particulières du pays d'origine du vol affrété relatives à la protection des fonds des passagers et à leurs droits d'annulation et de remboursement. Chaque entreprise de transport aérien a le droit de vendre des services de transport aérien et toute personne est libre de les acheter dans la monnaie locale ou dans une devise étrangère librement convertible.

5. Chaque entreprise de transport aérien a le droit, si elle en fait la demande, de convertir et de transférer vers son pays les recettes locales excédant les dépenses effectuées sur place et, sauf lorsque ceci est incompatible avec le droit ou les règlements généralement applicables, vers tout autre ou tous autres pays de son choix. La conversion et le transfert des recettes sont autorisés promptement, sans restriction ni imposition, au taux de change courant applicable aux transactions et aux transferts à la date à laquelle le transporteur présente sa demande initiale de transfert.

6. Les entreprises de transport aérien de chaque Partie sont autorisées à régler leurs dépenses sur le territoire de l'autre Partie en monnaie locale, y compris pour l'achat de carburant. À leur discrétion, les entreprises de transport aérien de l'une et l'autre Partie peuvent régler ces dépenses en devises librement convertibles, sur le territoire de l'autre Partie, conformément à la réglementation des changes en vigueur dans le pays.

7. Toute entreprise de transport aérien d'une Partie peut, dans le cadre de l'exploitation ou de la prestation de services aériens en vertu du présent Accord, conclure des arrangements de coopération commerciale, tels que la réservation de capacité, le partage de codes ou la location, avec :

a) Une ou plusieurs entreprises de transport aérien de l'une ou l'autre Partie;

b) Une ou plusieurs entreprises de transport aérien d'un pays tiers; et

c) Un fournisseur de transport de surface de quelque pays que ce soit;

à condition que tous les participants à ces arrangements i) détiennent l'autorisation adéquate et ii) satisfassent aux exigences normalement applicables à ce type d'arrangements.

8. Les entreprises de transport aérien et les fournisseurs indirects de services de fret des deux Parties sont autorisés, sans restriction, à utiliser, dans le cadre des services de transport aérien international, tout moyen de transport de surface pour le fret à destination ou en provenance de tout point situé sur les territoires des Parties ou de pays tiers, y compris le transport à destination ou en provenance de tout aéroport disposant d'installations douanières, et à transporter du fret sous douane, conformément aux lois et règlements applicables. Ce fret, qu'il soit transporté par voie de surface ou par voie aérienne, a accès aux opérations d'enregistrement et aux installations douanières des aéroports. Les entreprises de transport aérien peuvent choisir d'effectuer elles-mêmes leurs opérations de transport de surface, ou de les confier à d'autres transporteurs opérant dans ce domaine, y compris à d'autres entreprises de transport aérien ou à des fournisseurs indirects de services de fret aérien. Ces services de fret intermodaux peuvent être proposés à un tarif forfaitaire unique couvrant le transport combiné aérien et terrestre, à condition que les expéditeurs ne soient pas induits en erreur quant aux faits de ces transports.

Article 9. Droits de douane et redevances

1. À leur arrivée sur le territoire d'une Partie, les aéronefs utilisés par les entreprises de transport aérien désignées par l'autre Partie pour assurer des services de transport aérien international, de même que leurs équipements normaux, l'équipement au sol, le carburant, les lubrifiants, les fournitures techniques d'utilisation immédiate, les pièces de rechange (y compris les moteurs), les provisions de bord (y compris, sans toutefois s'y limiter, les denrées alimentaires, les boissons et l'alcool, le tabac et d'autres produits destinés à la vente aux passagers ou à la consommation en quantités limitées pendant le vol) et autres articles prévus ou utilisés uniquement pour l'exploitation ou l'entretien des aéronefs consacrés au transport aérien international, sont exonérés, sur une base de réciprocité, de toutes restrictions à l'importation, d'impôts fonciers et de prélèvements sur le capital, de tous droits de douane et d'accise et autres frais ou redevances similaires qui sont a) imposés par les autorités nationales et b) ne sont pas calculés en fonction du coût des prestations fournies, à condition que ces équipements et fournitures restent à bord des aéronefs.

2. Sont également exonérés, sur une base de réciprocité, des impôts, prélèvements, droits, frais et redevances visés au paragraphe 1 du présent article, à l'exception des redevances calculées en fonction du coût des prestations fournies :

a) Les provisions de bord introduites ou fournies sur le territoire d'une Partie et embarquées, en quantités raisonnables, pour être consommées à bord d'un aéronef en partance appartenant à une entreprise de transport aérien de l'autre Partie assurant des services de transport aérien international, même si ces articles sont destinés à être consommés sur la partie du vol effectuée au-dessus de ce territoire;

b) L'équipement au sol et les pièces détachées (y compris les moteurs) introduits sur le territoire d'une Partie aux fins d'entretien, de maintenance ou de réparation des aéronefs d'un transporteur aérien de l'autre Partie assurant des services de transport aérien international;

c) Le carburant, les lubrifiants et les fournitures techniques consommables introduits ou fournis sur le territoire d'une Partie pour être utilisés à bord d'un aéronef appartenant à un transporteur aérien de l'autre Partie assurant des services de transport aérien international, même si ces fournitures sont destinées à être utilisées sur la partie du vol effectuée au-dessus du territoire de la Partie où elles ont été embarquées; et

d) Le matériel de publicité ou de promotion introduit ou fourni sur le territoire de l'une des Parties et embarqué, en quantités raisonnables, à bord d'un aéronef d'une entreprise aérienne de l'autre Partie exploitant des transports aériens internationaux, même si ce matériel est utilisé au cours d'une partie du vol effectuée au-dessus du territoire de la Partie contractante où il a été embarqué.

3. Les équipements et les fournitures visés aux paragraphes 1 et 2 du présent article pourraient être placés sous la surveillance ou le contrôle des autorités compétentes.

4. Les exonérations prévues au présent article sont également accordées lorsque les entreprises de transport aérien désignées d'une Partie ont passé contrat avec une autre entreprise de transport aérien, bénéficiant des mêmes exonérations de la part de l'autre Partie, en vue du prêt ou du transfert sur le territoire de l'autre Partie des articles mentionnés aux paragraphes 1 et 2 du présent article.

Article 10. Redevances d'usage

1. Les redevances d'usage pouvant être imposées aux entreprises de transport aérien d'une Partie par les autorités ou organismes de l'autre Partie compétents en la matière sont justes, raisonnables, non discriminatoires et réparties équitablement entre les catégories d'utilisateurs. En tout état de cause, toutes les redevances de cette nature sont appliquées aux entreprises de transport aérien de l'autre Partie à des conditions qui ne sont pas moins favorables que les conditions les plus favorables accordées à toute autre entreprise de transport aérien au moment de leur application.

2. Les redevances d'usage imposées aux entreprises de transport aérien de l'autre Partie peuvent refléter, sans l'excéder, le coût intégral encouru par les autorités ou organismes compétents pour la fourniture des installations et des services appropriés d'aéroport, d'environnement, de navigation aérienne et de sûreté de l'aviation, dans un aéroport ou au sein d'un système aéroportuaire. Ces redevances peuvent inclure un rendement raisonnable sur actifs après amortissement. Les installations et les services qui font l'objet de ces redevances d'usage sont fournis en fonction de leur efficacité et de leur rentabilité.

3. Chaque Partie encourage les consultations entre les autorités ou organismes compétents sur son territoire et les entreprises de transport aérien utilisant les services et installations, et invite les autorités ou organismes compétents et les entreprises de transport aérien à échanger les informations nécessaires pour permettre un examen précis du bien-fondé des redevances d'usage, conformément aux principes énoncés aux paragraphes 1 et 2 du présent article. Chaque Partie encourage les autorités compétentes à informer les utilisateurs, dans un délai raisonnable, de tout projet de modification des redevances d'usage, afin de leur permettre d'exprimer leur avis avant la mise en œuvre desdites modifications.

4. Dans le cadre des procédures de règlement des différends prévues à l'article 14, aucune Partie n'est considérée comme étant en infraction avec une disposition du présent article, sauf si a) elle n'examine pas, dans un délai raisonnable, une redevance ou une pratique qui fait l'objet d'une plainte de la part de l'autre Partie, ou si b) à la suite d'un tel examen, elle ne prend pas toutes les mesures en son pouvoir pour modifier une redevance ou une pratique incompatible avec le présent article.

Article 11. Concurrence loyale

1. Chaque Partie offre aux entreprises de transport aérien désignées par les deux Parties la possibilité de se livrer une concurrence loyale et équitable pour la fourniture des services de transport aérien international régis par le présent Accord.

2. Chaque Partie autorise chaque entreprise de transport aérien désignée à définir la fréquence et la capacité des services de transport aérien international qu'elle souhaite offrir sur la base de considérations d'ordre commercial du marché. En vertu de ce droit, aucune des deux Parties ne limite unilatéralement le volume du trafic, la fréquence ou la régularité des services, le ou les types d'aéronefs exploités par les entreprises de transport aérien désignées par l'autre Partie, sauf pour des motifs douaniers, techniques, d'exploitation ou d'environnement, et ceci dans des conditions uniformes conformes aux dispositions de l'article 15 de la Convention.

3. Aucune Partie n'impose aux entreprises de transport aérien désignées par l'autre des exigences de préemption, de rapport de partage du trafic, de droit de non opposition ou toute autre

condition en matière de capacité, de fréquence ou de trafic qui seraient incompatibles avec les objectifs du présent Accord.

4. Aucune Partie n'exige des entreprises de transport aérien de l'autre Partie le dépôt, aux fins d'approbation, de leurs programmes de vols réguliers ou affrétés ou leurs plans opérationnels, sauf de manière non discriminatoire, si l'application des conditions uniformes visées au paragraphe 2 du présent article l'exige ou si le présent Accord l'autorise expressément. Dans le cas où l'une des Parties exige que de tels documents soient déposés à des fins d'information, elle limite au minimum les contraintes administratives afférentes et les procédures à suivre par les intermédiaires du transport aérien et les entreprises de transport aérien désignées de l'autre Partie.

Article 12. Tarifs

1. Chaque Partie laisse le soin à chaque entreprise de transport aérien désignée de définir les tarifs des services de transport aérien d'après des considérations d'ordre commercial du marché.

2. Il n'est pas exigé que les tarifs des services de transport aérien international entre les territoires des Parties soient déposés. Sans préjudice de ce qui précède, les entreprises de transport aérien des Parties donnent immédiatement accès, sur demande, aux autorités aéronautiques des Parties d'une manière et sous une forme qui leur agréent, aux informations concernant les tarifs passés, actuels et proposés.

Article 13. Consultations

Chaque Partie peut à tout moment demander des consultations concernant le présent Accord. Ces consultations débutent le plus tôt possible, au plus tard dans un délai de 60 jours suivant la date à laquelle l'autre Partie reçoit la demande, sauf s'il en est convenu autrement.

Article 14. Règlement des différends

1. Tout différend découlant du présent Accord, sauf ceux qui peuvent survenir en vertu de l'article 12 (Tarifs), qui n'est pas résolu dans les 30 jours à compter de la date fixée pour les consultations conformément à une demande de consultations au titre de l'article 13, peut être soumis par les Parties d'un commun accord à une personne ou à un organisme pour décision. Si les Parties ne parviennent pas à s'entendre sur cette méthode, l'une ou l'autre Partie peut informer l'autre Partie, par notification écrite transmise par la voie diplomatique, de sa demande de soumission du différend à l'arbitrage.

2. L'arbitrage est rendue par un tribunal de trois arbitres, constitué comme suit :

a) Dans un délai de 30 jours suivant la réception d'une demande d'arbitrage, chaque Partie désigne un arbitre. Dans un délai de 60 jours suivant la désignation de ces deux arbitres, ceux-ci désignent d'un commun accord un troisième arbitre, qui exerce les fonctions de président du tribunal d'arbitrage;

b) Si l'une des Parties ne désigne pas d'arbitre ou si le troisième arbitre n'est pas désigné conformément à l'alinéa a) du présent paragraphe, l'une ou l'autre des Parties peut demander au Président du Conseil de l'Organisation de l'aviation civile internationale de procéder à la désignation de l'arbitre ou des arbitres dans un délai de 30 jours. Si le Président du Conseil est un ressortissant du pays de l'une des Parties, le vice-président ayant le plus d'ancienneté qui n'est pas disqualifié pour la même raison procède à la désignation.

3. Le tribunal d'arbitrage définit l'étendue de sa compétence en vertu du présent Accord et, sauf s'il en est convenu autrement, il établit ses propres règles de procédure. Le tribunal, une fois constitué, peut recommander des mesures correctives provisoires en attendant sa décision finale. Si l'une ou l'autre des Parties le demande ou si le tribunal le juge opportun, une conférence est tenue au plus tard dans les 15 jours à compter de la date à laquelle le tribunal est entièrement constitué afin de déterminer les questions précises à soumettre à l'arbitrage du tribunal et les procédures à suivre en l'espèce.

4. Sauf accord contraire ou sur instruction du tribunal, l'exposé des faits est soumis dans un délai de 45 jours à compter de la date à laquelle le tribunal est entièrement constitué et l'exposé de la défense est soumis dans un délai supplémentaire de 60 jours. Toute réponse du requérant est soumise dans les 30 jours à compter de la date de soumission de l'exposé de la défense. Toute réponse du défenseur est soumise dans un délai supplémentaire de 30 jours. Si l'une ou l'autre des Parties le demande ou si le tribunal le juge opportun, le tribunal tient une audience dans un délai de 45 jours suivant la date prévue de la dernière plaidoirie.

5. Le tribunal s'efforce de rendre une sentence écrite dans un délai de 30 jours à compter de la date de la fin des audiences ou, en l'absence d'audiences, après la dernière plaidoirie. Le tribunal rend ses sentences à la majorité de ses membres.

6. Les Parties peuvent soumettre des demandes d'éclaircissement de la décision dans un délai de 15 jours après réception de la décision, laquelle est clarifiée dans un délai de 15 jours à compter de la réception de la demande à cet effet.

7. Chaque Partie applique, dans les limites autorisées par sa législation nationale, les décisions ou les sentences du tribunal d'arbitrage.

8. Les dépenses du tribunal d'arbitrage, y compris les honoraires et les dépenses des arbitres, sont partagés à égalité entre les Parties. Toutes les dépenses engagées par le Président du Conseil de l'Organisation de l'aviation civile internationale dans le cadre des procédures visées à l'alinéa b) du paragraphe 2 du présent article sont réputées faire partie des dépenses du tribunal d'arbitrage.

Article 15. Dénonciation

Chacune des Parties peut, à tout moment, notifier par écrit à l'autre Partie sa décision de mettre fin au présent Accord. Cette notification est communiquée en même temps à l'Organisation de l'aviation civile internationale. Le présent Accord prend fin à minuit (heure locale du lieu où la notification est reçue par l'autre Partie) à l'issue de la saison de trafic de l'Association du transport aérien international en cours, un an après la date de la notification écrite de la dénonciation, à moins que cette notification ne soit retirée d'un commun accord entre les Parties, avant l'expiration de cette période.

Article 16. Enregistrement auprès de l'Organisation de l'aviation civile internationale

Le présent Accord et toute modification y relative sont enregistrés auprès de l'Organisation de l'aviation civile internationale.

Article 17. Entrée en vigueur

Le présent Accord entre en vigueur à la date de sa signature.

Dès son entrée en vigueur, le présent Accord entre le Gouvernement de la République coopérative du Guyana et le Gouvernement des États-Unis d'Amérique remplace l'Accord entre le Gouvernement des États-Unis d'Amérique et le Gouvernement du Royaume-Uni relatif aux services aériens entre leurs territoires respectifs, signé aux Bermudes le 11 février 1946, tel que modifié.

EN FOI DE QUOI, les soussignés, à ce dûment autorisés par leurs Gouvernements respectifs, ont signé le présent Accord.

FAIT à Georgetown (Guyana), le 25 mars 2013, en quatre exemplaires, en langue anglaise.

Pour le Gouvernement de la République coopérative du Guyana :

HON. ROBESON BENN, DÉPUTÉ
Ministre des travaux publics

Pour le Gouvernement des États-Unis d'Amérique :
S. E. D. BRENT HARDT
Ambassadeur

MÉMORANDUM DE CONSULTATION

Le 25 mars 2013, les représentants du Gouvernement de la République coopérative du Guyana et du Gouvernement des États-Unis se sont rencontrés à Georgetown (Guyana) afin de signer un accord de transport aérien du régime Ciel ouvert (« l'Accord »).

Les représentants du Gouvernement du Guyana avaient proposé d'inclure dans l'Accord le principe de la communauté d'intérêts afin de permettre à des transporteurs de pays tiers de la Communauté des Caraïbes de fournir des services au titre de l'Accord. Les représentants des États-Unis ont répondu que l'inclusion d'un tel principe dans ce genre d'Accord constituerait un important écart de la pratique américaine. Les représentants des États-Unis ont également déclaré que, en ce qui concerne les articles 3 et 4 de l'Accord, le Département américain des transports était largement habilité à déroger aux normes sur la propriété et le contrôle des entreprises de transport aérien étrangères. En outre, les représentants des États-Unis ont déclaré que le Département avait pour pratique bien établie de ne pas appliquer ces dispositions aux entreprises de transport aérien lorsque tous les pays concernés étaient des partenaires du régime Ciel ouvert.

Les représentants du Gouvernement du Guyana ont demandé de l'aide pour obtenir une notation de catégorie 1 de l'IASA. Les représentants du Gouvernement des États-Unis se sont engagés à transmettre la demande à l'Administration fédérale de l'aviation.

Les représentants des Gouvernements ont pris note que l'Accord entrerait en vigueur dès sa signature.

Pour le Gouvernement de la République coopérative du Guyana :

HON. ROBESON BENN, DÉPUTÉ
Ministre des travaux publics

Pour le Gouvernement des États-Unis d'Amérique :

S. E. D. BRENT HARDT
Ambassadeur

No. 51324

South Africa and France

Agreement between the Government of the Republic of South Africa and the Government of the Republic of France on scientific and technological cooperation. Cape Town, 28 February 2008

Entry into force: *20 May 2013 by notification, in accordance with article 14*

Authentic texts: *English and French*

Registration with the Secretariat of the United Nations: *South Africa, 16 September 2013*

Afrique du Sud et France

Accord de coopération scientifique et technologique entre le Gouvernement de la République d'Afrique du Sud et le Gouvernement de la République française. Le Cap, 28 février 2008

Entrée en vigueur : *20 mai 2013 par notification, conformément à l'article 14*

Textes authentiques : *anglais et français*

Enregistrement auprès du Secrétariat de l'Organisation des Nations Unies : *Afrique du Sud, 16 septembre 2013*

[ENGLISH TEXT – TEXTE ANGLAIS]

AGREEMENT

BETWEEN

THE GOVERNMENT OF THE REPUBLIC OF SOUTH AFRICA

AND

THE GOVERNMENT OF THE REPUBLIC OF FRANCE

ON

SCIENTIFIC AND TECHNOLOGICAL COOPERATION

PREAMBLE

The Government of the Republic of South Africa and the Government of the French Republic, (hereinafter jointly referred to as the" Parties" and in the singular as a "Party");

CONSIDERING the Cooperation agreement in the Fields of Education, Culture, Sports, Science and Technology of 4 November 1994 between the Government of the French Republic and the Government of the Republic of South Africa;

RECOGNISING the importance of scientific and technological research for the achievement of the Millennium Development Goals (MDGs) and the protection of global public goods;

RECOGNISING the close and longstanding cooperation between France and South Africa;

DESIROUS of strengthening this cooperation between the two countries in science and technology for their mutual benefit;

HEREBY AGREE as follows:

ARTICLE 1
Purpose of the Agreement

The Parties shall cooperate to develop their scientific and technological relations in equal partnership and to their mutual benefit.

ARTICLE 2
Objectives

The objectives of this Agreement shall be to -

(1) develop information sharing about the Parties' policies with regard to research, technological development and innovation;

(2) promote the emergence of scientific and technological research involving the Parties' scientific and industrial communities in areas of mutual interest.

ARTICLE 3
Modalities of Co-operation

In order to implement the objectives set out in Article 2, the Parties shall -

(1) organise bilateral events bringing together experts from the Parties' academic, industrial and institutional circles to promote scientific and technological cooperation between the two countries;

(2) initiate exploratory missions by researchers and experts to develop joint programmes, projects and activities;

(3) undertake joint scientific and technological research programmes with emphasis on bilateral, regional and international networking in areas of mutual interest;

(4) promote exchanges between scientists, including doctoral and post-doctoral students, technical personnel and experts as part of programmes and projects;

(5) cooperate in respect of all other agreed programmes or actions and implement any other agreed cooperation modality.

As a rule, joint projects and programmes shall give rise to calls for proposals. Cooperation actions referred to in this Article are subject to the availability of funds of each Party.

ARTICLE 4
Exchange of Information

For the implementation of the actions contemplated in Article 3, the Parties shall -

(1) share information about their policies and priorities with regard to research, scientific and technological development, and innovation;

(2) promote the exchange of information, documents, books, journals and bibliographies between scientific libraries, scientific and technological information centres, and scientific institutions, especially through electronic information and communication networks;

(3) organise seminars, conferences, colloquia, and bilateral, regional and international experts' meetings;

These exchanges are subject to the availability of funds of each Party.

ARTICLE 5
Competent Authorities

The Authorities responsible for the implementation of this Agreement shall be –

(1) on behalf of the Government of the French Republic, the Ministry of Foreign Affairs and European Affairs; and

(2) on behalf of the Government of the Republic of South Africa, the Department of Science and Technology.

ARTICLE 6
Joint Committee on Scientific and Technological Cooperation

(1) A Joint Committee on Scientific and Technological Cooperation, hereinafter referred to as the "Joint Committee", shall be established for the implementation of this Agreement. The Joint Committee shall comprise an equal number of representatives from each Party appointed by the Competent Authorities, which shall inform each other, through the diplomatic channel, of the appointment of the said representatives.

(2) The Joint Committee's tasks shall be to -

(a) create favourable conditions for the implementation of this Agreement;

(b) coordinate the actions defined in Article 3;

(c) identify areas of mutual interest within the framework of the Parties' respective priorities;

(d) facilitate the implementation of joint programmes and projects; and,

(e) conduct periodic reviews of progress on the cooperation implemented under this Agreement in order to propose new guidelines as necessary.

(3) The Joint Committee shall determine its own rules of procedure.

(4) The Joint Committee's meetings shall be held alternately in France and South Africa when needed.

ARTICLE 7
Implementing Agreements and Protocols

(1) For the implementation of the objectives of this Agreement, the Parties shall encourage direct relations including the signing of implementing agreements or protocols between ministries, research organisations, universities, scientific and industrial associations, and businesses in both countries, hereinafter collectively referred to as the "Partners".

(2) The implementing agreements and protocols referred to in sub-Article (1) shall be concluded in compliance with the applicable domestic law and regulations in force in the territory of each Party and in keeping with their international commitments.

(3) The implementing agreements and protocols referred to in sub-Article (1) shall define the cooperation programmes and projects, implementation conditions, terms, budgets and financing arrangements, and any other relevant issues, as required.

ARTICLE 8
Intellectual Property Rights

(1) In accordance with their respective international commitments, domestic law and regulations, the Parties shall ensure adequate and effective protection, as

well as an equitable sharing, of intellectual property rights and other rights arising out of the cooperation activities carried out under this Agreement. The Parties shall consult with each other as necessary for this purpose.

(2) The implementing agreements and protocols referred to in Article 7 (1) must stipulate the conditions for the acquisition, maintenance and commercial exploitation of intellectual property and the rights to any product and processes that may be obtained as a result of cooperation, in compliance with the domestic law in force in the countries of the Parties and international agreements in force that the Parties have signed.

(3) For the purposes of this Agreement, the words "intellectual property" shall be defined as in Article 2 of the Convention Establishing the World Intellectual Property Organisation signed in Stockholm on 14 July 1967.

(4) Neither of the Parties shall disclose to a third party information that the Party in question, or its personnel, obtained through the activities carried out under this Agreement without the explicit written consent of the other Party.

ARTICLE 9

Movement of Persons and Goods

(1) Each Party shall facilitate travel and visits by nationals of the other Party in the conduct of their activities under this Agreement.

(2) In compliance with their national laws and regulations, each Party shall extend to the visiting scientific personnel of the other Party residing in its national territory as defined in Article 9 of this Agreement all necessary assistance for the performance of their tasks.

(3) Each Party shall, in compliance with the domestic law in force in its country, authorise the duty-free import of the apparatus and equipment necessary for the implementation of the programmes and projects carried out under this Agreement and by the Partners.

ARTICLE 10
Third Parties

(1) Scientists, researchers, technical experts, academics and institutions from third countries and international organisations may be invited by mutual consent between the Partners to take part in the programmes and projects carried out under this Agreement. The costs of such participation shall be covered by the third parties, unless otherwise agreed in writing between the Parties.

ARTICLE 11
Financial Provisions

(1) Subject to the availability of funds of each Party, as a general rule, the travel expenses shall be paid by the sending Party, while the expenses of their stay shall be paid by the host Party for scientific personnel involved in the activities covered by this Agreement.

(2) Under the specific terms of the agreements referred to in Article 7 (1), the Partners may decide to share the expenses of implementing the programmes and projects.

ARTICLE 12
Medical Matters

(1) The sending Party or the Partners shall ensure that the personnel visiting the other country under this Agreement shall have the necessary resources and appropriate insurance to cover any expenses arising from sudden illnesses or injuries.

(2) For the purposes of sub-Article (1), visiting personnel shall be advised to take out medical insurance for the duration of their stay before leaving for the other country.

ARTICLE 13
Specific Cooperation Programmes

The following ongoing programmes shall be incorporated into this Agreement:

(1) Joint Scientific Research Programme -
- "PROTEA" Hubert Curien Partnership to support travel by researchers, formerly Integrated Action Programme;

(2) Scientific and technological programmes for networking, namely -
- networked research programme on water science and technology (P2R) SAFeWater"; and
- Programme on information and communication science and technology "SAFeTI".

ARTICLE 14
Entry into Force and Termination

(1) Each Party shall notify the other in writing through the diplomatic channel of its compliance with the constitutional requirements necessary for the implementation thereof. The date of entry into force shall be the date of the last notification.

(2) This Agreement shall be concluded for a period of five (5) years and shall be renewable by tacit agreement for further period of five (5) years. Each Party shall have the right to terminate this Agreement by giving the other Party prior written notification of its intention to terminate it through the diplomatic channel. This Agreement shall be terminated six (6) weeks after the date on which the said notification is received.

(3) Termination shall not alter the Parties' rights and obligations in respect of programmes and projects undertaken under this Agreement.

ARTICLE 15
Amendment of Agreement

This Agreement may be amended by mutual consent of the Parties through an Exchange of Notes between the Parties through the diplomatic channel.

ARTICLE 16
Settlement of Disputes

Any disputes arising out of the interpretation or implementation of this Agreement shall be settled amicably by consultation or negotiation between the Parties.

IN WITNESS WHEREOF, the undersigned, being duly authorised thereto by their respective Governments, have signed and sealed this Agreement in two originals in the French and English languages, both texts being equally authentic.

DONE at Cape Town on this day of 28 February 2008

FOR THE GOVERNMENT OF THE REPUBLIC OF SOUTH AFRICA

FOR THE GOVERNMENT OF THE FRENCH REPUBLIC

[FRENCH TEXT – TEXTE FRANÇAIS]

ACCORD
DE COOPÉRATION SCIENTIFIQUE ET TECHNOLOGIQUE
ENTRE
LE GOUVERNEMENT DE LA RÉPUBLIQUE D'AFRIQUE DU SUD
ET
LE GOUVERNEMENT DE LA RÉPUBLIQUE FRANÇAISE

Le Gouvernement de la République d'Afrique du Sud et le Gouvernement de la République française, ci-après dénommés « les Parties », et au singulier la « Partie »,

CONSIDERANT l'accord de coopération dans les domaines de l'éducation, de la culture, du sport, des sciences et techniques du 4 novembre 1994 entre le Gouvernement de la République française et le Gouvernement de la République d'Afrique du Sud,

RECONNAISSANT l'importance de la recherche scientifique et technologique dans la réalisation des Objectifs du Millénaire pour le Développement (OMD) et la protection des biens publics mondiaux,

RECONNAISSANT les liens étroits et durables de coopération qui unissent la France et l'Afrique du Sud,

SOUHAITANT renforcer cette coopération entre les deux pays, dans les domaines de la science et de la technologie, sur la base du bénéfice mutuel,

SONT CONVENUS des dispositions suivantes :

ARTICLE 1ER
Objet de l'accord

Les Parties décident de coopérer pour le renforcement de leurs relations scientifiques et technologiques, en partenariat et sur la base du bénéfice mutuel.

ARTICLE 2
Objectifs

Le présent accord a pour objectifs de :

(1) développer des échanges d'information sur les politiques des Parties en matière de recherche, de développement technologique et d'innovation ;

(2) favoriser l'émergence de recherches scientifiques et technologiques associant les communautés scientifiques et industrielles des Parties dans des secteurs d'intérêt commun.

ARTICLE 3
Modalités de coopération

Pour la mise en œuvre des objectifs définis à l'article 2 du présent accord, les Parties:

(1) organisent des événements bilatéraux réunissant des experts du monde académique, industriel et institutionnel des Parties et visant à promouvoir la coopération scientifique et technologique entre les deux pays ;

(2) organisent des missions exploratoires de chercheurs et d'experts pour développer des programmes, projets et activités conjoints ;

(3) mettent en œuvre des programmes et projets conjoints de recherche scientifique et technologique, privilégiant notamment la démarche de mise en réseau bilatérale, régionale et internationale, sur des thématiques d'intérêt commun ;

(4) promeuvent les échanges de scientifiques, y compris de doctorants et de post-doctorants, de personnels techniques et d'experts, dans le cadre de programmes et de projets ;

(5) coopèrent sur tout autre programme ou action agréé entre elles et mettent en oeuvre toute autre modalité de coopération retenue d'un commun accord.

De manière générale, les projets et programmes conjoints font l'objet d'appels à propositions. Les actions de coopération mentionnées dans le présent article sont réalisées dans la limite des disponibilités budgétaires de chacune des Parties.

ARTICLE 4
Echange d'informations

Pour la mise en œuvre des actions définies à l'article 3 du présent accord, les Parties :

(1) échangent des informations sur leurs politiques et priorités en matière de recherche et de développement scientifique, technologique et d'innovation ;

(2) favorisent les échanges d'informations, documentations, ouvrages, revues et bibliographies entre bibliothèques scientifiques, centres d'information scientifique et technologique, institutions scientifiques, en s'appuyant notamment sur les réseaux électroniques d'information et de communication ;

(3) organisent des séminaires, conférences, colloques, rencontres d'experts bilatérales , régionales ou internationales ;

Ces échanges ont lieu dans la limite des disponibilités budgétaires de chacune des Parties.

ARTICLE 5
Autorités compétentes

Les autorités chargées de la mise en œuvre du présent accord sont respectivement :

(1) pour le Gouvernement de la République française, le ministère des affaires étrangères et européennes et,

(2) pour le Gouvernement de la République d'Afrique du Sud, le ministère des sciences et des technologies,

ARTICLE 6
Comité conjoint de coopération scientifique et technologique

(1) Un comité conjoint de coopération scientifique et technologique, ci-après dénommé le « comité conjoint », est constitué pour la mise en oeuvre du présent accord. Il comporte un nombre égal de représentants de chacune des Parties désignés par les autorités compétentes qui s'informent mutuellement, par voie diplomatique, de la désignation de ces représentants.

(2) Le comité conjoint a pour missions de :

(a) créer des conditions favorables à l'application du présent accord ;

(b) coordonner les actions définies à l'article 3 du présent accord ;

(c) identifier les secteurs d'intérêt commun dans le cadre des priorités respectives des Parties ;

(d) faciliter la mise en œuvre de programmes et de projets conjoints ; et

(e) dresser un bilan périodique de l'état d'avancement de la coopération mise en œuvre dans le cadre du présent accord afin de proposer, si nécessaire, de nouvelles orientations.

(3) Le comité conjoint fixe lui-même son propre règlement intérieur.

(4) Le comité conjoint se réunit alternativement en France et en Afrique du Sud en tant que de besoin.

ARTICLE 7

Conventions et protocoles de mise en oeuvre

(1) Pour la réalisation des objectifs du présent accord, les Parties encouragent l'instauration de relations directes et la conclusion de conventions ou protocoles de mise en oeuvre entre les ministères, les organismes de recherche, les universités, les associations scientifiques et industrielles et les entreprises des deux pays, dénommés ci-après « partenaires ».

(2) Les conventions et protocoles de mise en oeuvre visés au premier paragraphe du présent article sont conclus conformément à la législation et à la réglementation nationales en vigueur sur le territoire de chacune des Parties et dans le respect de leurs engagements internationaux.

(3) Les conventions et protocoles de mise en oeuvre visés au premier paragraphe du présent article définissent les programmes ou les projets de coopération, les conditions de leur mise en œuvre, leur durée, leur budget et leur modalités de financement et, s'il y a lieu, toutes autres questions pertinentes.

ARTICLE 8

Droits de propriété intellectuelle

(1) Dans le respect de leurs engagements internationaux, de leurs lois et réglementations nationales respectives, les Parties assurent une protection adéquate et effective et une répartition équitable des droits de propriété intellectuelle et d'autres droits résultant des activités de coopération menées dans le cadre du présent accord. Les Parties se consultent à cette fin en tant que de besoin.

(2) Les conventions et protocoles de mise en oeuvre mentionnés au premier paragraphe de l'article 7 du présent accord doivent définir les conditions d'acquisition, de maintien et d'exploitation commerciale de la propriété intellectuelle et les droits sur d'éventuels produits et procédés qui peuvent être obtenus comme résultats de la coopération, en conformité avec les législations nationales des Parties et avec les accords internationaux en vigueur dont les Parties sont signataires.

(3) Aux fins du présent accord, le sens des mots « propriété intellectuelle » est celui prévu à l'article 2 de la convention instituant l'organisation mondiale de la propriété intellectuelle conclue à Stockholm le 14 juillet 1967.

(4) Aucune des Parties ne peut divulguer à une tierce partie des informations qu'elle-même ou un membre de son personnel a obtenues au titre des activités mises en œuvre dans le cadre du présent accord, sans le consentement exprès écrit de l'autre Partie.

ARTICLE 9

Circulation des personnes et des biens

(1) Chaque Partie facilite le séjour et la circulation des ressortissants de l'autre Partie qui exercent leurs activités dans le cadre du présent accord.

(2) Conformément à sa législation et à sa réglementation nationales, chaque Partie apporte au personnel scientifique de l'autre Partie qui séjourne sur son territoire, au sens de l'article 9 du présent accord, toute l'assistance nécessaire à l'exécution de sa mission.

(3) Chaque Partie autorise, en conformité avec sa législation nationale, l'importation, exempte de taxes, de matériels et d'équipements nécessaires à la réalisation des programmes et des projets mis en œuvre dans le cadre de cet accord et par les partenaires.

ARTICLE 10
Tierces parties

Les scientifiques, chercheurs, experts techniques, universitaires et institutions de pays tiers ou d'organisations internationales peuvent être invités, sur consentement mutuel des partenaires, à participer aux programmes et aux projets entrepris dans le cadre du présent accord. Le coût de cette participation est pris en charge par la tierce partie, sauf dispositions contraires convenues par écrit entre les Parties.

ARTICLE 11
Dispositions financières

(1) Dans la limite des disponibilités budgétaires de chacune des Parties, les frais de voyage sont, en règle générale, à la charge de la Partie d'origine tandis que les frais de séjour sont à la charge de la Partie d'accueil dans le cadre des déplacements du personnel scientifique concerné par les activités couvertes par cet accord.

(2) Dans le cadre spécifique des conventions ou protocoles de mise en œuvre mentionnés à l'article 7, les partenaires peuvent décider de partager des dépenses liées à la mise en œuvre des programmes et des projets.

ARTICLE 12
Questions médicales

(1) La Partie d'origine ou les partenaires s'assurent que le personnel scientifique qui séjourne sur le territoire de l'autre Partie dans le cadre de la mise en œuvre du présent accord dispose des moyens nécessaires et des assurances appropriés pour couvrir toute dépense en cas de maladie subite ou d'accident.

(2) Aux fins de l'application du paragraphe précédent, il est conseillé au personnel scientifique amené à séjourner sur le territoire de l'autre Partie dans le cadre du présent accord de souscrire, avant sa mission dans l'autre pays, une assurance médicale pour toute la durée du séjour.

ARTICLE 13
Programmes spécifiques de coopération

Les programmes en cours suivants entrent dans le cadre du présent accord :

(1) Programme conjoint de recherche scientifique
- « PROTEA » Partenariat Hubert Curien de soutien à la mobilité des chercheurs, ex-programme d'actions intégrées ;

(2) Programmes de recherche scientifique et technologique de mise en réseaux :
- programme de recherche en réseaux dans le domaine des sciences et technologies de l'eau (P2R) « SAFeWater » ;
- programme en sciences et technologies de l'information et de la communication « SAFeTI ».

ARTICLE 14
Entrée en vigueur et dénonciation

(1) Chacune des Parties notifie à l'autre par écrit par la voie diplomatique l'accomplissement des procédures constitutionnelles requises en ce qui la concerne pour l'entrée en vigueur du présent accord, qui prend effet le jour de réception de la dernière notification.

(2) Le présent accord est conclu pour une période de cinq (5) ans renouvelable par tacite reconduction pour une nouvelle période de cinq (5) ans. Chaque Partie peut dénoncer le présent accord en notifiant à l'autre Partie, au préalable, par écrit et par la voie diplomatique, son intention d'y mettre fin. Le présent accord cesse d'être en vigueur six (6) semaines après la date de réception de ladite notification.

(3) Cette dénonciation ne remet pas en cause les droits et obligations des Parties liés aux projets engagés dans le cadre du présent accord.

ARTICLE 15
Amendements

Le présent accord peut être modifié par accord mutuel entre les Parties, par échange de notes entre les Parties par la voie diplomatique.

ARTICLE 16
Règlement des différends

Tout différend résultant de l'interprétation ou de la mise en œuvre du présent accord est réglé, à l'amiable par voie de consultation ou de négociation entre les Parties.

EN FOI DE QUOI les soussignés, dûment autorisés par leur Gouvernement respectif, signent et scellent le présent accord en deux exemplaires originaux, en langues française et anglaise, les deux textes faisant également foi.

FAIT à Cape Town le 28 février 2008

POUR LE GOUVERNEMENT
DE LA RÉPUBLIQUE D'AFRIQUE DU SUD

POUR LE GOUVERNEMENT
DE LA RÉPUBLIQUE FRANÇAISE

No. 51325

South Africa
and
Cuba

Agreement between the Government of the Republic of South Africa and the Government of the Republic of Cuba on environmental cooperation. Havana, 2 December 2009

Entry into force: *15 May 2013 by notification, in accordance with article 7*

Authentic texts: *English and Spanish*

Registration with the Secretariat of the United Nations: *South Africa, 16 September 2013*

Afrique du Sud
et
Cuba

Accord entre le Gouvernement de la République sud-africaine et le Gouvernement de la République de Cuba relatif à la coopération environnementale. La Havane, 2 décembre 2009

Entrée en vigueur : *15 mai 2013 par notification, conformément à l'article 7*

Textes authentiques : *anglais et espagnol*

Enregistrement auprès du Secrétariat de l'Organisation des Nations Unies : *Afrique du Sud, 16 septembre 2013*

[ENGLISH TEXT – TEXTE ANGLAIS]

AGREEMENT

BETWEEN

THE GOVERNMENT OF THE REPUBLIC OF SOUTH AFRICA

AND

THE GOVERNMENT OF THE REPUBLIC OF CUBA

ON

ENVIRONMENTAL COOPERATION

PREAMBLE

The Government of the Republic of South Africa and the Government of the Republic of Cuba (hereinafter referred to in the singular as a "Party" and in the plural as the "Parties");

INSPIRED by the wish to strengthen friendship and exchange environmental cooperation between the Parties;

RECOGNIZING the importance of cooperative efforts to promote environmental protection and sustainable development;

WELL DISPOSED to promote collaboration and exchanges between the Parties in the environmental field, in order to preserve and improve the environment for the future generations;

AWARE of mutual advantages that cooperation on diverse environmental issues would bring about, in order to increase economic and social development, provision of sustainable livelihoods and that environmentally compatible management of natural resources are integral and mutually supportive parts of sustainable development;

HEREBY AGREE as follows:

Article 1
Intention

The Parties shall co-operate within the framework of this Agreement on the basis of equality, reciprocity and mutual benefit, taking into consideration their national environmental policies.

Article 2
Objectives

The objectives of this Agreement shall be attained by co-operation between the Parties through -

(a) exchange of information and technical expertise in pollution and waste management, environmental health protection and conservation of natural resources and marine resources, environmental awareness and education, specific focus on capacity building, environmental management and regulatory frameworks, monitoring, compliance and enforcement;

(b) co-operation and exchange of views on environmental issues governed by Multilateral Environmental Agreements such as climate change, ozone layer depletion, biological diversity loss, deforestation, drought and desertification, wildlife, marine and freshwater pollution, environmental sanitation as well as any other relevant global environmental issue that both Parties deem appropriate; and

(c) consultation with international bodies dealing with environmental protection and sustainable development, such as the United Nations Commission on Sustainable Development (UNCSD), the Global Environment Facility and the United Nations Environment Programme (UNEP).

Article 3
Implementation of areas of co-operation

In order to implement the objectives referred to in Article 2, the Parties intend to –

(a) exchange information on environmentally sound technologies;

(b) organize meetings of experts, seminars and joint training programmes;

(c) support programmes and initiatives that will promote the attainment of sustainable development, with special emphasis on technical support towards ensuring effective environmental policies, legislation and enforcement of environmental regulations;

(d) support forest management, wildlife and eco-tourism management;

(e) support environmental information management;

(f) support and engage in cooperative scientific and technical programmes related to atmospheric science and its applications.

Article 4
Competent authorities

(1) The competent authorities responsible for the implementation of this Agreement shall be the Department of Water and Environmental Affairs of the Republic of South Africa and the Ministry of Science, Technology and Environment of the Republic of Cuba.

(2) Each competent authority shall appoint a coordinator for the purpose of implementing this Agreement.

(3) The venues and times of coordinators meetings shall be agreed upon in writing between the competent authorities.

(4) Each Party shall bear its own costs and expenses arising from the implementation of this Agreement.

Article 5
Settlement of Disputes

Any dispute between the Parties arising out of the interpretation or implementation of this Agreement shall be settled amicably through consultation or negotiation between the Parties.

Article 6
Amendment

This Agreement may be amended by mutual consent of the Parties through an Exchange of Notes between the Parties through the diplomatic channel.

Article 7
Entry into force, Duration and Termination

(1) This Agreement shall enter into force on the date on which each Party has notified the other in writing through the diplomatic channel of its compliance with the constitutional requirements necessary for the implementation thereof. The date of entry into force shall be the date of the last notification.

(2) This Agreement shall remain in force for a period of five years, after which it shall be renewed automatically for further periods of five years unless terminated by either Party giving six months written notice in advance through the diplomatic channel of its intention to terminate this Agreement.

(3) A Party terminating this Agreement shall remain bound to contractual relationships to which it is a party and to its obligations there under, until they are fulfilled.

IN WITNESS WHEREOF the undersigned, being duly authorized by their respective Governments, have signed and sealed this Agreement in two originals in the English and Spanish languages, all texts being equally authentic. In case of diversion of interpretation the English text shall prevail.

DONE at HAVANA, CUBA on this 2ND day of DECEMBER in the year 2009.

FOR THE GOVERNMENT OF THE REPUBLIC OF SOUTH AFRICA

FOR THE GOVERNMENT OF THE REPUBLIC OF CUBA

[SPANISH TEXT – TEXTE ESPAGNOL]

ACUERDO ENTRE

EL GOBIERNO DE LA REPÚBLICA

DE

SUDÁFRICA

Y

EL GOBIERNO DE LA REPÚBLICA

DE

CUBA

SOBRE COOPERACIÓN AMBIENTAL

PREÁMBULO

El Gobierno de la República de Sudáfrica y el Gobierno de la República de Cuba (en adelante referidos en singular como la "Parte" y en plural como las "Partes");

INSPIRADOS por el deseo de fortalecer los lazos de amistad y efectuar un intercambio de cooperación ambiental entre las Partes;

RECONOCIENDO la importancia de los esfuerzos de la cooperación en la promoción de la protección ambiental y el desarrollo sostenible;

CON EL ÁNIMO de fomentar la colaboración e intercambio entre las Partes en el campo ambiental, para preservar y mejorar el Medio Ambiente para las generaciones futuras;

CONCIENTES de las ventajas mutuas que la cooperación en diversos temas ambientales conlleva, para incrementar el desarrollo económico y social, la existencia de condiciones sostenibles para ganarse el sustento, y que una gestión ambiental compatible con los recursos naturales es parte integral y complementaria del desarrollo sostenible;

ACUERDAN POR ESTE MEDIO lo siguiente:

Artículo 1
Intención

Las Partes cooperarán dentro del marco del presente Acuerdo sobre una base de igualdad, reciprocidad y beneficio mutuo, tomando en consideración sus políticas nacionales ambientales.

Artículo 2
Objetivos

Los objetivos del presente Acuerdo serán conseguidos mediante la cooperación entre las Partes en –

(a) el intercambio de información y conocimientos técnicos sobre los temas de la contaminación y la gestión de desechos y residuos, la protección sanitaria del ambiente y la conservación de los recursos naturales y marinos, la sensibilización y educación ambiental, concentrándose especialmente en la capacitación, sistemas reguladores y de gestión ambiental, monitoreo, y acatamiento y cumplimiento de las reglas;

(b) la cooperación e intercambio de puntos de vista respecto a temas ambientales regidos por Acuerdos Ambientales Multilaterales como el cambio climático, la destrucción de la capa de ozono, la merma de la diversidad biológica, la deforestación, la sequía y la desertificación, la vida silvestre, la contaminación de los mares, lagos y ríos, sanidad ambiental y todo otro tema ambiental mundial pertinente que ambas Partes consideren importante; y

(c) las consultas con organizaciones internacionales dedicadas a la protección del medio ambiente y el desarrollo sostenible, como la Comisión sobre Desarrollo Sostenible de las Naciones Unidas (UNCSD), Global Environment Facility (GEF) y el Programa Ambiental de las Naciones Unidas (UNEP).

Artículo 3
Implementación de áreas de cooperación

Para implementar los objetivos referidos en el Artículo 2, las Partes profesan la intención de –

(a) intercambiar información sobre tecnologías ambientales comprobadas;

(b) organizar reuniones de expertos, seminarios y programas mixtos de capacitación;

(c) apoyar programas e iniciativas que fomenten el logro del desarrollo sostenible, dando especial énfasis al apoyo técnico para asegurar políticas ambientales, legislación y reglamentos ambientales efectivos;

(d) apoyar la gestión forestal, de la vida silvestre y el eco-turismo;

(e) apoyar la gestión de la información ambiental;

(f) apoyar y efectuar programas de cooperación científica y técnica relacionados a la ciencia atmosférica y sus aplicaciones.

Artículo 4
Autoridades Competentes

(1) Las autoridades competentes responsables por la implementación del presente Acuerdo serán el Departamento de Asuntos Ambientales y Turismo de la República de Sudáfrica y el Ministerio de Ciencias, Tecnología y Ambiente de la República de Cuba.

(2) Cada autoridad competente nombrará un coordinador con el propósito de implementar el presente Acuerdo.

(3) Las autoridades competentes acordarán por escrito las fechas y lugares donde se realizarán las reuniones de los coordinadores.

(4) Cada Parte costeará sus propios gastos provenientes de la implementación del presente Acuerdo.

Artículo 5
Resolución de Controversias

Cualquier controversia que tuvieran las Partes debido a la interpretación o implementación del presente Acuerdo será resuelto amigablemente mediante consultas o negociación entre ellas.

Artículo 6
Enmiendas

El presente Acuerdo podrá ser enmendado por consentimiento mutuo de las Partes mediante un Intercambio de de Notas entre las Partes, a través del canal diplomático.

Artículo 7
Entrada en vigor, Duración y Terminación

(1) El presente Acuerdo entrará en vigor en la fecha que cada Parte notifique por escrito a la otra a través del canal diplomático, respecto al cumplimiento de los requisitos constitucionales necesarios para la implementación del mismo. La fecha de entrada en vigor será la fecha de la última notificación.

(2) El presente Acuerdo permanecerá en vigor durante un periodo de cinco años, tras el cual será renovado automáticamente por consiguientes periodos de cinco años a no ser que sea terminado por cualquiera de las Partes habiendo dado notificación por escrito con una anticipación de seis meses a través del canal diplomático de su intención de terminar el presente Acuerdo.

(3) La Parte que terminase el presente Acuerdo permanecerá sujeta a la relación contractual como parte del Acuerdo, lo mismo que a sus obligaciones, hasta que éstas hayan sido cumplidas.

EN FE DE LO ACORDADO, los abajo firmantes, debidamente autorizados por sus respectivos Gobiernos, suscriben y sellan el presente Acuerdo, en dos ejemplares, en los idiomas español e inglés, siendo ambos textos igualmente auténticos. En caso de desviación en la interpretación del texto, la versión en idioma inglés prevalecerá.

FIRMADO en ..HABANA, CUBA... a los..2ND..... días del mes de..DICIEMBRE del 2009.

....
POR EL GOBIERNO DE LA REPÚBLICA DE SUDÁFRICA

....
POR EL GOBIERNO DE LA REPÚBLICA DE CUBA

[TRANSLATION – TRADUCTION]

ACCORD ENTRE LE GOUVERNEMENT DE LA RÉPUBLIQUE SUD-AFRICAINE ET LE GOUVERNEMENT DE LA RÉPUBLIQUE DE CUBA RELATIF À LA COOPÉRATION ENVIRONNEMENTALE

Préambule

Le Gouvernement de la République sud-africaine et le Gouvernement de la République de Cuba (ci-après dénommés, ensemble, les « Parties » et, séparément, la « Partie »),

Inspirés par le souhait de renforcer l'amitié et la coopération environnementale entre les Parties,

Reconnaissant combien la coopération est importante pour favoriser la protection de l'environnement et le développement durable,

Disposés à favoriser la collaboration et les échanges entre les Parties dans les questions environnementales, afin de préserver et d'améliorer l'environnement pour les générations futures,

Conscients des avantages que la coopération sur diverses questions environnementales apporterait aux deux pays, s'agissant de l'amélioration du développement économique et social, de la fourniture de moyens d'existence durables et de la gestion des ressources naturelles respectueuse de l'environnement, autant d'éléments qui font partie intégrante du développement durable et qui se renforcent mutuellement,

Sont convenus de ce qui suit :

Article premier. Portée

Les Parties coopèrent dans le cadre du présent Accord sur la base des principes d'égalité, de réciprocité et d'avantage mutuel, en tenant compte de leurs politiques nationales relatives à l'environnement.

Article 2. Objectifs

Pour atteindre les objectifs du présent Accord, les Parties mettent en place une coopération sous les formes suivantes :

a) L'échange d'informations et d'expertise technique concernant la pollution et la gestion des déchets, la protection de la santé de l'environnement et la conservation des ressources naturelles et des ressources marines, la sensibilisation et l'éducation aux questions environnementales, avec un accent particulier sur le renforcement des capacités, la gestion environnementale et les cadres de réglementation, la surveillance, la conformité et l'application des normes;

b) La coopération et l'échange de points de vue sur les questions environnementales régies par les accords multilatéraux sur l'environnement, tels que les changements climatiques, l'appauvrissement de la couche d'ozone, la perte de diversité biologique, la déforestation, la sécheresse et la désertification, les espèces sauvages, la pollution marine et la pollution de l'eau douce, l'assainissement du milieu et toute autre question environnementale mondiale pertinente que les deux Parties jugent bon d'aborder; et

c) La consultation des organismes internationaux qui s'occupent de la protection de l'environnement et du développement durable, tels que la Conférence des Nations Unies sur le développement durable, le Fonds pour l'environnement mondial et le Programme des Nations Unies pour l'environnement.

Article 3. Exploitation des domaines de coopération

En vue d'atteindre les objectifs visés à l'article 2, les Parties entendent :

a) Échanger des informations sur les techniques respectueuses de l'environnement;

b) Organiser des réunions d'experts, des séminaires et des programmes de formation conjoints;

c) Soutenir les programmes et les initiatives qui favoriseront l'avènement d'un développement durable, avec un accent sur le soutien technique visant à garantir l'adoption de politiques et de textes de loi efficaces en matière environnementale, et l'application des règlementations environnementales;

d) Soutenir la gestion forestière et la gestion des espèces sauvages et de l'écotourisme;

e) Soutenir la gestion des informations sur l'environnement;

f) Soutenir les programmes de coopération scientifique et technique liés aux sciences de l'atmosphère et à leurs applications, et participer à ces programmes.

Article 4. Autorités compétentes

1) Les autorités compétentes chargées de la mise en œuvre du présent Accord sont le Département de l'eau et des affaires environnementales de la République sud-africaine et le Ministère des sciences, de la technologie et de l'environnement de la République de Cuba.

2) Chaque autorité compétente désigne un coordonnateur aux fins de la mise en œuvre du présent Accord.

3) Les autorités compétentes conviennent par écrit des lieux et dates des réunions des coordonnateurs.

4) Chaque Partie prend en charge ses propres frais découlant de la mise en œuvre du présent Accord.

Article 5. Règlement des différends

Tout différend entre les Parties issu de l'interprétation ou de la mise en œuvre du présent Accord est réglé à l'amiable au moyen de consultations ou de négociations entre les Parties.

Article 6. Modification

Le présent Accord peut être modifié d'un commun accord entre les Parties au moyen d'un échange de notes, par la voie diplomatique, entre les Parties.

Article 7. Entrée en vigueur, durée et dénonciation

1) Le présent Accord entre en vigueur à la date à laquelle chaque Partie a informé l'autre par écrit, par la voie diplomatique, de l'accomplissement des procédures constitutionnelles requises pour la mise en œuvre. La date d'entrée en vigueur est la date de la dernière de ces notifications.

2) Le présent Accord demeure en vigueur pour une durée de cinq ans, puis est tacitement reconduit pour des périodes successives de même durée, à moins qu'une Partie n'envoie, par la voie diplomatique et au moins six mois à l'avance, une notification écrite à l'autre Partie l'informant de son intention de le dénoncer.

3) La Partie qui dénonce le présent Accord reste tenue par les relations contractuelles auxquelles elle est partie et par les obligations qui en découlent, jusqu'à ce qu'elle se soit acquittée de ces obligations.

EN FOI DE QUOI, les soussignés, à ce dûment autorisés par leurs Gouvernements respectifs, ont signé le présent Accord et y ont apposé leur sceau, en deux exemplaires originaux en langues anglaise et espagnole, tous les textes faisant également foi. En cas de divergence d'interprétation, le texte anglais prévaut.

FAIT à La Havane (Cuba), le 2 décembre 2009.

Pour le Gouvernement de la République sud-africaine :
[SIGNÉ]

Pour le Gouvernement de la République de Cuba :
[SIGNÉ]

No. 51326

South Africa
and
South Sudan

Agreement between the Government of the Republic of South Africa and the Government of the Republic of South Sudan on the establishment of diplomatic relations. New York, 21 September 2011

Entry into force: *21 September 2011 by signature, in accordance with article 4*

Authentic text: *English*

Registration with the Secretariat of the United Nations: *South Africa, 16 September 2013*

Afrique du Sud
et
Soudan du Sud

Accord entre le Gouvernement de la République sud-africaine et le Gouvernement de la République du Soudan du Sud relatif à l'établissement de relations diplomatiques. New York, 21 septembre 2011

Entrée en vigueur : *21 septembre 2011 par signature, conformément à l'article 4*

Texte authentique : *anglais*

Enregistrement auprès du Secrétariat de l'Organisation des Nations Unies : *Afrique du Sud, 16 septembre 2013*

[ENGLISH TEXT – TEXTE ANGLAIS]

AGREEMENT

BETWEEN

THE GOVERNMENT OF
THE REPUBLIC OF SOUTH AFRICA

AND

THE GOVERNMENT OF
THE REPUBLIC OF SOUTH SUDAN

ON

THE ESTABLISHMENT OF DIPLOMATIC RELATIONS

PREAMBLE

The Government of the Republic of South Africa and the Government of the Republic of South Sudan (hereinafter referred to as "the Parties";

WISHING to develop their mutual relations on the basis of full respect for the principles of equal rights and mutual respects for their sovereignty;

HEREBY AGREE as follows:

Article 1

Establishment of Diplomatic Relations

The Parties agree to establish diplomatic relations between the two countries at ambassadorial level in accordance with the provisions of the Vienna Convention on Diplomatic Relations, 1961.

Article 2

Implementation of the Agreement

The practical implementation of the Agreement, including the appointment and accreditation of ambassadors, shall be effected through the diplomatic channel.

Article 3

Competent Authorities

The competent authorities responsible for the implementation of the Agreement shall be –

(a) in the case of the Government of the Republic of South Africa, the Department of International Relations and Cooperation; and

(b) in the case of the Government of the Republic of South Sudan, the Ministry of Foreign Affairs and International Cooperation.

Article 4

Entry into Force

This Agreement shall enter into force upon signature.

IN WITNESS WHEREOF the undersigned, being duly authorised thereto by their respective Governments, have signed and sealed this Agreement in two originals in the English language, both texts being equally authentic.

Done at ..New York.. on this ..21......day of..September 2011

....	....
FOR THE GOVERNMENT OF THE REPUBLIC OF SOUTH AFRICA	**FOR THE GOVERNMENT OF THE REPUBLIC OF SOUTH SUDAN**

[TRANSLATION – TRADUCTION]

ACCORD ENTRE LE GOUVERNEMENT DE LA RÉPUBLIQUE SUD-AFRICAINE ET LE GOUVERNEMENT DE LA RÉPUBLIQUE DU SOUDAN DU SUD RELATIF À L'ÉTABLISSEMENT DE RELATIONS DIPLOMATIQUES

Préambule

Le Gouvernement de la République sud-africaine et le Gouvernement de la République du Soudan du Sud (ci-après dénommés « les Parties »),

Souhaitant développer leurs relations mutuelles sur la base de l'application pleine et entière des principes d'égalité des droits et de respect de la souveraineté de chacun d'entre eux,

Sont convenus de ce qui suit :

Article premier. Établissement de relations diplomatiques

Les Parties conviennent d'établir entre les deux pays des relations diplomatiques au niveau des ambassadeurs, conformément aux dispositions de la Convention de Vienne sur les relations diplomatiques de 1961.

Article 2. Mise en œuvre de l'Accord

La mise en œuvre pratique de l'Accord, et notamment la désignation et l'accréditation des ambassadeurs, se fait par la voie diplomatique.

Article 3. Autorités compétentes

Les autorités compétentes chargées de la mise en œuvre de l'Accord sont :

a) Dans le cas du Gouvernement de la République sud-africaine, le Département des relations et de la coopération internationales; et

b) Dans le cas du Gouvernement de la République du Soudan du Sud, le Ministère des affaires étrangères et de la coopération internationale.

Article 4. Entrée en vigueur

Le présent Accord entre en vigueur au moment de sa signature.

EN FOI DE QUOI, les soussignés, à ce dûment autorisés par leurs Gouvernements respectifs, ont signé le présent Accord et y ont apposé leur sceau, en deux exemplaires originaux en langue anglaise, les deux textes faisant également foi.

FAIT à New York, le 21 septembre 2011.

Pour le Gouvernement de la République sud-africaine :
[SIGNÉ]

Pour le Gouvernement de la République du Soudan du Sud :
[SIGNÉ]

No. 51327

South Africa
and
Denmark

Memorandum of Understanding between the Government of the Republic of South Africa and the Government of the Kingdom of Denmark on renewable energy and energy efficiency. Copenhagen, 24 October 2011

Entry into force: *24 October 2011 by signature, in accordance with article 10*

Authentic text: *English*

Registration with the Secretariat of the United Nations: *South Africa, 16 September 2013*

Afrique du Sud
et
Danemark

Mémorandum d'accord entre le Gouvernement de la République sud-africaine et le Gouvernement du Royaume du Danemark relatif aux énergies renouvelables et à l'efficacité énergétique. Copenhague, 24 octobre 2011

Entrée en vigueur : *24 octobre 2011 par signature, conformément à l'article 10*

Texte authentique : *anglais*

Enregistrement auprès du Secrétariat de l'Organisation des Nations Unies : *Afrique du Sud, 16 septembre 2013*

[ENGLISH TEXT – TEXTE ANGLAIS]

MEMORANDUM OF UNDERSTANDING

BETWEEN

THE GOVERNMENT OF THE REPUBLIC OF SOUTH AFRICA

AND

THE GOVERNMENT OF THE KINGDOM OF DENMARK

ON

RENEWABLE ENERGY AND ENERGY EFFICIENCY

PREAMBLE

The Government of the Republic of South Africa and the Government of the Kingdom of Denmark, (hereinafter jointly referred to as the "Parties" and separately as a "Party");

DESIRING to strengthen the friendly relations between the Parties;

EXPRESSING mutual interest in developing co-operation in the fields of renewable energy and energy efficiency;

UNDERSTANDING the importance of determining the spheres of co-operation in these fields as well as ways and mechanisms of implementation in the interests of both Parties, their economic wellbeing and strengthening positive tendencies in the world economy;

NOTING the Declaration of Intent concluded between the Parties on Co-operation in the fields of Renewable Energy and Energy Efficiency on 23 of January 2009;

BELIEVING that such co-operation shall promote further development and enhance the existing friendly relations between the Parties;

HEREBY AGREE as follows:

ARTICLE 1
PURPOSE

(1) The purpose of this Memorandum of Understanding (hereinafter referred to as "this MOU") is to facilitate-

(a) the development and implementation in the Republic of South Africa of projects with the participation of Danish entities, within the framework of the this MOU; and

(b) the co-operation and the provision of technical expertise on the focal fields identified by the Danish Government.

(2) The projects identified will be designed to contribute to sustainable development in the Republic of South Africa and will warrant solid co-operation conducive to implementing these projects.

ARTICLE 2
COMPETENT AUTHORITIES

(1) The Competent Authorities responsible for coordinating all co-operation programmes entered into under this MOU shall be –

(a) in the case of the Republic of South Africa, the Department of Energy; and

(b) in the case of the Government of the Kingdom of Denmark, the Ministry of Climate, Energy and Building.

(2) The Competent Authorities shall be responsible for the –

(a) identification of programmes and projects and implementing agencies for approval by the Parties;

(b) review of progress in the implementation of this MOU and report back to the Parties;

(c) evaluation of programmes or projects and reporting of the results and recommendations to the Parties; and

(d) consideration of any other aspects relevant to the promotion of bilateral co-operation in the field of renewable energy and energy efficiency.

ARTICLE 3

SCOPE

(1) The Parties shall promote co-operation and development of projects in the fields of renewable energy and energy efficiency through -

(a) the exchange of information pertaining to the Parties' overall renewable energy and energy efficiency policies, institutional agreements, regulatory framework, technology transfer, research and development and establishment of databanks;

(b) the exchange of information on government programmes of commercialization, distribution and market potential of renewable energy and energy efficiency;

(c) identifying and developing co-operative projects between the Parties as well as third parties in-

(i) energy efficiency in the end-use sector (industry and buildings);

(ii) wind energy, including wind resource mapping and integration of wind energy to the grid;

(iii) developing and implementations plan for renewable energy; and

(iv) any other renewable energy and energy efficiency projects agreed to by the Parties;

(d) the exchange of visits by policy-makers and technical experts responsible for the development and implementation of national renewable energy and energy efficiency policies;

(e) the promotion of specialised training in the fields of renewable energy and energy efficiency for experts from both countries;

(f) the promotion of joint-collaboration between renewable energy and energy efficiency related state owned companies, as well as endorsement and assistance in the establishment of partnerships within the various fields of the renewable energy and energy efficiency among the relevant companies of both countries for the harmonious transfer of knowledge;

(g) participation in workshops, conferences and exhibitions aimed at attracting investments in the renewable energy and energy efficiency industries of both countries;

(h) the joint co-operation and assistance in the development of renewable energy and energy efficiency policies and domestic laws for the industry;

(i) the sharing of experiences in the organization and establishment of regulatory and management agencies for the renewable energy and energy efficiency industry; and

(j) any other form of renewable energy and energy efficiency related co-operation as may be agreed to in writing by the Parties at any time.

(2) The terms and conditions of implementation of each programme or project undertaken under this MOU as part of the co-operation shall be agreed to by the Parties in a separate agreement.

ARTICLE 4
WORKING GROUPS

(1) The Parties shall, where appropriate, establish Technical Working Groups for the purpose of the joint development of plans of co-operation as well as for the implementation and analysis of the work to be performed in the areas referred to in Article 3 of this MOU.

(2) The agenda, time and place of the meetings of the Working Groups shall be agreed upon by the Parties.

ARTICLE 5

EXPENSES

The subsistence and travel expenses of participants attending the co-operation programmes and meetings of implementing agencies or Working Groups contemplated under this MOU shall be borne by the respective Parties or their designated authorities.

ARTICLE 6

PUBLICATIONS OF REPORTS AND CONFIDENTIALITY

(1) The outcome or results of specific programmes of co-operation carried out under this MOU which are not yet in the public domain shall be kept confidential by the Parties.

(2) If a Party wishes to share the results with a third party, the prior written consent of the other Party shall be obtained.

(3) The outcome and results of specific programmes of co-operation carried out under this MOU may be published only with the written mutual consent of the Parties.

ARTICLE 7

SETTLEMENT OF DISPUTES

Any dispute between the Parties arising out of the interpretation, application or implementation of this MOU shall be settled amicably through consultations or negotiations between the Parties.

ARTICLE 8

AMENDMENT

This MOU may be amended at any time by mutual consent of the Parties through an Exchange of Notes between the Parties, through the diplomatic channel.

ARTICLE 9

NOTIFICATIONS

All notifications concerning this MOU shall be communicated through the diplomatic channel.

ARTICLE 10

ENTRY INTO FORCE, DURATION AND TERMINATION

(1) This MOU shall enter into force on the date of signature thereof and shall remain in force for a period of five years, whereafter it shall automatically be renewed for successive periods of five years, unless terminated by either Party by giving thirty (30) days prior written notice, through the diplomatic channel, of its intention to terminate this MOU.

(2) At the termination of this MOU, its provisions and the provisions of any other agreement entered into by the Parties shall continue to govern any existing or unexpired obligations assumed or commenced under this MOU. These obligations or programmes shall be carried out to completion as if this MOU is still in force.

IN WITNESS WHEREOF the undersigned, being duly authorised thereto by their respective Governments, have signed and sealed this MOU in duplicate in the English language, both texts being equally authentic.

DONE at COPENHAGEN on this 24 day of October 2011

FOR THE GOVERNMENT OF THE REPUBLIC OF SOUTH AFRICA	**FOR THE GOVERNMENT OF THE KINGDOM OF DENMARK**

[TRANSLATION – TRADUCTION]

MÉMORANDUM D'ACCORD ENTRE LE GOUVERNEMENT DE LA RÉPUBLIQUE SUD-AFRICAINE ET LE GOUVERNEMENT DU ROYAUME DU DANEMARK RELATIF AUX ÉNERGIES RENOUVELABLES ET À L'EFFICACITÉ ÉNERGÉTIQUE

Préambule

Le Gouvernement de la République sud-africaine et le Gouvernement du Royaume du Danemark (ci-après dénommés, ensemble, les « Parties » et, séparément, la « Partie »),

Désirant renforcer les relations amicales existant entre les Parties,

Manifestant un intérêt commun au développement d'une coopération dans les domaines des énergies renouvelables et de l'efficacité énergétique,

Conscients de l'importance de déterminer les domaines de ladite coopération, ainsi que les moyens et les mécanismes de sa mise en œuvre dans l'intérêt des deux Parties, de leur bien-être économique et du renforcement des tendances positives de l'économie mondiale,

Prenant note de la Déclaration d'intention conclue entre les Parties le 23 janvier 2009 sur la coopération dans les domaines des énergies renouvelables et de l'efficacité énergétique,

Convaincus que cette coopération favorise le développement et renforce les relations amicales existant entre les Parties,

Sont convenus de ce qui suit :

Article premier. Objet

1. Le présent Mémorandum d'accord (ci-après désigné « le présent Mémorandum ») vise à faciliter :

a) L'élaboration et la mise en œuvre en République sud-africaine de projets impliquant la participation d'entités danoises, dans les limites définies par le présent Mémorandum; et

b) La coopération et la fourniture d'expertise technique dans les domaines clés identifiés par le Gouvernement danois.

2. Les projets sélectionnés sont destinés à contribuer au développement durable en République sud-africaine et garantissent une coopération active favorisant la mise en œuvre de ces projets.

Article 2. Autorités compétentes

1. Les autorités compétentes chargées de la coordination des programmes de coopération conclus en vertu du présent Mémorandum sont :

a) Pour la République sud-africaine, le Département de l'énergie; et

b) Pour le Gouvernement du Royaume du Danemark, le Ministère du climat, de l'énergie et de la construction.

2. Les autorités compétentes sont chargées de :

a) Identifier les programmes, les projets et les organismes d'exécution pour approbation par les Parties;

b) Vérifier les progrès réalisés dans la mise en œuvre du présent Mémorandum et en rendre compte aux Parties;

c) Évaluer les programmes ou les projets, et rendre compte aux Parties des résultats et des recommandations qui en découlent; et

d) Tenir compte de tous les autres aspects relatifs à la promotion d'une coopération bilatérale dans les domaines des énergies renouvelables et de l'efficacité énergétique.

Article 3. Portée

1. Les Parties encouragent la coopération et l'élaboration de projets dans les domaines des énergies renouvelables et de l'efficacité énergétique par :

a) L'échange d'informations ayant trait à leurs politiques globales en matière d'énergies renouvelables et d'efficacité énergétique, aux accords institutionnels, aux cadres règlementaires, aux transferts de technologies, aux résultats de recherche et de développement, et aux créations de banques de données;

b) L'échange d'informations sur les programmes gouvernementaux relatifs à la commercialisation, à la distribution et au potentiel offert par le marché des énergies renouvelables et de l'efficacité énergétique;

c) L'identification et l'élaboration de projets de coopération entre les Parties, ainsi qu'avec des tiers, dans les secteurs suivants :

i) Efficacité énergétique dans les secteurs d'utilisation finale (industrie et bâtiments);

ii) Énergie éolienne, notamment la cartographie des ressources éoliennes et l'intégration de l'énergie éolienne au réseau;

iii) Élaboration et mise en œuvre d'un plan pour les énergies renouvelables; et

iv) Tout autre projet associé aux énergies renouvelables et à l'efficacité énergétique, convenu entre les Parties;

d) Des visites bilatérales de responsables politiques et d'experts techniques chargés de la conception et de la mise en place de politiques nationales en matière d'énergies renouvelables et d'efficacité énergétique;

e) La promotion de formations spécialisées dans les domaines des énergies renouvelables et de l'efficacité énergétique à l'intention des experts des deux pays;

f) La promotion d'une collaboration entre les sociétés d'État liées aux énergies renouvelables et à l'efficacité énergétique, ainsi que l'appui et l'assistance à la création de partenariats entre les sociétés concernées des deux pays dans les domaines des énergies renouvelables et de l'efficacité énergétique, afin de favoriser un transfert cohérent des connaissances;

g) La participation à des ateliers, des conférences et des expositions destinés à attirer les investissements dans les secteurs des énergies renouvelables et de l'efficacité énergétique des deux pays;

h) La coopération et l'assistance mutuelle dans l'élaboration de législations nationales et de politiques pour le secteur concerné dans les domaines des énergies renouvelables et de l'efficacité énergétique;

i) L'échange d'expériences concernant l'organisation et la création d'agences de réglementation et de gestion pour le secteur des énergies renouvelables et de l'efficacité énergétique; et

j) Toute autre forme de coopération liée aux énergies renouvelables et à l'efficacité énergétique dont les Parties peuvent, à tout moment, convenir par écrit.

2. Les Parties conviennent dans un accord distinct des conditions générales de mise en œuvre de chaque programme ou projet entrepris en vertu du présent Mémorandum dans le cadre de la coopération.

Article 4. Groupes de travail

1. Les Parties créent, s'il y a lieu, des Groupes de travail techniques dans le but d'élaborer conjointement des plans de coopération, ainsi que pour mettre en œuvre et analyser le travail à effectuer dans les domaines visés à l'article 3 du présent Mémorandum.

2. Les Parties conviennent de l'ordre du jour, de la date et du lieu des réunions des Groupes de travail.

Article 5. Frais

Les frais de voyage et de subsistance des personnes participant aux programmes de coopération et aux réunions des organismes d'exécution ou des Groupes de travail envisagés dans le cadre du présent Mémorandum sont à la charge des Parties respectives ou de leurs autorités désignées.

Article 6. Publication des rapports et confidentialité

1. Les Parties préservent la confidentialité des résultats, n'appartenant pas encore au domaine public, qui découlent des programmes de coopération spécifiques mis en place dans le cadre du présent Mémorandum.

2. Si une Partie souhaite partager ces résultats avec un tiers, elle doit obtenir le consentement préalable écrit de l'autre Partie.

3. Les résultats et les conclusions des programmes de coopération spécifiques mis en place dans le cadre du présent Mémorandum ne peuvent être publiés qu'avec le consentement mutuel écrit des Parties.

Article 7. Règlement des différends

Tout différend entre les Parties découlant de l'interprétation, de l'application ou de la mise en œuvre du présent Mémorandum est réglé à l'amiable par la voie de consultations ou de négociations entre les Parties.

Article 8. Modification

Le présent Mémorandum peut être modifié par consentement mutuel des Parties au moyen d'un échange de notes, par la voie diplomatique, entre les Parties.

Article 9. Notifications

Toutes les notifications ayant trait au présent Mémorandum sont communiquées par la voie diplomatique.

Article 10. Entrée en vigueur, durée et dénonciation

1. Le présent Mémorandum entre en vigueur à la date de sa signature et reste valable pour une période de cinq ans, puis est tacitement reconduit pour des périodes successives de même durée, à moins qu'une Partie n'envoie, par la voie diplomatique et au moins 30 jours à l'avance, une notification écrite à l'autre Partie l'informant de son intention de le dénoncer.

2. Lors de la dénonciation du présent Mémorandum, ses dispositions et les dispositions de tout autre accord conclu entre les Parties continuent de régir les obligations, en vigueur ou encore valables, assumées ou créées en vertu du présent Mémorandum. Ces obligations sont pleinement honorées, comme si le présent Mémorandum était toujours en vigueur.

EN FOI DE QUOI, les soussignés, à ce dûment autorisés par leurs Gouvernements respectifs, ont signé le présent Mémorandum et y ont apposé leur sceau, en deux exemplaires en langue anglaise, les deux textes faisant également foi.

FAIT à Copenhague, le 24 octobre 2011.

Pour le Gouvernement de la République sud-africaine :
[SIGNÉ]

Pour le Gouvernement du Royaume du Danemark :
[SIGNÉ]

No. 51328

South Africa and Japan

Agreement between the Government of the Republic of South Africa and the Government of Japan regarding mutual assistance and cooperation between their customs administrations. Pretoria, 2 July 2012

Entry into force: *2 July 2012 by signature, in accordance with article 16*

Authentic texts: *English and Japanese*

Registration with the Secretariat of the United Nations: *South Africa, 16 September 2013*

Not published in print, in accordance with article 12(2) of the General Assembly regulations to give effect to Article 102 of the Charter of the United Nations, as amended.

Afrique du Sud et Japon

Accord entre le Gouvernement de la République sud-africaine et le Gouvernement du Japon concernant l'assistance mutuelle et la collaboration entre leurs administrations douanières. Pretoria, 2 juillet 2012

Entrée en vigueur : *2 juillet 2012 par signature, conformément à l'article 16*

Textes authentiques : *anglais et japonais*

Enregistrement auprès du Secrétariat de l'Organisation des Nations Unies : *Afrique du Sud, 16 septembre 2013*

Non disponible en version imprimée, conformément au paragraphe 2 de l'article 12 du règlement de l'Assemblée générale destiné à mettre en application l'Article 102 de la Charte des Nations Unies, tel qu'amendé.

No. 51115

[illegible]

and

Japan

[illegible] of the Republic of South Africa and the Government of Japan regarding mutual assistance and cooperation between their customs administrations. Pretoria, 2 July 2012

[illegible] in accordance with article 16

[illegible]

No. 51329

South Africa
and
Namibia

Memorandum of Understanding between the Government of the Republic of South Africa and the Government of the Republic of Namibia on cooperation on issues related to public works and infrastructure development. Cape Town, 6 November 2012

Entry into force: *6 November 2012 by signature, in accordance with article 10*

Authentic text: *English*

Registration with the Secretariat of the United Nations: *South Africa, 16 September 2013*

Afrique du Sud
et
Namibie

Mémorandum d'accord entre le Gouvernement de la République sud-africaine et le Gouvernement de la République de Namibie relatif à la coopération en matière de travaux publics et de développement des infrastructures. Le Cap, 6 novembre 2012

Entrée en vigueur : *6 novembre 2012 par signature, conformément à l'article 10*

Texte authentique : *anglais*

Enregistrement auprès du Secrétariat de l'Organisation des Nations Unies : *Afrique du Sud, 16 septembre 2013*

[ENGLISH TEXT – TEXTE ANGLAIS]

MEMORANDUM OF UNDERSTANDING

BETWEEN

THE GOVERNMENT OF THE REPUBLIC OF SOUTH AFRICA

AND

THE GOVERNMENT OF THE REPUBLIC OF NAMIBIA

ON

COOPERATION ON ISSUES RELATED TO PUBLIC WORKS AND INFRASTRUCTURE DEVELOPMENT

PREAMBLE

The Government of the Republic of South Africa and the Government of the Republic of Namibia (hereinafter jointly referred to as the "Parties" and in the singular as a "Party");

COMMITTED to contribute, establish and develop a diversified relationship in the field of public works and infrastructure development, in the spirit of solidarity and friendship, contributing to NEPAD objectives and the development of the African continent at large;

AWARE of the importance of infrastructure for social and economic development of both countries;

ACKNOWLEDGING the mutual advantages that may result from this Memorandum of Understanding;

HEREBY AGREE as follows:

ARTICLE 1
DEFINITIONS

In this Memorandum of Understanding, unless the context otherwise indicates-

"competent authority" means the competent authorities specified in Article 3;

"cooperation" means actions and activities undertaken by both Parties in pursuance of the objectives of this Memorandum of Understanding;

"MoU" means this Memorandum of Understanding;

"public works" includes all built environment activities and undertakings affecting policy, infrastructure development (implementation and maintenance) and the environment where the activities take place.

ARTICLE 2
SCOPE OF COOPERATION

The Parties shall promote, develop and increase cooperation in the field of public works, built environment, regulatory environment and infrastructure development within their respective jurisdictions by exploring the possibilities for cooperation on the basis of equality and mutual benefit.

ARTICLE 3
COMPETENT AUTHORITIES

The competent authorities responsible for the implementation of this MoU shall be-

(a) in the case of the Republic of South Africa, the Department of Public Works; and

(b) in the case of the Republic of Namibia, the Ministry of Works and Transport.

ARTICLE 4
AREAS OF COOPERATION

The areas of cooperation under this MoU shall include, but not be limited to-

(a) management of government immovable assets registers;

(b) executing maintenance of government owned properties;

(c) institutional cooperation, which shall include institutional capacity building in areas such as legislation and policy development, civil construction, manufacture of building materials, job inspection, quality assurance and the licensing of civil construction agents

(d) exchange programmes between professional councils and/or boards in skills development of professionals in the building environment (artisans, architects, engineers, quantity surveyors, project managers, property managers and valuers,);

(e) labour intensive construction (community-based) projects for job creation purposes;

(f) production and supply of construction material and equipment;

(g) collaboration on development and sharing of construction technologies and expertise;

(h) encouraging cooperation and partnership between the public and private sectors' involvement in the construction industry for the purpose of infrastructure development; and

(i) sharing knowledge and experience in alternative ways of financing of infrastructure development.

ARTICLE 5
FORMS OF COOPERATION

The Parties shall cooperate by-

(a) exchanging building environment professionals for the purpose of sharing new techniques and technologies, including training and educational programmes;

(b) exchanging, disseminating and sharing of information on public works and infrastructure development issues in areas of common interest;

(c) creating partnership between public and private sector institutions and organisations in the countries of the Parties; and

(d) conducting joint research.

ARTICLE 6

IMPLEMENTATION

(1) In support of this MoU, the Parties shall develop programmes of action in respect of specific projects involving components of the areas of cooperation referred to in Article 4 and forms of cooperation referred to in Article 5.

(2) The funding of a programme or project of co-operation shall be as agreed upon by the Parties.

ARTICLE 7

SETTLEMENT OF DISPUTES

Any dispute between the Parties arising out of the implementation or interpretation of this MoU shall be settled amicably through consultation or negotiations between the Parties.

ARTICLE 8

AMENDMENTS

This MoU may be amended by mutual consent of the Parties through an Exchange of Notes between the Parties through the diplomatic channel.

ARTICLE 9
SUSPENSION

(1) Each Party reserves the right to completely or partially suspend this MoU.

(2) The suspension, together with the reasons therefor, shall be conveyed to the other Party in writing through the diplomatic channel and shall take effect immediately upon receipt of such notification.

(3) The suspending Party shall lift the suspension as soon as possible by way of written notice to the other Party through the diplomatic channel.

ARTICLE 10
ENTRY INTO FORCE, DURATION AND TERMINATION

(1) This MoU shall enter into force on the date of signature thereof.

(2) This MoU shall remain in force for a period of five (5) years, whereafter it shall automatically be renewed for further periods of five (5) years at a time, unless it is terminated by either Party giving six (6) months written notice in advance through the diplomatic channel, to the other Party, of its intention to terminate this MoU.

(3) The termination of this MoU shall not affect, or in any way prejudice, existing obligations, programmes of action or projects established in terms of this MoU. Such obligations shall remain in force until the completion thereof in terms of this MoU.

IN WITNESS WHEREOF the undersigned, being duly authorised thereto by their respective Governments, have signed and sealed this MoU in duplicate in the English language, both texts being equally authentic.

DONE at Cape Town on this 6th day of November 2012

FOR THE GOVERNMENT OF THE REPUBLIC OF SOUTH AFRICA	**FOR THE GOVERNMENT OF THE REPUBLIC OF NAMIBIA**

[TRANSLATION – TRADUCTION]

MÉMORANDUM D'ACCORD ENTRE LE GOUVERNEMENT DE LA RÉPUBLIQUE SUD-AFRICAINE ET LE GOUVERNEMENT DE LA RÉPUBLIQUE DE NAMIBIE RELATIF À LA COOPÉRATION EN MATIÈRE DE TRAVAUX PUBLICS ET DE DÉVELOPPEMENT DES INFRASTRUCTURES

Préambule

Le Gouvernement de la République sud-africaine et le Gouvernement de la République de Namibie (ci-après dénommés, ensemble, les « Parties » et, séparément, la « Partie »),

Ayant pris l'engagement de s'employer à établir et à développer des relations diversifiées dans le domaine des travaux publics et du développement des infrastructures, dans un esprit de solidarité et d'amitié, contribuant ainsi à la réalisation des objectifs du Nouveau partenariat pour le développement de l'Afrique et au développement du continent africain dans son ensemble,

Conscients de l'importance que revêtent les infrastructures pour le développement économique et social des deux pays,

Reconnaissant les avantages mutuels pouvant résulter du présent Mémorandum d'accord,

Sont convenus de ce qui suit :

Article premier. Définitions

Aux fins du présent Mémorandum d'accord, sauf disposition contraire, le terme ou l'expression :

« Autorité compétente » s'entend des autorités compétentes visées à l'article 3;

« Coopération » s'entend des mesures prises et des activités exercées par les deux Parties conformément aux objectifs du présent Mémorandum d'accord;

« Mémorandum » désigne le présent Mémorandum d'accord;

« Travaux publics » englobe l'ensemble des activités et des initiatives en rapport avec le cadre bâti qui affectent la politique, le développement des infrastructures (réalisation et entretien) ainsi que l'environnement où ces activités ont lieu.

Article 2. Portée de la coopération

Les Parties s'engagent à promouvoir, à développer et à accroître la coopération dans le domaine des travaux publics, du cadre bâti, du cadre de réglementation et du développement des infrastructures dans leurs zones de compétence respectives en examinant les possibilités de coopérer sur la base de l'égalité et des avantages mutuels.

Article 3. Autorités compétentes

Les autorités compétentes chargées de l'application du présent Mémorandum sont :

a) Dans le cas de la République sud-africaine, le Département des travaux publics; et

b) Dans le cas de la République de Namibie, le Ministère des travaux et des transports.

Article 4. Domaines de coopération

Les domaines de coopération entrant dans le cadre du présent Mémorandum incluent, sans toutefois s'y limiter, les éléments suivants :

a) Gestion des registres des biens immeubles de l'État;

b) Assurer l'entretien des propriétés de l'État;

c) Coopération institutionnelle, y compris le renforcement des capacités institutionnelles dans des domaines tels que la législation et l'élaboration des politiques, la construction civile, la fabrication des matériaux de construction, l'inspection des travaux, l'assurance de la qualité et l'octroi de permis aux agents du secteur de la construction civile;

d) Programmes d'échange entre conseils ou organismes professionnels en vue du perfectionnement des professionnels du secteur du cadre bâti (artisans, architectes, ingénieurs, métreurs, directeurs de projet, gestionnaires immobiliers et experts en estimations);

e) Projets de construction à forte intensité de main-d'œuvre (locale) exécutés à des fins de création d'emplois;

f) Production et fourniture de matériaux et d'équipements pour la construction;

g) Collaboration sur le développement et le partage de technologies et de compétences dans le domaine de la construction;

h) Promotion de la coopération et du partenariat entre les secteurs public et privé dans le secteur de la construction aux fins du développement des infrastructures; et

i) Partage des connaissances et de l'expérience acquises quant aux différents modes de financement du développement des infrastructures.

Article 5. Formes de coopération

Les Parties coopèrent dans les domaines suivants :

a) Échange de professionnels du domaine du cadre bâti aux fins du partage de nouvelles techniques et technologies, notamment dans le cadre de programmes de formation et d'éducation;

b) Échange, diffusion et partage des informations sur les questions liées aux travaux publics et au développement des infrastructures dans des domaines d'intérêt commun;

c) Création de partenariats entre les institutions et organismes des secteurs public et privé situés dans les pays des Parties; et

d) Exécution de recherches conjointes.

Article 6. Application

1) Aux fins du présent Mémorandum, les Parties établissent des programmes d'action relatifs à des projets spécifiques portant sur des éléments des domaines de coopération visés à l'article 4 et des formes de coopération visées à l'article 5.

2) Le financement d'un programme ou d'un projet de coopération est convenu par les Parties.

Article 7. Règlement des différends

Tout différend entre les Parties découlant de l'application ou de l'interprétation du présent Mémorandum est réglé à l'amiable par voie de consultations ou de négociations entre les Parties.

Article 8. Modifications

Le présent Mémorandum peut être modifié par consentement mutuel des Parties au moyen d'un échange de notes, par la voie diplomatique, entre les Parties.

Article 9. Suspension

1) Chaque Partie se réserve le droit de suspendre le présent Mémorandum en tout ou en partie.

2) La suspension, dûment motivée, est notifiée à l'autre Partie par écrit, par la voie diplomatique, et prend effet dès la réception de la notification.

3) La Partie qui a procédé à la suspension lève celle-ci dès que possible en transmettant à l'autre Partie une notification écrite à cet effet par la voie diplomatique.

Article 10. Entrée en vigueur, durée et dénonciation

1) Le présent Mémorandum entre en vigueur à la date de sa signature.

2) Le présent Mémorandum demeure en vigueur pendant cinq ans, puis est tacitement reconduit pour des périodes successives de même durée, à moins qu'une Partie n'envoie, par la voie diplomatique et au moins six mois à l'avance, une notification écrite à l'autre Partie l'informant de son intention de le dénoncer.

3) La dénonciation du présent Mémorandum ne modifie ni ne remet en cause les obligations existantes, les programmes d'action ou les projets établis au titre du présent Mémorandum. Ces obligations demeurent en vigueur jusqu'à ce qu'elles soient exécutées conformément aux dispositions du présent Mémorandum.

EN FOI DE QUOI, les soussignés, à ce dûment autorisés par leurs Gouvernements respectifs, ont signé le présent Mémorandum d'accord et y ont apposé leur sceau, en double exemplaire et en langue anglaise, les deux textes faisant également foi.

FAIT au Cap, le 6 novembre 2012.

Pour le Gouvernement de la République sud-africaine :
[SIGNÉ]

Pour le Gouvernement de la République de Namibie :
[SIGNÉ]

No. 51330

South Africa and Namibia

Memorandum of Understanding between the Government of the Republic of South Africa as represented by the South African Weather Service and the Government of the Republic of Namibia as represented by the Namibia Meteorological Service on co-operation in meteorology. Cape Town, 6 November 2012

Entry into force: *6 November 2012 by signature, in accordance with article 13*

Authentic text: *English*

Registration with the Secretariat of the United Nations: *South Africa, 16 September 2013*

Not published in print, in accordance with article 12(2) of the General Assembly regulations to give effect to Article 102 of the Charter of the United Nations, as amended.

Afrique du Sud et Namibie

Mémorandum d'accord entre le Gouvernement de la République sud-africaine, représenté par le Service météorologique sud-africain, et le Gouvernement de la République de Namibie, représenté par le Service météorologique de la Namibie, sur la coopération en météorologie. Le Cap, 6 novembre 2012

Entrée en vigueur : *6 novembre 2012 par signature, conformément à l'article 13*

Texte authentique : *anglais*

Enregistrement auprès du Secrétariat de l'Organisation des Nations Unies : *Afrique du Sud, 16 septembre 2013*

Non disponible en version imprimée, conformément au paragraphe 2 de l'article 12 du règlement de l'Assemblée générale destiné à mettre en application l'Article 102 de la Charte des Nations Unies, tel qu'amendé.

No. 51331

South Africa
and
Uganda

Agreement between the Government of the Republic of South Africa and the Government of the Republic of Uganda on co-operation in the fields of the environment and water resources. Pretoria, 9 November 2012

Entry into force: *9 November 2012 by signature, in accordance with article 8*

Authentic text: *English*

Registration with the Secretariat of the United Nations: *South Africa, 16 September 2013*

Afrique du Sud
et
Ouganda

Accord de coopération entre le Gouvernement de la République sud-africaine et le Gouvernement de la République de l'Ouganda relatif à l'environnement et aux ressources en eau. Pretoria, 9 novembre 2012

Entrée en vigueur : *9 novembre 2012 par signature, conformément à l'article 8*

Texte authentique : *anglais*

Enregistrement auprès du Secrétariat de l'Organisation des Nations Unies : *Afrique du Sud, 16 septembre 2013*

[ENGLISH TEXT – TEXTE ANGLAIS]

AGREEMENT

BETWEEN

THE GOVERNMENT OF THE REPUBLIC OF SOUTH AFRICA

AND

THE GOVERNMENT OF THE REPUBLIC OF UGANDA

ON CO-OPERATION IN THE FIELDS OF

THE ENVIRONMENT AND WATER RESOURCES

PREAMBLE

The Government of the Republic of South Africa and the Government of the Republic of Uganda (hereinafter jointly referred to as the "Parties" and separately as a "Party");

WILLING to strengthen the friendly relations and the strategic partnership between the two countries;

DETERMINED to strengthen and deepen technical co-operation relations under the Agreement on Technical Cooperation between the Government of the Republic of South Africa and the Government of the Republic of Uganda;

CONVINCED that the environment and water resources on a national and global level must be managed efficiently in the interest of present and future generations of humankind, and that the policies and decisions must be geared to the guiding principle of sustainable development along the lines of Agenda 21 as agreed to at the United Nations Conference on Environment and Development ("UNCED"), held in Rio de Janeiro in 1992 and the Johannesburg Plan of Implementation as agreed to at the World Summit on Sustainable Development held in Johannesburg in 2002;

RECOGNIZING the importance of co-operative efforts to promote environmental protection and sustainable development of water resources;

EMPHASIZING that economic and social development, eradication of poverty and provision of sustainable livelihood, as well as environmentally compatible management of natural resources are integral and mutually supportive parts of sustainable development of water resources;

WILLING to promote closer and long term co-operation in the field of the environment and water resources;

HEREBY AGREE as follows:

ARTICLE 1

COMPETENT AUTHORITIES

The Competent Authorities responsible for the implementation of this Agreement shall be-

(a) in the case of the Republic of South Africa, the Department of Environmental Affairs and the Department of Water Affairs; and

(b) in the case of the Republic of Uganda, the Ministry of Water and Environment.

ARTICLE 2

CO-OPERATION

(1) The Parties shall co-operate in the areas specified in Article 3 on the basis of equality, reciprocity and mutual benefit, taking into consideration their national environmental and water policies.

(2) Co-operation undertaken pursuant to the provisions of this Agreement shall be subject to the domestic law in force in the territories of the Parties.

ARTICLE 3

AREAS OF CO-OPERATION

(1) Co-operation between the Parties with regard to environmental issues shall include the following areas:

(a) Joint efforts to pursue the goals set by the UNCED and the World Summit on Sustainable Development (WSSD);

(b) the exchange of views and experiences on instruments for environmental policy and management, as well as on the strengthening of environmental awareness by means of environmental education and participation therein of their citizens; and

(c) exchange of information and technical support related to environmental legislation, policies, environmentally sound technologies and their applications in the areas of—

(i) biodiversity (wetlands, alien invasive species management, anti-poaching);

(ii) land degradation and desertification; and

(iii)environmental management (pollution and waste management, environmental enforcement and compliance).

(d) management of environmental and socio-economic impacts; and

(e) any other related interests as may be agreed upon in writing by the Parties.

(2) Co-operation between the Parties with regard to water issues shall include the following areas:

(a) Water resources management, including relevant policies and regulations;

(b) the formulation of water strategies, policies and planning such as South Africa's National Water Resources Strategy and its approach to Water for Growth and Development;

(c) design, construction and maintenance of large dams;

(d) rainwater harvesting in support of resources for poor farmers;

(e) transfer or pumping of water from large river systems;

(f) ground water exploration and rain water ;

(g) flood and drought control measures; and

(h) any other related interests as may be agreed upon in writing by the Parties.

ARTICLE 4

MEASURES

In order to implement co-operation in the areas specified in Article 3, the Parties shall –

(a) exchange information on environmentally sound technologies;

(b) share information, expertise and experiences in Wetland Management through networking, joint training programs and exchange visits;

(c) organize meetings of experts, seminars and joint training programmes;

support programmes and initiatives in the area of sustainable development of water resources,

(d) provide technical support towards environmental and water legislation, policies and planning programmes; and

(e) promote joint research and development, as well as scientific studies in the field of biodiversity.

ARTICLE 5

IMPLEMENTATION

(1) Each Competent Authority shall appoint a coordinator to assist with the implementation of this Agreement.

(2) Regular meetings to review the implementation of this Agreement shall be held involving the Competent Authorities, the Ministries of Foreign Relations and other interested institutions of both countries.

(3) The venues and dates of the meetings contemplated in sub-Article (2) shall be as agreed upon in writing by the Parties through the diplomatic channel.

(4) Each Party shall bear its own costs and expenses arising from the implementation of this Agreement.

ARTICLE 6

SETTLEMENT OF DISPUTES

Any dispute between the Parties arising out of the interpretation, application or implementation of this Agreement shall be settled amicably through consultation or negotiations between the Parties.

ARTICLE 7

AMENDMENT

This Agreement may be amended by mutual consent of the Parties through an Exchange of Notes between the Parties through the diplomatic channel.

ARTICLE 8

ENTRY INTO FORCE, DURATION AND TERMINATION

(1) This Agreement shall enter into force upon signature thereof.

(2) This Agreement shall remain in force until terminated in accordance with sub-Article (3)

(3) This Agreement may be terminated by either Party giving 6 (six) months written notice in advance through the diplomatic channel to the other Party of its intention to terminate this Agreement.

IN WITNESS WHEREOF the undersigned, being duly authorized thereto by their respective Governments, have signed and sealed this Agreement in duplicate in the English language, both texts being equally authentic.

DONE at ..PRETORIA.......... on this........9....... day of .NOVEMBER.......... 2012.

FOR THE GOVERNMENT OF THE REPUBLIC OF SOUTH AFRICA	**FOR THE GOVERNMENT OF THE REPUBLIC OF UGANDA**

[TRANSLATION – TRADUCTION]

ACCORD DE COOPÉRATION ENTRE LE GOUVERNEMENT DE LA RÉPUBLIQUE SUD-AFRICAINE ET LE GOUVERNEMENT DE LA RÉPUBLIQUE DE L'OUGANDA RELATIF À L'ENVIRONNEMENT ET AUX RESSOURCES EN EAU

Préambule

Le Gouvernement de la République sud-africaine et le Gouvernement de la République de l'Ouganda (ci-après dénommés, ensemble, les « Parties » et, séparément, la « Partie »),

Souhaitant renforcer les relations amicales et le partenariat stratégique entre les deux pays,

Déterminés à renforcer et approfondir les relations de coopération technique dans le cadre de l'Accord de coopération technique entre le Gouvernement de la République sud-africaine et le Gouvernement de la République de l'Ouganda,

Convaincus que l'environnement et les ressources en eau à un niveau national et international doivent être gérés de façon efficace dans l'intérêt des générations présentes et futures et que nos politiques et décisions doivent être axées sur le principe directeur du développement durable selon les principes d'Action 21 tel que convenu lors de la Conférence des Nations Unies sur l'environnement et le développement (CNUED), qui s'est tenue à Rio de Janeiro en 1992, et le Plan de mise en œuvre de Johannesburg tel que convenu lors du Sommet mondial pour le développement durable (SMDD), qui s'est tenu à Johannesburg en 2002,

Reconnaissant l'importance des efforts de coopération pour promouvoir la protection de l'environnement et le développement durable des ressources en eau,

Soulignant que le développement économique et social, l'éradication de la pauvreté et la fourniture de moyens de subsistance durables, ainsi que la gestion des ressources naturelles compatible avec l'environnement, font partie intégrante du développement durable des ressources en eau et se renforcent mutuellement,

Disposés à promouvoir une coopération plus étroite et à long terme dans les domaines de l'environnement et des ressources en eau,

Sont convenus de ce qui suit :

Article premier. Autorités compétentes

Les autorités compétentes responsables de la mise en œuvre du présent Accord sont :

a) Dans le cas de la République sud-africaine, le Département des affaires environnementales et le Département des eaux; et

b) Dans le cas de la République de l'Ouganda, le Ministère de l'eau et de l'environnement.

Article 2. Coopération

1) Les Parties coopèrent dans les domaines énoncés à l'article 3 sur la base de l'égalité, de la réciprocité et de l'avantage mutuel, et prennent en compte leurs politiques nationales respectives relatives à l'environnement et à l'eau.

2) La coopération entreprise conformément aux dispositions du présent Accord est soumise à la législation nationale en vigueur sur le territoire des Parties.

Article 3. Domaines de coopération

1) En ce qui concerne les questions environnementales, la coopération entre les Parties comprend les domaines suivants :

a) Des efforts communs pour poursuivre les objectifs fixés par la CNUED et le SMDD;

b) L'échange de vues et d'expériences sur les instruments de politiques et de gestion environnementales ainsi que le renforcement de la sensibilisation à l'environnement par le biais de l'éducation et de la participation des citoyens; et

c) L'échange d'informations et d'appui technique relatifs à la législation environnementale, aux politiques, aux technologies écologiquement rationnelles et à leur application dans les domaines de :

- i) La biodiversité (terres humides, gestion des espèces étrangères invasives, lutte contre le braconnage);
- ii) La dégradation des terres et de la désertification; et
- iii) La gestion de l'environnement (pollution et gestion des déchets, respect du droit de l'environnement et conformité).

d) La gestion des impacts environnementaux et socio-économiques; et

e) Toutes autres questions connexes présentant un intérêt dont les Parties pourraient convenir par écrit.

2) En ce qui concerne les questions relatives à l'eau, la coopération entre les Parties comprend les domaines suivants :

a) La gestion des ressources en eau, y compris les politiques et règlements pertinents;

b) La formulation de stratégies, politiques et plans tels que la Stratégie nationale des ressources en eau de l'Afrique du Sud et son approche à l'eau pour la croissance et le développement;

c) La conception, la construction et la maintenance de grands barrages;

d) La collecte des eaux de pluie à l'appui des ressources pour les fermiers démunis;

e) Le transfert ou le pompage de l'eau de grands systèmes fluviaux;

f) L'exploration des eaux souterraines et l'eau de pluie;

g) Les mesures de lutte contre les inondations et la sécheresse; et

h) Toutes autres questions connexes présentant un intérêt dont les Parties pourraient convenir par écrit.

Article 4. Mesures

Afin de mettre en œuvre la coopération dans les domaines précisés à l'article 3, les Parties :

a) Échangent des renseignements sur les technologies écologiquement rationnelles;

b) Partagent des informations, du savoir-faire et des expériences en matière de gestion des terres humides par des réseaux, des programmes de formation communs et des visites d'échange;

c) Organisent des réunions d'experts, des séminaires et des programmes de formation communs, des programmes et des initiatives d'appui dans le domaine du développement durable des ressources en eau;

d) Fournissent un appui technique dans le domaine de la législation, des politiques et des programmes relatifs à l'environnement et à l'eau; et

e) Encouragent la recherche et le développement communs, ainsi que les études scientifiques dans le domaine de la biodiversité.

Article 5. Mise en œuvre

1) Chaque autorité compétente désigne un coordonnateur pour aider à la mise en œuvre du présent Accord.

2) Des réunions sont organisées régulièrement avec les autorités compétentes, les ministères des affaires étrangères et les autres institutions intéressées des deux pays afin d'examiner la mise en œuvre du présent Accord.

3) Les Parties conviennent par écrit, par la voie diplomatique, des lieux et dates des réunions envisagées au paragraphe 2 du présent article.

4) Chaque Partie prend en charge ses propres coûts et dépenses découlant de la mise en œuvre du présent Accord.

Article 6. Règlement des différends

Tout différend entre les Parties issu de l'interprétation, de l'application ou de la mise en œuvre du présent Mémorandum d'accord est réglé à l'amiable par la voie de consultations ou de négociations entre les Parties.

Article 7. Modification

Le présent Accord peut être modifié par consentement mutuel des Parties au moyen d'un échange de notes, par la voie diplomatique, entre les Parties.

Article 8. Entrée en vigueur, durée et dénonciation

1) Le présent Accord entre en vigueur à la date de sa signature.

2) Le présent Accord reste en vigueur jusqu'à ce qu'il soit dénoncé conformément au paragraphe 3 du présent article.

3) Chaque Partie peut dénoncer le présent Accord au moyen d'un préavis écrit d'au moins six mois à l'autre Partie, par la voie diplomatique, lui signifiant son intention de le dénoncer.

EN FOI DE QUOI, les soussignés, à ce dûment autorisés par leurs Gouvernements respectifs, ont signé le présent Accord et y ont apposé leur sceau, en double exemplaire en langue anglaise, les deux textes faisant également foi.

FAIT à Pretoria, le 9 novembre 2012.

Pour le Gouvernement de la République sud-africaine :
[SIGNÉ]

Pour le Gouvernement de la République de l'Ouganda :
[SIGNÉ]

No. 51332

South Africa
and
Panama

Agreement between the Government of the Republic of South Africa and the Government of the Republic of Panama concerning reciprocal exemption from visa requirements for holders of diplomatic, official, consular and special passports. Pretoria, 22 February 2013

Entry into force: *22 February 2013 by signature, in accordance with article 11*

Authentic texts: *English and Spanish*

Registration with the Secretariat of the United Nations: *South Africa, 16 September 2013*

Afrique du Sud
et
Panama

Accord entre le Gouvernement de la République sud-africaine et le Gouvernement de la République du Panama relatif à l'exemption réciproque des formalités de visas pour les détenteurs de passeports diplomatiques, officiels, consulaires et spéciaux. Pretoria, 22 février 2013

Entrée en vigueur : *22 février 2013 par signature, conformément à l'article 11*

Textes authentiques : *anglais et espagnol*

Enregistrement auprès du Secrétariat de l'Organisation des Nations Unies : *Afrique du Sud, 16 septembre 2013*

[ENGLISH TEXT – TEXTE ANGLAIS]

AGREEMENT

BETWEEN

THE GOVERNMENT OF THE REPUBLIC OF SOUTH AFRICA

AND

THE GOVERNMENT OF THE REPUBLIC OF PANAMA

CONCERNING RECIPROCAL EXEMPTION FROM VISA REQUIREMENTS FOR HOLDERS OF DIPLOMATIC, OFFICIAL, CONSULAR AND SPECIAL PASSPORTS

PREAMBLE

The Government of the Republic of South Africa and the Government of the Republic of Panama (hereinafter jointly referred to as the "Parties" and separately as a "Party");

DESIRING to further strengthen the bonds of friendship existing between the two countries; and

WISHING to facilitate the entry of citizens of the Republic of South Africa and citizens of the Republic of Panama, who are holders of diplomatic, official, consular and special passports, into their respective countries;

HEREBY AGREE as follows:

ARTICLE 1
WAIVER OF VISA REQUIREMENTS

Citizens of the country of one Party, who are holders of valid diplomatic, official, consular and special passports in that country, may enter, sojourn and exit the country of the other Party, for a period not exceeding ninety (90) days, without having to obtain a visa.

ARTICLE 2
COMPETENT AUTHORITIES

The Competent Authorities responsible for the implementation of this Agreement shall be—

(a) in the case of the Republic of Panama, the National Immigration Service within the Ministry of Government; and

(b) in the case of the Republic of South Africa, the Department of Home Affairs.

ARTICLE 3

ACCREDITED DIPLOMATIC AND CONSULAR STAFF

(1) Citizens of the country of a Party who are holders of valid diplomatic, official, consular and special passports and who are officials from the Diplomatic Missions or Consular Posts who are accredited to the other Party, as well as their families who are holders of valid diplomatic, official, consular and special passports, may freely enter, sojourn and exit the country of the other Party for the duration of their accreditation.

(2) The Parties shall notify one another of the arrival of the said officials and their family members and shall comply with the accreditation regulations of the other Party.

ARTICLE 4

ENTRY INTO TERRITORIES OF PARTIES

Citizens of the country of one Party who are in possession of valid diplomatic, official, consular and special passports, shall enter and exit the territory of the other Party through the points of entry and exit designated for international traffic.

ARTICLE 5

LAW ENFORCEMENT

This Agreement shall not exempt the citizens of either country who are holders of valid diplomatic, official, consular and special passports from complying with the domestic law in force in the country of the other Party.

ARTICLE 6

NOTIFICATION OF RELEVANT DOCUMENT

(1) A Party shall transmit to the other Party through the diplomatic channel, specimens of its diplomatic, official, consular or special passports, including a detailed description of such documents currently in use, as well as information pertaining to the rules of their use, not later than thirty (30) days before the entry into force of this Agreement.

(2) A Party shall also transmit to the other Party through the diplomatic channel—

(a) specimens of its new or modified diplomatic, official, consular or special passports; and

(b) any changes in respect of the domestic law pertaining to the use of diplomatic, official, consular or special passports, at least thirty (30) days before the introduction of the changes.

ARTICLE 7

REFUSAL OF ENTRY AND ISSUING OF NEW PASSPORT

(1) A Party reserves the right to refuse entry into its country of any citizen of the country of the other Party who is the holder of a valid diplomatic, official, consular or special passport, whom it considers to be undesirable, or due to public order, national security or public health reasons.

(2)(a) If a citizen of the country of one Party loses his or her diplomatic, official, consular or special passport in the country of the other Party, he or she shall inform the relevant authorities concerned of the host country thereof, requesting appropriate action.

(b) The Diplomatic Mission or Consulate concerned shall issue a new diplomatic, official, consular or special passport or equivalent travel document to its citizen and inform the relevant authorities of the host country thereof.

ARTICLE 8
SUSPENSION

(1) A Party reserves the right to completely or partially suspend this Agreement.

(2) The suspension, together with the reasons thereof, shall be conveyed to the other Party in writing through the diplomatic channel and shall take effect immediately upon receipt of such notification.

(3) The suspending Party shall lift the suspension as soon as possible by way of written notice to the other Part through the diplomatic channel.

ARTICLE 9
SETTLEMENT OF DISPUTES

Any dispute between the Parties arising out of the interpretation, application or implementation of this Agreement shall be settled amicably through consultation or negotiations between the Parties.

ARTICLE 10
AMENDMENT

This Agreement may be amended by mutual consent of the Parties through and Exchange of Notes between the Parties through the diplomatic channel.

ARTICLE 11

ENTRY INTO FORCE, DURATION AND TERMINATION

(1) This Agreement shall enter into force on the date of signature thereof by the Parties.

(2) This Agreement shall remain in force for a period of five (5) years, after which it shall be renewed automatically for further periods of five (5) years at a time unless terminated by either Party by giving three (3) months' written notice in advance through the diplomatic channel of its intention to terminate the Agreement.

(3) Termination of this Agreement shall not affect any programmes undertaken prior to the termination of this Agreement, unless otherwise agreed upon by the Parties.

IN WITNESS WHEREOF the undersigned, having been duly authorized thereto by their respective Governments, have signed and sealed this Agreement in two originals in the English and Spanish languages, both texts being equally authentic.

DONE at PRETORIA on this 22 day of FEBRUARY 2013

G.N.M. Pandor

FOR THE GOVERNMENT OF THE REPUBLIC OF SOUTH AFRICA

Name: GNM Pandor
Designation: Minister

[signature]

FOR THE GOVERNMENT OF THE REPUBLIC OF PANAMA

Name: RG Chiari
Designation: Ambassador

[SPANISH TEXT – TEXTE ESPAGNOL]

ACUERDO

ENTRE

EL GOBIERNO DE LA REPÚBLICA DE PANAMÁ

Y

EL GOBIERNO DE LA REPÚBLICA DE SUDÁFRICA

SOBRE LA EXENCIÓN RECÍPROCA DEL REQUISITO DE VISADO PARA TITULARES DE PASAPORTES DIPLOMÁTICOS, OFICIALES, CONSULARES Y ESPECIALES

PREÁMBULO

El Gobierno de la República de Panamá y el Gobierno de la República de Sudáfrica, (en lo sucesivo denominados conjuntamente las "Partes" e individualmente la "Parte");

CONSIDERANDO fortalecer aún más los lazos de amistad entre los dos países, y

DESEANDO facilitar la entrada de ciudadanos de la República de Panamá y los ciudadanos de la República de Sudáfrica, que son titulares de pasaportes diplomáticos, oficiales, consulares y especiales, en sus respectivos países;

HAN ACORDADO lo siguiente:

ARTÍCULO 1
EXENCIÓN DE VISADO

Los ciudadanos de cada una de las Partes, que sean titulares de pasaportes diplomáticos, oficiales, consulares y especiales pueden entrar, permanecer y salir de la otra Parte, por un período no mayor de noventa (90) días sin necesidad de obtener visa.

ARTÍCULO 2
AUTORIDADES COMPETENTES

Las autoridades competentes responsables de la aplicación del presente Acuerdo serán:

a) en el caso de la República de Panamá, el Servicio Nacional de Migración del Ministerio de Gobierno; y

b) en el caso de la República de Sudáfrica, el Departamento de Asuntos Interiores.

ARTÍCULO 3
PERSONAL DIPLOMÁTICO Y CONSULAR ACREDITADO

1. Los ciudadanos del país de una Parte, que sean titulares de pasaportes diplomáticos, oficiales y consulares y que sean funcionarios de las misiones diplomáticas u oficinas consulares acreditadas ante la otra Parte, así como sus familias, que sean titulares de un pasaporte diplomático o consular válido, pueden entrar, permanecer y salir libremente del país de la otra Parte durante el tiempo de su acreditación.

2. Las Partes se notificarán mutuamente de la llegada de los funcionarios y de sus familiares los cuales deberán cumplir con las normas de acreditación de la otra Parte.

ARTÍCULO 4
ENTRADA EN LOS TERRITORIOS DE LAS PARTES

Los ciudadanos del país de una de las Partes que estén en posesión de pasaportes diplomáticos, oficiales, consulares y especiales válidos, deberán entrar o salir del territorio de la otra Parte a través de los puntos de entrada y salida designados para el tráfico internacional.

ARTÍCULO 5
CUMPLIMIENTO DE LA LEY

El presente Acuerdo no exime a los ciudadanos de uno u otro país que sean titulares de pasaportes diplomáticos, oficiales, consulares y especiales de cumplir con la legislación nacional en vigor en el país de la otra Parte.

ARTÍCULO 6
NOTIFICACIÓN DEL DOCUMENTO DE REFERENCIA

1. Una Parte remitirá a la otra Parte a través de la vía diplomática, las muestras de pasaportes diplomáticos, oficiales, consulares y especiales, incluyendo una descripción detallada de dichos documentos que sean utilizados actualmente, así como la información relativa a las reglas de su uso, durante un término no mayor a los treinta (30) días antes de la entrada en vigor del presente Acuerdo.

2. Una Parte transmitirá también a la otra Parte por vía diplomática:

   a) muestras de los pasaportes diplomáticos, oficiales, consulares y especiales, modificados; así como

   b) los cambios en la legislación nacional relacionada con el uso de de los pasaportes diplomáticos, oficiales, consulares y especiales, por lo menos treinta (30) días antes de la introducción de dichos cambios.

ARTÍCULO 7
DENEGACIÓN DE ENTRADA Y EMISIÓN DE NUEVO PASAPORTE

1. Cada Parte se reserva el derecho a denegar la entrada en su país de cualquier ciudadano del país de la otra Parte titular de un pasaporte diplomático, oficial, consular y especial válido, que considere indeseable, por razón de orden público, la seguridad nacional o por razones de salud pública.

2.a) Si un ciudadano del país de una de las Partes pierde su pasaporte diplomático, oficial, consulares y especial en el país de la otra Parte, él o ella deberá informar a las autoridades competentes e interesadas del país anfitrión de la misma, solicitando las medidas oportunas.

b) La representación diplomática o consular expedirá un nuevo pasaporte diplomático, oficial, consular y especial o documento de viaje equivalente a sus ciudadanos e informará a las autoridades competentes del país de acogida de los mismos.

ARTÍCULO 8
SUSPENSIÓN

1. Cada Parte se reserva el derecho a suspender total o parcialmente el presente Acuerdo.

2. La suspensión, junto con el motivo de la misma, se transmitirá a la otra Parte por escrito y por vía diplomática y tendrá efecto inmediato tras la recepción de dicha notificación.

3. La Parte que efectúe la suspensión levantará la suspensión tan pronto como sea posible por medio de una notificación por escrito a la otra Parte por la vía diplomática

ARTÍCULO 9
SOLUCIÓN DE CONTROVERSIAS

Cualquier disputa que surja entre las Partes sobre la interpretación, aplicación o ejecución del presente Acuerdo se resolverá amistosamente mediante consultas o negociaciones entre las Partes.

ARTÍCULO 10
ENMIENDAS

El presente Acuerdo podrá ser enmendado por consentimiento mutuo de las Partes, mediante Canje de Notas entre las Partes por la vía diplomática.

ARTÍCULO 11
ENTRADA EN VIGOR, DURACIÓN Y TERMINACIÓN

1. El presente Acuerdo entrará en vigor en la fecha de su firma por las Partes.

2. El presente Acuerdo permanecerá en vigor por un período de cinco (5) años, después de lo cual se renovará automáticamente por períodos adicionales de cinco (5) años, a menos que sea terminado por cualquiera de las Partes, con tres (3) meses de aviso por escrito con antelación a través de los canales diplomáticos de su intención de darlo por terminado.

3. La terminación del presente Acuerdo no afectará los programas puestos en marcha antes de la terminación del presente Acuerdo, salvo pacto en contrario entre las Partes.

EN FE DE LO CUAL, los abajo firmantes debidamente autorizados por sus respectivos gobiernos, firman y sellan el presente Acuerdo en duplicado, en los idiomas español e inglés, siendo ambos textos igualmente auténticos.

Hecho en Pretoria a los 22 días del mes de February de 2013.

POR EL GOBIERNO DE LA REPÚBLICA DE SUDÁFRICA

POR EL GOBIERNO DE LA REPÚBLICA DE PANAMÁ

[TRANSLATION – TRADUCTION]

ACCORD ENTRE LE GOUVERNEMENT DE LA RÉPUBLIQUE SUD-AFRICAINE ET LE GOUVERNEMENT DE LA RÉPUBLIQUE DU PANAMA RELATIF À L'EXEMPTION RÉCIPROQUE DES FORMALITÉS DE VISAS POUR LES DÉTENTEURS DE PASSEPORTS DIPLOMATIQUES, OFFICIELS, CONSULAIRES ET SPÉCIAUX

Préambule

Le Gouvernement de la République sud-africaine et le Gouvernement de la République du Panama (ci-après dénommés, ensemble, les « Parties » et, séparément, la « Partie »),

Désirant renforcer les liens d'amitié qui existent entre leurs pays, et

Souhaitant faciliter l'entrée des citoyens de la République sud-africaine et de la République du Panama qui détiennent des passeports diplomatiques, officiels, consulaires et spéciaux, sur le territoire de leurs pays respectifs,

Sont convenus de ce qui suit :

Article premier. Exemption des formalités de visa

Les citoyens du pays d'une Partie qui sont titulaires d'un passeport diplomatique, officiel, consulaire ou spécial valide dans ce pays peuvent, pour une période n'excédant pas 90 jours, entrer sur le territoire du pays de l'autre Partie, y séjourner et en sortir, sans avoir à obtenir un visa.

Article 2. Autorités compétentes

Les autorités compétentes responsables de la mise en œuvre du présent Accord sont :

a) Pour la République du Panama, le Service national de l'immigration du Ministère du Gouvernement; et

b) Pour la République sud-africaine, le Département des affaires intérieures.

Article 3. Personnel diplomatique et consulaire accrédité

1) Les citoyens du pays d'une Partie qui sont titulaires d'un passeport diplomatique, officiel, consulaire ou spécial en cours de validité et qui sont fonctionnaires de mission diplomatique ou de poste consulaire accrédités auprès de l'autre Partie, ainsi que les membres de leur famille qui sont titulaires d'un passeport diplomatique, officiel, consulaire ou spécial en cours de validité, peuvent entrer sur le territoire du pays de l'autre Partie, y séjourner et en sortir librement pendant toute la durée de leur accréditation.

2) Chacune des Parties notifie à l'autre Partie l'arrivée desdits fonctionnaires et des membres de leur famille, et se conforme aux règlements d'accréditation de l'autre Partie.

Article 4. Entrée sur le territoire des Parties

Les citoyens du pays d'une Partie qui sont titulaires d'un passeport diplomatique, officiel, consulaire ou spécial en cours de validité entrent et sortent du territoire de l'autre Partie en empruntant les points d'entrée et de sortie réservés au transit international.

Article 5. Respect de la législation

Le présent Accord ne dispense pas les citoyens du pays de chacune des Parties qui sont titulaires d'un passeport diplomatique, officiel, consulaire ou spécial en cours de validité de respecter la législation nationale en vigueur sur le territoire de l'autre Partie.

Article 6. Notification de documents pertinents

1) Au plus tard 30 jours avant l'entrée en vigueur du présent Accord, chacune des Parties transmet à l'autre, par la voie diplomatique, des modèles de ses passeports diplomatiques, officiels, consulaires ou spéciaux, accompagnés d'une description précise desdits documents qui sont en cours d'utilisation et de renseignements sur les règles applicables à leur utilisation.

2) Chacune des Parties transmet également à l'autre, par la voie diplomatique :

a) Le modèle des passeports diplomatiques, officiels, consulaires ou spéciaux qu'elle a récemment créés ou modifiés; et

b) Toute modification des textes de sa législation nationale relative à l'utilisation des passeports diplomatiques, officiels, consulaires ou spéciaux, au plus tard 30 jours avant l'introduction d'une telle modification.

Article 7. Refus d'entrée et délivrance d'un nouveau passeport

1) Chacune des Parties se réserve le droit de refuser l'entrée sur son territoire à tout citoyen du pays de l'autre Partie, titulaire d'un passeport diplomatique, officiel, consulaire ou spécial en cours de validité, au motif qu'elle le juge indésirable ou pour des raisons d'ordre public, de sécurité nationale ou de santé publique.

2)

a) Si un citoyen du pays d'une Partie perd son passeport diplomatique, officiel, consulaire ou spécial sur le territoire de l'autre Partie, il en informe les autorités compétentes du pays hôte et leur demande la démarche à suivre en pareil cas.

b) La mission diplomatique ou le consulat concerné délivre au citoyen du pays qu'il représente un nouveau passeport diplomatique, officiel, consulaire ou spécial, ou le titre de voyage correspondant, et en informe les autorités compétentes du pays hôte.

Article 8. Suspension

1) Chacune des Parties se réserve le droit de suspendre, en tout en ou en partie, le présent Accord.

2) La suspension, dûment justifiée, est notifiée par écrit à l'autre Partie par la voie diplomatique et entre en vigueur dès sa réception.

3) La Partie qui a demandé la suspension l'annule dès que possible au moyen d'une notification écrite adressée à l'autre Partie par la voie diplomatique.

Article 9. Règlement des différends

Tout différend entre les Parties au sujet de l'interprétation, l'application ou la mise en œuvre du présent Accord est réglé à l'amiable au moyen de consultations ou de négociations entre les Parties.

Article 10. Modification

Le présent Accord peut être modifié par consentement mutuel des Parties au moyen d'un échange de notes, par la voie diplomatique, entre les Parties.

Article 11. Entrée en vigueur, durée et dénonciation

1) Le présent Accord entre en vigueur à la date de sa signature par les Parties.

2) Le présent Accord demeure en vigueur pendant cinq ans, puis est tacitement reconduit pour des périodes successives de même durée, à moins qu'une Partie n'envoie, par la voie diplomatique et au moins trois mois à l'avance, une notification écrite à l'autre Partie l'informant de son intention de le dénoncer.

3) La dénonciation du présent Accord n'affecte pas les programmes entrepris avant ladite dénonciation, sauf accord contraire entre les Parties.

EN FOI DE QUOI, les soussignés, à ce dûment autorisés par leurs Gouvernements respectifs, ont signé le présent Accord et y ont apposé leur sceau en deux exemplaires originaux, en langues anglaise et espagnole, les deux textes faisant également foi.

FAIT à Pretoria, le 22 février 2013.

Pour le Gouvernement de la République sud-africaine :

[G.N.M. PANDOR]
[Ministre]

Pour le Gouvernement de la République du Panama :

[R.G. CHIARI]
[Ambassadeur]

No. 51333

South Africa
and
Russian Federation

Agreement between the Government of the Republic of South Africa and the Government of the Russian Federation for promotion of aviation safety. Durban, 26 March 2013

Entry into force: *26 March 2013 by signature, in accordance with article 8*

Authentic text: *English*

Registration with the Secretariat of the United Nations: *South Africa, 16 September 2013*

Afrique du Sud
et
Fédération de Russie

Accord entre le Gouvernement de la République sud-africaine et le Gouvernement de la Fédération de Russie relatif à la promotion de la sécurité de l'aviation. Durban, 26 mars 2013

Entrée en vigueur : *26 mars 2013 par signature, conformément à l'article 8*

Texte authentique : *anglais*

Enregistrement auprès du Secrétariat de l'Organisation des Nations Unies : *Afrique du Sud, 16 septembre 2013*

[ENGLISH TEXT – TEXTE ANGLAIS]

AGREEMENT

BETWEEN

THE GOVERNMENT OF THE REPUBLIC OF SOUTH AFRICA

AND

THE GOVERNMENT OF THE RUSSIAN FEDERATION

FOR PROMOTION OF AVIATION SAFETY

PREAMBLE

The Government of the Republic of South Africa and the Government of the Russian Federation, (hereinafter referred to as the "Parties" and separately as a "Party");

DESIRING to promote civil aviation safety and environmental quality, and also to enhance cooperation and increase efficiency in matters relating to civil aviation safety;

NOTING common concerns for the safe operation of civil aircraft;

CONSIDERING the possible reduction of the economic burden imposed on the aviation industry and operators by redundant technical inspections, evaluations, and testing; and

RECOGNIZING the trend towards international cooperation in the indicated fields;

HEREBY AGREE as follows:

Article 1
DEFINITIONS

For the purposes of this Agreement the terms and definitions shall have the same meaning as established by the Convention on International Civil Aviation, opened for signature at Chicago on the seventh day of December, 1944, including its annexes.

Article 2
SCOPE

This Agreement determines the area and procedure of cooperation between the Parties in order to promote Civil Aviation Safety.

Article 3

PURPOSE

1. The purpose of this Agreement shall be –

(a) To facilitate acceptance by each Party of the other Party's:

i. Type design approvals of civil aviation aircrafts, engines, propellers, on-board and ground based aeronautical equipment;

ii. Certificates of the organizations for the maintenance of Civil Aviation Aeronautical Products;

iii. Certificates of airmen and the training establishments;

iv. Certificates of the flight operators of the commercial aircrafts operations; and

v. Qualification evaluations of flights simulators.

(b) To provide cooperation in decreasing the impact of civil aviation to the environment; and

(c) To provide cooperation in the area of investigation of aviation accidents and incidents.

2. The implementation of any provision of this Agreement shall be subject to the domestic law and the applicable international Agreements to which both parties belong in force in the territories of the Parties.

Article 4

COMPETENT AUTHORITIES

1. The Competent Authorities responsible for the implementation of this Agreement shall be:

(a) on behalf of the Government of the Republic of South Africa–The Department of Transport;

(b) on behalf of the Government of the Russian Federation:

i. The Ministry of Transport of the Russian Federation for approval of qualification evaluation of flight simulators, certification of maintenance organizations for civil aircraft, certificates of airmen and aviation training establishments, certificates of flight operators of commercial aircraft operations, and investigation of aviation incidents;

ii. The Interstate Aviation Committee for type design approval of the civil aircraft, engines, propellers, aeronautical equipment, environmental testing of civil aeronautical products, and for investigation of aviation accidents.

2. The Parties shall notify each other in writing through the diplomatic channels of any changes made in respect to their Competent Authorities including change in designation.

Article 5

FIELDS OF COOPERATION

1. The Parties shall cooperate to develop common approaches to systems and standards in the following areas:
   (a) Type design approvals of the aircraft, aircraft engines, propellers, and on-board and ground-based aeronautical equipment;
   (b) Environmental approval and environmental testing of the aircraft;
   (c) Approval of maintenance facilities of civil aircraft;
   (d) Certification and qualification marks of the airmen;
   (e) Certification of flight operators of commercial aircraft operations;
   (f) Qualification evaluation of flight simulators for pilots training; and
   (g) Certification of aviation training establishments.

2. When the Competent Authorities of the Parties agree that the standards, rules, practices, procedures and systems of both Parties in one of the areas referred to in sub-article 1 of this Article, are of such standard as to permit the acceptance of findings of compliance made by one Party for the other Party to the agreed upon standards, the appropriate Competent Authority shall execute written implementation

procedures describing the methods by which such reciprocal acceptance shall be made with respect to the said area.

Article 6

SETTLEMENT OF DISPUTES

Any dispute between the Parties arising out of the interpretation, application or implementation of this Agreement shall be settled amicably through consultationsor negotiations between the Parties via the diplomatic channel.

Article 7

AMENDMENT

This Agreement may be amended by mutual consent of the Parties though an Exchange of Notes between the Parties through the diplomatic channel.

Article 8

ENTRY INTO FORCE, DURATION AND TERMINATION

1. This Agreement shall enter into force upon the date of signature thereof by the Parties.

2. This Agreement shall remain in force until terminated by either Party giving 12 months written notice in advance via the diplomatic channels of its intention to terminate this Agreement.

3. The termination of this Agreement shall not affect the completion of any project undertaken by the Parties prior to the termination thereof, or the full execution of any cooperative activity that has not been fully executed at the time of termination, unless otherwise agreed upon in writing by the Parties.

IN WITNESS WHEREOF the undersigned, being duly authorized thereto by their respective Governments, have signed and sealed this Agreement in two original duplicates in the English language, all texts being equally authentic.

DONE in Durban on 26 day of March 2013.

FOR THE GOVERNMENT OF THE REPUBLIC OF SOUTH AFRICA	**FOR THE GOVERNMENT OF THE RUSSIAN FEDERATION**

[TRANSLATION – TRADUCTION]

ACCORD ENTRE LE GOUVERNEMENT DE LA RÉPUBLIQUE SUD-AFRICAINE ET LE GOUVERNEMENT DE LA FÉDÉRATION DE RUSSIE RELATIF À LA PROMOTION DE LA SÉCURITÉ DE L'AVIATION

Préambule

Le Gouvernement de la République sud-africaine et le Gouvernement de la Fédération de Russie (ci-après dénommés, ensemble, les « Parties » et, séparément, la « Partie »),

Désireux de promouvoir la sécurité de l'aviation civile et la qualité de l'environnement, ainsi que de renforcer la coopération et d'accroître l'efficacité dans les questions relatives à la sécurité de l'aviation civile,

Notant leur préoccupation commune concernant l'exploitation sûre des aéronefs civils,

Considérant la possibilité d'une réduction de la charge économique imposée à l'industrie aérienne et aux exploitants aéronautiques due à des inspections, des évaluations et des essais techniques redondants, et

Reconnaissant la tendance à la coopération internationale dans les domaines énoncés,

Sont convenus de ce qui suit :

Article premier. Définitions

Aux fins du présent Accord, les termes et définitions y relatifs ont le sens que leur attribue la Convention relative à l'aviation civile internationale, ouverte à la signature à Chicago le 7 décembre 1944, y compris ses annexes.

Article 2. Portée

Le présent Accord détermine le domaine et la procédure de coopération entre les Parties afin de promouvoir la sécurité de l'aviation civile.

Article 3. Objectif

1. L'objectif du présent Accord est de :

a) Faciliter l'acceptation par chaque Partie des dispositions prises par l'autre Partie en ce qui concerne les :

i. Approbations des définitions de types pour les aéronefs d'aviation civile, leurs moteurs, hélices et équipements aéronautiques utilisés à bord et au sol;
ii. Certificats des organisations pour la maintenance des produits aéronautiques pour l'aviation civile;
iii. Certificats des personnels navigants et des établissements de formation;
iv. Certificats des opérateurs de vol affectés aux opérations d'aéronefs commerciaux; et

v. Évaluations des qualifications des simulateurs de vol.

b) Assurer une coopération en vue de la réduction de l'impact de l'aviation civile sur l'environnement; et

c) Assurer une coopération dans le domaine de l'investigation des accidents et incidents d'aviation.

2. L'exécution de toute disposition du présent Accord est soumise à la législation nationale et aux accords internationaux applicables auxquels les deux Parties participent et qui sont en vigueur sur leurs territoires respectifs.

Article 4. Autorités compétentes

1. Les autorités compétentes aux fins de l'exécution du présent Accord sont les suivantes :

a) Pour le Gouvernement de la République sud-africaine, le Département des transports;

b) Pour le Gouvernement de la Fédération de Russie,

   i. Le Ministère des transports de la Fédération de Russie pour l'approbation de l'évaluation des qualifications des simulateurs de vol, la certification des organisations de maintenance des aéronefs civils, les certificats du personnel navigant et des établissements de formation, les certificats des opérateurs de vol affectés aux opérations d'aéronefs commerciaux et l'investigation des incidents d'aviation;

   ii. Le Comité d'aviation inter-États pour l'approbation des définitions de types des aéronefs civils, moteurs, hélices et équipement aéronautique et essais environnementaux des produits aéronautiques civils, ainsi que l'investigation d'accidents d'aviation.

2. Les Parties se notifient par écrit, par la voie diplomatique, tout changement effectué concernant leurs autorités compétentes, y compris ceux portant sur leur désignation.

Article 5. Domaines de la coopération

1. Les Parties coopèrent afin de développer des approches communes aux systèmes et normes dans les domaines suivants :

a) Approbations des définitions de types pour les aéronefs, leurs moteurs, hélices et équipements aéronautiques utilisés à bord et au sol ;

b) Approbation environnementale et essais environnementaux des aéronefs;

c) Approbation des installations de maintenance des aéronefs civils;

d) Certification et qualifications du personnel navigant;

e) Certification des opérateurs de vol affectés aux opérations d'aéronefs commerciaux;

f) Évaluation des qualifications des simulateurs de vol pour la formation des pilotes; et

g) Certification des établissements de formation.

2. Lorsque les autorités compétentes des Parties conviennent que les normes, règles, pratiques, procédures et systèmes des deux Parties dans l'un des domaines visés au paragraphe 1 du présent article sont conformes au standard permettant l'acceptation, par l'une des Parties, de

conclusions de l'autre Partie relatives aux normes convenues, l'autorité compétente concernée établie des procédures écrites décrivant les méthodes par lesquelles l'acceptation réciproque doit être effectuée concernant ledit domaine.

Article 6. Règlement des différends

Tout différend entre les Parties résultant de l'interprétation, de l'application ou de la mise en œuvre du présent Accord est réglé à l'amiable par la voie diplomatique au moyen de consultations ou de négociations entre les Parties.

Article 7. Modification

Le présent Accord peut être modifié par consentement mutuel des Parties au moyen d'un échange de notes effectué, par la voie diplomatique, entre les Parties.

Article 8. Entrée en vigueur, durée et dénonciation

1. Le présent Accord entre en vigueur à la date de sa signature par les Parties.

2. Le présent Accord demeure en vigueur jusqu'à ce que l'une des Parties le dénonce au moyen d'un préavis de 12 mois notifiant par la voie diplomatique à l'autre Partie son intention de le dénoncer.

3. La dénonciation du présent Accord n'affecte pas l'achèvement d'un quelconque projet entrepris par les Parties avant sa dénonciation, ni la pleine exécution d'une quelconque activité de coopération qui demeure inachevée au moment de la dénonciation, à moins que les Parties n'en conviennent autrement par écrit.

EN FOI DE QUOI, les soussignés, à ce dûment autorisés par leurs Gouvernements respectifs, ont signé le présent Accord et y ont apposé leur sceau, en deux exemplaires originaux en langue anglaise, les deux textes faisant également foi.

FAIT à Durban, le 26 mars 2013.

Pour le Gouvernement de la République sud-africaine :
[SIGNÉ]

Pour le Gouvernement de la Fédération de Russie :
[SIGNÉ]

No. 51334

South Africa
and
Russian Federation

Agreement between the Government of the Republic of South Africa and the Government of the Russian Federation on mutual recognition and equivalence of educational qualifications and academic degrees. Durban, 26 March 2013

Entry into force: *26 March 2013 by signature, in accordance with article 16*

Authentic texts: *English and Russian*

Registration with the Secretariat of the United Nations: *South Africa, 16 September 2013*

Not published in print, in accordance with article 12(2) of the General Assembly regulations to give effect to Article 102 of the Charter of the United Nations, as amended.

Afrique du Sud
et
Fédération de Russie

Accord entre le Gouvernement de la République sud-africaine et le Gouvernement de la Fédération de Russie sur la reconnaissance mutuelle de l'équivalence des titres d'études et des degrés académiques. Durban, 26 mars 2013

Entrée en vigueur : *26 mars 2013 par signature, conformément à l'article 16*

Textes authentiques : *anglais et russe*

Enregistrement auprès du Secrétariat de l'Organisation des Nations Unies : *Afrique du Sud, 16 septembre 2013*

Non disponible en version imprimée, conformément au paragraphe 2 de l'article 12 du règlement de l'Assemblée générale destiné à mettre en application l'Article 102 de la Charte des Nations Unies, tel qu'amendé.

No. [illegible]

South Africa

and

Russian Federation

Agreement between the Government of the Republic of South Africa and the Government of the Russian Federation on mutual recognition and equivalence of educational qualifications and academic degrees. Durban, 26 March 2013

Entry into force: 27 March 2013 by signature, in accordance with article [illegible]

Authentic texts: English and Russian

Registration with the Secretariat of the United Nations: South Africa, [illegible]

[illegible]

[illegible]

[illegible]

[illegible]

No. 51335

South Africa
and
South Sudan

General Cooperation Agreement between the Government of the Republic of South Africa and the Government of the Republic of South Sudan. Addis Ababa, 8 April 2013

Entry into force: *8 April 2013 by signature, in accordance with article 8*

Authentic text: *English*

Registration with the Secretariat of the United Nations: *South Africa, 16 September 2013*

Not published in print, in accordance with article 12(2) of the General Assembly regulations to give effect to Article 102 of the Charter of the United Nations, as amended.

Afrique du Sud
et
Soudan du Sud

Accord général de coopération entre le Gouvernement de la République sud-africaine et le Gouvernement de la République du Soudan du Sud. Addis-Abeba, 8 avril 2013

Entrée en vigueur : *8 avril 2013 par signature, conformément à l'article 8*

Texte authentique : *anglais*

Enregistrement auprès du Secrétariat de l'Organisation des Nations Unies : *Afrique du Sud, 16 septembre 2013*

Non disponible en version imprimée, conformément au paragraphe 2 de l'article 12 du règlement de l'Assemblée générale destiné à mettre en application l'Article 102 de la Charte des Nations Unies, tel qu'amendé.

No. [illegible]

South Africa

and

South Sudan

General Cooperation Agreement between the Government of the Republic of South Africa and the Government of the Republic of South Sudan. [illegible] 2012

[illegible]

[illegible]

[illegible]

South Africa

et

Soudan du Sud

[illegible]

No. 51336

South Africa
and
Nigeria

Memorandum of Understanding between the Government of the Republic of South Africa and the Government of the Federal Republic of Nigeria on cooperation in the field of information and communication technologies. Cape Town, 7 May 2013

Entry into force: *7 May 2013 by signature, in accordance with article 14*

Authentic text: *English*

Registration with the Secretariat of the United Nations: *South Africa, 16 September 2013*

Afrique du Sud
et
Nigéria

Mémorandum d'accord entre le Gouvernement de la République sud-africaine et le Gouvernement de la République fédérale du Nigéria relatif à la coopération dans le domaine des technologies de l'information et de la communication. Le Cap, 7 mai 2013

Entrée en vigueur : *7 mai 2013 par signature, conformément à l'article 14*

Texte authentique : *anglais*

Enregistrement auprès du Secrétariat de l'Organisation des Nations Unies : *Afrique du Sud, 16 septembre 2013*

[ENGLISH TEXT – TEXTE ANGLAIS]

MEMORANDUM OF UNDERSTANDING

BETWEEN

THE GOVERNMENT
OF THE REPUBLIC OF SOUTH AFRICA

AND

THE GOVERNMENT
OF THE FEDERAL REPUBLIC OF NIGERIA

ON

COOPERATION IN THE FIELD OF INFORMATION AND COMMUNICATION TECHNOLOGIES

PREAMBLE

The Government of the Republic of South Africa and the Government of the Federal Republic of Nigeria (hereinafter jointly referred to as the "Parties" and separately as a "Party");

CONSIDERING that the development of Information and Communication Technologies ("ICTs") is a major factor in the promotion of trade and technical exchanges as well as the economic and social development of each country in the 21st century;

RECOGNIZING the need to promote closer cooperation between the Parties with a view to leverage capabilities and opportunities on both sides;

ASPIRING for more productive and advanced cooperation channels in the field of ICTs, in a way that reflects the potentials of the two countries in this field;

GUIDED by the mutual benefit and interest of both Parties in encouraging and supporting partnerships, commercial ventures, research and development in e-knowledge and in the ICTs and services;

MINDFUL of the need to maximize the role of trade potentials in the two countries with a view to upgrading cooperation for their benefit, and the African continent in general; and

INTENDING to promote and exchange experiences and further enhance close relations in the field of ICTs;

HEREBY AGREE as follows:

ARTICLE 1
OBJECTIVE

(1) The purpose of this Memorandum of Understanding ("MOU") is to encourage and promote cooperation between the Parties in the field of ICT's, comprising telecommunications, broadcasting and postal services in accordance with the domestic law in force in the territory of each Party and on the basis of equality and mutual benefit.

(2) The Parties shall promote closer cooperation and the exchange of information pertaining to the ICT sector in accordance with the relevant laws and regulations of each country, and in conformity with the spirit of the African Union.

ARTICLE 2
COMPETENT AUTHORITIES

The Competent Authorities responsible for co-ordinating the implementation of the actions contained in this MOU shall be -

(a) in the Republic of South Africa, the Department of Communications; and

(b) in the Federal Republic of Nigeria, the Ministry of Communication Technology.

ARTICLE 3
SCOPE OF CO-OPERATION

(1) Cooperation between the Parties under this Memorandum of Understanding shall encourage a closer working relationship between, government, technical institutions, regulatory bodies, business, research, education and other organizations in the ICT's, telecommunications, broadcasting and postal administration.

(2) During the conduct of activities, unaer this Memorandum of Understanding, the Parties may engage and coordinate with relevant government institutions within the scope of ICT activities.

(3) Given the rapid changes occurring in the various fields of ICT's, telecommunications, broadcasting and postal administration, the Parties have identified the following areas of common interest for strategic cooperation:

(a) ICT policy development, management and regulation;
(b) broadcasting digital migration, including trading on set top boxes (STBs) and digital terrestrial television (DTT);
(c) human resources development in the field of ICTs;
(d) digital content development;
(e) exploring and promotion of ICT Business to Business relations;
(f) strengthen cooperation in international organizations dealing with ICTs, especially African Union and support of regional economic groups for increased co-ordination and integration in Africa; and
(g) other areas of ICTs as may be jointly decided by the two Parties.

ARTICLE 4

COOPERATION ACTIVITIES

The Parties shall encourage cooperation under this Memorandum of Understanding through:

a) cooperation initiatives in respect of policy, institutional, regulatory and operational levels aimed at the development of telecommunications, Information Technology (IT), broadcasting and postal services in both countries;

b) fostering of direct links between relevant government agencies or institutions, regulatory bodies, industrial or business organizations, academic and professional sphere in order to promote and strengthen the level of ICT cooperation in areas of interest as specified in Article 3;

c) the promotion of cooperation in the domain of technologies related to broadband network infrastructures, Broadcasting Digital Migration (BDM) and Digital Terrestrial Television ("DTT"), including the development of content applications and deployment of services;

d) the promotion and exchange of expertise in support of research and development initiatives among relevant institutions in the areas specified in Article 3;

e) the promotion of programs for the exchange of:
   i. experts in the field of ICT's;
   ii. study tour and delegations for benchmarking on ICT's,
   iii. sharing of experiences relating to ICTs development and e-Skills;
   iv. consultations and management services on project implementation linked to the development of ICT's in both

countries, especially during the development and growth stages; and

v. development of training programmes related to bridging the skills gap for ICT development, implementation and management of ICT related projects;

f) the promotion of closer collaboration within the forums of international nature such as the Intra-African Trade on ICTs, African Union's ICT bodies, International Telecommunications Union ("ITU"), Universal Postal Union ("UPU") broadcasting and others related to ICT's;

g) the facilitation of seminars, workshops and exhibitions in the domains of telecommunications, Information Technology, broadcasting and postal services to showcase Africa's ICT progress;

h) the promotion of programmes aimed at the implementation of sound mechanisms to promote mutual trade ,business investments and common cultural heritage in the field of ICT's in both countries;

i) promote the sharing of methodologies, models, tools and statistics related to ICT's that might facilitate identification and measurement of respective development indicators necessary for decision making during technical and economic planning;

j) the cooperation in human resource development, including training programmes for digital inclusion, e-content, e-services, and e-Skills for technical and professional capacity building, as well as in terms of the development of educational programs and research; and

k) any other cooperative modalities that might be jointly agreed to in writing by the Parties.

ARTICLE 5
PROMOTION OF PARTNERSHIPS

In this bilateral cooperation, multi-stakeholders partnerships will be promoted, with the participation of the private sector and civil society based in the two countries, particularly of research institutes, operators, manufacturers, service providers and other related agencies on ICTs.

ARTICLE 6
ESTABLISHMENT OF TECHNICAL AGREEMENTS

a) In pursuit of Article 5, the Parties shall encourage establishment of technical agreements focused on project implementation of the ICT domains.
b) The technical agreements shall be guided by the spirit of this MoU on ICTs under the supervision of the respective Ministries responsible for ICT domains.
c) A Party that wishes to cancel Activities of the technical agreement shall notify the respective Ministry/ Ministries within six months through diplomatic channels and seek endorsement by respective Ministry/ Ministries of the cancelation.

ARTICLE 7
A JOINT COMMITTEE

(1) In order to enhance the efficiency of the co-operation, a Joint Committee of Cooperation on ICT (hereinafter referred to as the "Committee") shall be established, in which operators, manufacturers, service providers and other stakeholders will be invited to participate, as appropriate.

(2) The Committee shall comprise of two persons from the ICTs Ministries and be responsible for coordinating all collaborative activities under this MOU.

(3) The Committee shall -

(a) set up a Joint Action Program or Programme of Cooperation,

(b) set up procedures of supervision and implementation of the jointly planned actions;

(c) facilitate a Task Team to advise ICT Ministers on necessary steps and strategies for the realisation of an ICT friendly investment climate.

(d) examine the ICT business relations between the two countries in order to promote and manage trade activities for growth enhancement; and

(e) discuss and review any issue related to this MOU.

(4) The Committee shall meet alternately in South Africa or Nigeria, as required.

ARTICLE 8

LEGAL FRAMEWORK

All cooperative activities under this Memorandum of Understanding shall be conducted in accordance with the domestic law in force in the territory of each Party, without prejudice to international agreements on intellectual property rights that the Parties are signatories to.

ARTICLE 9
INTELLECTUAL PROPERTY

(1) The Parties shall adopt the appropriate measures to protect intellectual property rights, according to national legislation and international agreements in force in their territories.

(2) The conditions for the acquisition, maintenance and commercial exploitation of intellectual property rights over possible products and/or processes that might be obtained under this MOU will be defined in the specific programs, contracts and working plans approved by the Parties.

(3) Without the specific written consent of the other Party, the Parties shall not disclose information which might jeopardize the acquisition, maintenance and commercial exploitation of intellectual property rights obtained under this MOU.

(4) The specific programs, contracts and working plans shall establish the rules and procedures concerning the dispute settlement on intellectual property matters under this MOU.

ARTICLE 10
FUNDING

(1) The completion of proceedings under this MoU shall depend on the availability of funds and resources made available by the Parties.

(2) Each Party shall be responsible for activities taking place within its jurisdiction and or interest.

ARTICLE 11

CONFIDENTIALITY

(1) Any information arising from this MOU is confidential.

(2) Neither Party shall disclose nor distribute to any third party confidential information.

ARTICLE 12

DISPUTE SETTLEMENT

Any dispute between the Parties arising out of the interpretation or implementation of this MOU shall be settled amicably through consultations or negotiations between the Parties.

ARTICLE 13

AMENDMENT

This MOU may be amended by mutual consent of the Parties through an Exchange of Notes between the Parties through the diplomatic channel.

ARTICLE 14

ENTRY INTO FORCE, DURATION AND TERMINATION

(1) This MOU shall enter into force on the date of signature thereof.

(2) This MOU shall remain in force for a period of five years, whereafter it may, by agreement, be extended for further periods of five years.

(3) Either Party may terminate this MOU at any time by giving six months written notice in advance, through the diplomatic channel, to the other Party of its intention to terminate it.

(4) The termination of this MOU shall not affect, or in any way prejudice, existing obligations, programmes of actions of project established in terms of this MOU. Such obligations shall remain in force until the completion thereof in terms of this MOU.

IN WITNESS WHEREOF, the undersigned being duly authorized thereto by their respective Governments have signed and sealed this Memorandum of Understanding in duplicate in English Language both texts being equally authentic.

DONE at Cape Town on this 7th day of May 2013

FOR THE GOVERNMENT OF THE REPUBLIC OF SOUTH AFRICA

FOR THE GOVERNMENT OF THE FEDERAL REPUBLIC OF NIGERIA

[TRANSLATION – TRADUCTION]

MÉMORANDUM D'ACCORD ENTRE LE GOUVERNEMENT DE LA RÉPUBLIQUE SUD-AFRICAINE ET LE GOUVERNEMENT DE LA RÉPUBLIQUE FÉDÉRALE DU NIGÉRIA RELATIF À LA COOPÉRATION DANS LE DOMAINE DES TECHNOLOGIES DE L'INFORMATION ET DE LA COMMUNICATION

Préambule

Le Gouvernement de la République sud-africaine et le Gouvernement de la République fédérale du Nigéria (ci-après dénommés, ensemble, les « Parties » et, séparément, la « Partie »),

Considérant que le développement des technologies de l'information et de la communication (« TIC ») est un facteur essentiel pour la promotion des échanges commerciaux et techniques, de même que pour le développement social et économique de chaque pays en ce XXIe siècle,

Reconnaissant la nécessité de resserrer la coopération entre les Parties en vue d'exploiter les capacités et les possibilités de chacune d'entre elles,

Désireux d'établir des voies de coopération plus abouties et plus efficaces dans le domaine des TIC, de manière à tenir compte du potentiel des deux pays en la matière,

Guidés par le bénéfice et les intérêts mutuels des deux Parties liés à la promotion et au soutien des partenariats, des activités commerciales, de la recherche et du développement dans le domaine des connaissances numériques ainsi que dans les TIC et les prestations de services,

Considérant qu'il convient d'exploiter davantage les possibilités commerciales entre les deux pays en vue de renforcer la coopération en leur faveur, ainsi que dans l'intérêt du continent africain dans son ensemble, et

Désireux d'encourager le partage d'expériences et de consolider les liens existants dans le domaine des TIC,

Sont convenus de ce qui suit :

Article premier. Objectif

1) L'objet du présent Mémorandum d'accord est d'encourager et de promouvoir la coopération entre les Parties dans le domaine des TIC, comprenant les télécommunications, la radiodiffusion et les services postaux, conformément à la législation interne en vigueur sur le territoire de l'une et l'autre Partie et sur la base de l'égalité et du bénéfice mutuel.

2) Les Parties encouragent une coopération resserrée et l'échange d'informations dans le domaine des TIC dans le respect des lois et règlements applicables dans chaque pays et en accord avec l'esprit de l'Union africaine.

Article 2. Autorités compétentes

Les autorités compétentes chargées de coordonner l'application des mesures prévues dans le présent Mémorandum d'accord sont :

a) Dans le cas de la République sud-africaine, le Département des communications; et

b) Dans le cas de la République fédérale du Nigéria, le Ministère des technologies de la communication.

Article 3. Portée de la coopération

1) La coopération entre les Parties en vertu du présent Mémorandum d'accord favorise une relation de travail plus étroite entre les institutions publiques, les établissements techniques, les organes de réglementation, les organisations commerciales, les instituts de recherche et d'enseignement et les autres organismes des secteurs des TIC, des télécommunications, de la radiodiffusion et des services postaux.

2) Dans le cadre de la réalisation des activités relevant du présent Mémorandum d'accord, les Parties peuvent engager et coordonner leur action avec les institutions publiques compétentes en matière de TIC.

3) Compte tenu des évolutions rapides constatées dans les différents domaines des TIC, des télécommunications, de la radiodiffusion et des services postaux, les Parties ont défini les domaines d'intérêt commun suivants dans lesquels engager une coopération stratégique :

a) L'élaboration de politiques, la gestion et la réglementation en matière de TIC;

b) La migration vers la radiodiffusion numérique, y compris les opérations liées aux boîtiers décodeurs et à la télévision numérique terrestre;

c) La mise en valeur des ressources humaines dans le domaine des TIC;

d) La création de contenus numériques;

e) L'examen des possibilités en matière de relations entre entreprises dans le domaine des TIC et les incitations en ce sens;

f) L'intensification des activités de coopération au sein des organisations internationales concernées par les TIC, tout particulièrement l'Union africaine, et le soutien aux regroupements économiques régionaux en faveur d'une coordination et d'une intégration renforcées en Afrique; et

g) D'autres domaines liés aux TIC dont les Parties conviennent d'un commun accord.

Article 4. Initiatives de coopération

Les Parties encouragent la coopération au titre du présent Mémorandum d'accord par le biais de :

a) La mise en place d'initiatives de coopération aux niveaux politique, institutionnel, réglementaire et opérationnel axées sur le développement des télécommunications, des technologies de l'information, de la radiodiffusion et des services postaux dans les deux pays;

b) La facilitation de contacts directs entre les institutions et les administrations publiques, les organes de réglementation, les organisations industrielles ou commerciales ainsi que les milieux universitaires et professionnels concernés afin de promouvoir et renforcer le niveau de coopération dans les domaines d'intérêt visés à l'article 3;

c) La promotion d'initiatives menées conjointement dans le domaine des technologies liées aux infrastructures de réseaux à large bande, à la migration vers la radiodiffusion numérique et à la télévision numérique terrestre, notamment en ce qui concerne l'élaboration d'applications de contenu et le déploiement de services connexes;

d) La promotion et l'échange des compétences à l'appui des initiatives de recherche et de développement entre les institutions compétentes dans les domaines visés à l'article 3;

e) La promotion de programmes axés sur :

i) L'échange d'experts dans le domaine des TIC;

ii) Les visites de délégations permettant l'étude comparative des TIC;

iii) Le partage d'expériences en matière de développement des TIC et de compétences numériques;

iv) Des consultations et des services de gestion en faveur de la mise en œuvre de projets liés au développement des TIC dans les deux pays, en particulier aux stades de conception et de développement; et

v) L'élaboration de programmes de formation en faveur du développement des TIC visant à combler le déficit de compétences et consacrés à la mise en œuvre et à la gestion de projets dans le domaine;

f) La promotion d'une coopération au sein d'enceintes internationales telles que celles liées au commerce intra-africain, les organes des technologies de l'information et de la communication de l'Union africaine, l'Union internationale des télécommunications, l'Union postale universelle ainsi que d'autres organismes en rapport avec les TIC;

g) L'aide à l'organisation de séminaires, d'ateliers de formation et de salons dans les domaines des télécommunications, des technologies de l'information, de la radiodiffusion et des services postaux afin de mettre en valeur les progrès réalisés en Afrique en matière de TIC;

h) La promotion de programmes axés sur la mise en œuvre de mécanismes pertinents visant à favoriser dans les deux pays des échanges et des investissements commerciaux mutuels dans le domaine des TIC, ainsi qu'un patrimoine culturel commun en la matière;

i) La promotion du partage de méthodologies, modèles, outils et statistiques en rapport avec les TIC et susceptibles de faciliter le recensement et l'évaluation d'indicateurs de développement respectifs nécessaires à la prise de décisions dans le cadre de la planification économique et technique;

j) La collaboration en faveur du développement des ressources humaines, notamment par le biais de programmes de formation consacrés à l'inclusion numérique, aux contenus numériques, aux services en ligne et aux compétences numériques et permettant le développement des capacités techniques et professionnelles ainsi que l'élaboration de programmes éducatifs et de recherche; et

k) Toute autre modalité susceptible d'être convenue par écrit d'un commun accord entre les Parties.

Article 5. Promotion des partenariats

Il conviendra, dans le cadre de cette coopération bilatérale, d'encourager les partenariats multipartites faisant intervenir le secteur privé et la société civile des deux pays, et tout spécialement les instituts de recherche, les opérateurs, les fabricants, les fournisseurs de services et les autres entités liées aux TIC.

Article 6. Conclusion d'accords techniques

a) Conformément à l'article 5, les Parties favorisent la conclusion d'accords techniques axés sur la mise en œuvre de projets dans les différents domaines liés aux TIC.

b) Ces accords techniques s'inspirent du présent Mémorandum d'accord et sont établis sous l'égide des ministères en charge des questions relatives aux TIC de l'une et l'autre Partie.

c) La Partie souhaitant mettre un terme aux activités relevant d'un accord technique en avise l'autre Partie dans un délai de six mois, par la voie diplomatique, et veille à recueillir l'aval du ou des ministères respectifs à ce sujet.

Article 7. Comité mixte

1) En vue de renforcer l'efficacité de la coopération, un Comité mixte de coopération en matière de TIC (ci-après dénommé le « Comité ») est établi, auquel les opérateurs, les fabricants, les fournisseurs de services et d'autres parties prenantes seront invités à participer, le cas échéant.

2) Le Comité, constitué de deux représentants des ministères en charge des TIC, est responsable de la coordination de l'ensemble des activités de coopération relevant du présent Mémorandum d'accord.

3) Le Comité :

a) Met sur pied un programme d'action conjoint ou un programme de coopération;

b) Met au point des procédures de mise en œuvre et de suivi des projets d'actions communs;

c) Facilite la mise en place d'un groupe de travail chargé de conseiller les ministres concernés sur les mesures et les stratégies à adopter pour favoriser l'instauration d'un climat propice aux investissements en faveur des TIC;

d) Analyse les relations commerciales entre les deux pays en matière de TIC de façon à encourager et à gérer les activités commerciales afin de stimuler la croissance; et

e) Examine toute question en lien avec le présent Mémorandum d'accord.

4) Le Comité se réunit en alternance en Afrique du Sud ou au Nigéria, selon le contexte.

Article 8. Cadre juridique

Toutes les activités de coopération menées au titre du présent Mémorandum d'accord sont effectuées dans le respect de la législation interne en vigueur sur le territoire de chaque Partie, sans préjudice des accords internationaux sur les droits de propriété intellectuelle dont les Parties sont signataires.

Article 9. Propriété intellectuelle

1) Les Parties adoptent les mesures appropriées pour protéger les droits de propriété intellectuelle, conformément à la législation nationale et aux accords internationaux en vigueur sur leur territoire.

2) Les conditions d'acquisition, de maintien et d'exploitation commerciale des droits de propriété intellectuelle sur les éventuels produits ou procédés qui pourraient être obtenus en vertu du présent Mémorandum d'accord seront définies dans les programmes, les contrats et les plans de travail spécifiques approuvés par les Parties.

3) À défaut du consentement écrit spécifique de l'autre Partie, les Parties ne divulguent aucune information susceptible de compromettre l'acquisition, le maintien et l'exploitation commerciale des droits de propriété intellectuelle obtenus en vertu du présent Mémorandum d'accord.

4) Les règles et procédures concernant le règlement des différends sur les questions de propriété intellectuelle au titre du présent Mémorandum d'accord sont énoncées dans les programmes, contrats ou plans de travail spécifiques.

Article 10. Financement

1) Les procédures engagées au titre du présent Mémorandum d'accord sont achevées en fonction de la disponibilité des fonds et des ressources fournis par les Parties.

2) Chaque Partie est responsable des activités réalisées au sein de sa zone de compétence ou dans son intérêt.

Article 11. Confidentialité

1) Toute information découlant du présent Mémorandum d'accord est confidentielle.

2) Aucune des deux Parties ne divulgue ou ne communique des informations confidentielles à une quelconque tierce partie.

Article 12. Règlement des différends

Tout différend entre les Parties issu de l'interprétation ou de la mise en œuvre du présent Mémorandum d'accord est réglé à l'amiable par la voie de consultations ou de négociations entre les Parties.

Article 13. Modification

Le présent Mémorandum d'accord peut être modifié par consentement mutuel au moyen d'un échange de notes, par la voie diplomatique, entre les Parties.

Article 14. Entrée en vigueur, durée et dénonciation

1) Le présent Mémorandum d'accord entre en vigueur à la date de sa signature.

2) Le présent Mémorandum d'accord demeure en vigueur pour une période de cinq ans, à l'issue de laquelle il peut, par voie d'accord, être prorogé pour des périodes de même durée.

3) L'une ou l'autre Partie peut à tout moment dénoncer le présent Mémorandum d'accord au moyen d'un préavis de six mois notifiant son intention à l'autre Partie, par la voie diplomatique.

4) La dénonciation du présent Mémorandum d'accord n'affecte ni ne remet en cause les obligations existantes, les programmes d'action ou les projets établis au titre du présent Mémorandum d'accord. Ces obligations demeurent en vigueur jusqu'à ce qu'elles soient remplies conformément aux conditions du présent Mémorandum d'accord.

EN FOI DE QUOI, les soussignés, à ce dûment autorisés par leurs Gouvernements respectifs, ont signé le présent Mémorandum d'accord et y ont apposé leur sceau, en deux exemplaires en langue anglaise, les deux textes faisant également foi.

FAIT au Cap, le 7 mai 2013.

Pour le Gouvernement de la République sud-africaine :
[SIGNÉ]

Pour le Gouvernement de la République fédérale du Nigéria :
[SIGNÉ]

No. 51337

South Africa and Nigeria

Memorandum of Understanding between the Government of the Republic of South Africa and the Government of the Federal Republic of Nigeria on co-operation in the field of the environment. Cape Town, 7 May 2013

Entry into force: *7 May 2013 by signature, in accordance with article 8*

Authentic text: *English*

Registration with the Secretariat of the United Nations: *South Africa, 16 September 2013*

Afrique du Sud et Nigéria

Mémorandum d'accord entre le Gouvernement de la République sud-africaine et le Gouvernement de la République fédérale du Nigéria relatif à la coopération environnementale. Le Cap, 7 mai 2013

Entrée en vigueur : *7 mai 2013 par signature, conformément à l'article 8*

Texte authentique : *anglais*

Enregistrement auprès du Secrétariat de l'Organisation des Nations Unies : *Afrique du Sud, 16 septembre 2013*

[ENGLISH TEXT – TEXTE ANGLAIS]

MEMORANDUM OF UNDERSTANDING

BETWEEN

THE GOVERNMENT OF THE REPUBLIC OF SOUTH AFRICA

AND

THE GOVERNMENT OF THE FEDERAL REPUBLIC OF NIGERIA

ON

CO-OPERATION IN THE FIELD OF THE ENVIRONMENT

PREAMBLE

The Government of the Republic of South Africa and the Government of the Federal Republic of Nigeria (hereinafter jointly referred to as "the Parties" and separately as a "Party");

WILLING to further strengthen the friendly relations and the strategic partnership between the two countries;

CONVINCED that the environment on a national and global level must be managed efficiently in the interest of present and future generations of mankind, and that the Parties' policies and decisions must be geared to the guiding principle of sustainable development along the lines of Agenda 21 as agreed to at the United Nations Conference on Environment and Development (UNCED), held in Rio de Janeiro in 1992;

RECOGNISING the importance of co-operative efforts to promote environmental protection and sustainable development;

EMPHASIZING that economic and social development, eradication of poverty and provision of sustainable livelihoods as well as environmentally compatible management of natural resources are integral and mutually supportive parts of sustainable development;

WILLING to promote closer and long-term co-operation in the field of environment;

HEREBY AGREE as follows:

ARTICLE 1
OBJECTIVE

The Parties shall co-operate within the framework of this Memorandum of Understanding (hereinafter referred to as "the MoU") on the basis of equality, reciprocity and mutual benefit, taking into consideration their national environmental policies.

ARTICLE 2
AREAS OF CO-OPERATION

The main areas of co-operation shall be the following:

(a) Biodiversity;

(b) land degradation;

(c) desertification;

(d) marine and coastal management;

(e) climate change;

(f) waste management; and

(g) any other areas agreed upon by the Parties.

ARTICLE 3
MEANS OF CO-OPERATION

The objective of the MoU shall be attained by co-operation between the Parties through -

(a) exchange of information and technical expertise in pollution and waste management, including recycling, coastal zone management, protection and conservation of natural and marine resources, wildlife management, environmental awareness and education, specific focus on capacity building, environmental management, environmental assessment and regulatory frameworks, monitoring, compliance and enforcement;

(b) co-operation and exchange of views on environmental issues within the multilateral area such as climate change, ozone layer, biological diversity, desertification, oceans, hazardous wastes and toxic substances, as well as any other relevant global environmental issue that both Parties deem appropriate;

(c) consultation with international bodies dealing with environmental protection and sustainable development, such as the United Nations Commission on Sustainable Development (UNCSD), the Global Environment Facility (GEF) and the United Nations Environment Programme (UNEP); and

(d) strengthening regional environmental co-operation and bodies such as the African Ministerial Conference on the Environment (AMCEN) and promoting the implementation of the action plan of the environment initiative of NEPAD.

ARTICLE 4

IMPLEMENTATION

In order to implement the areas of co-operation referred to in Article 2 above, the Parties intend to -

(a) exchange information on environmentally sound technologies;
(b) organize meetings of experts, seminars and joint training programmes;
(c) support programmes and initiatives in the area of sustainable development, with special emphasis on environmentally sound technologies and the development of environmental legislation;
(d) support environmental information management; and
(e) co-operate by any other means as agreed upon by the Parties.

ARTICLE 5
COMPETENT AUTHORITIES

(1) The Competent Authorities responsible for the implementation of the MoU shall be:

(a) in the case of the Republic of South Africa, the Department of Environmental Affairs; and

(b) in the case of the Federal Republic of Nigeria, the Federal Ministry of Environment.

(2) Each Competent Authority shall appoint a co-ordinator for the purpose of implementing the MoU.

(3) The co-ordinators shall meet on a regular basis to discuss issues relevant for the implementation of the MoU. The venues and times of co-ordinators meetings shall be agreed upon in writing between the co-ordinators.

(4) Each Party shall bear its own costs and expenses arising from the implementation of the MoU.

ARTICLE 6
SETTLEMENT OF DISPUTES

Any dispute between the Parties arising out of the interpretation or implementation of the MoU shall be settled amicably through consultation or negotiations between the Parties.

ARTICLE 7
AMENDMENT

The MoU may be amended by mutual consent of the Parties through an Exchange of Notes between the Parties through the diplomatic channel.

ARTICLE 8

ENTRY INTO FORCE, DURATION AND TERMINATION

(1) The MoU shall enter into force on the date of signature thereof by the Parties.

(2) The MoU shall remain in force for a period of five (5) years, whereafter it shall be renewed automatically for another period of five (5) years unless terminated by either Party giving six (6) months written notice in advance through the diplomatic channel of its intention to terminate this MoU.

IN WITNESS WHEREOF the undersigned, being duly authorised thereto by their respective Governments, have signed and sealed the MoU in duplicate in the English language, both texts being equally authentic.

DONE at Cape Town on 7th day of May 2013.

FOR THE GOVERNMENT OF THE REPUBLIC OF SOUTH AFRICA

FOR THE GOVERNMENT OF THE FEDERAL REPUBLIC OF NIGERIA

[TRANSLATION – TRADUCTION]

MÉMORANDUM D'ACCORD ENTRE LE GOUVERNEMENT DE LA RÉPUBLIQUE SUD-AFRICAINE ET LE GOUVERNEMENT DE LA RÉPUBLIQUE FÉDÉRALE DU NIGÉRIA RELATIF À LA COOPÉRATION ENVIRONNEMENTALE

Préambule

Le Gouvernement de la République sud-africaine et le Gouvernement de la République fédérale du Nigéria (ci-après dénommés, ensemble, les « Parties » et, séparément, la « Partie »),

Souhaitant renforcer les relations amicales et le partenariat stratégique entre les deux pays,

Convaincus que l'environnement à un niveau national et international doit être géré de façon efficace dans l'intérêt des générations présentes et futures et que les politiques et les décisions des Parties doivent être axées sur le principe directeur du développement durable selon les principes d'Action 21 tel que convenu à la Conférence des Nations Unies sur l'environnement et le développement, qui s'est tenue à Rio de Janeiro en 1992,

Reconnaissant l'importance des efforts de coopération pour promouvoir la protection de l'environnement et le développement durable,

Soulignant que le développement économique et social, l'éradication de la pauvreté et la fourniture de moyens de subsistance durables, ainsi que la gestion écologique des ressources naturelles, font partie intégrante du développement durable et se renforcent mutuellement,

Souhaitant promouvoir une coopération plus étroite dans le domaine de l'environnement,

Sont convenus de ce qui suit :

Article premier. Objet

Les Parties coopèrent dans le cadre du présent Mémorandum d'accord (ci-après dénommé « le présent Mémorandum ») sur la base de l'égalité, de la réciprocité et de l'avantage mutuel, compte tenu de leurs politiques nationales respectives concernant l'environnement.

Article 2. Domaines de coopération

Les principaux domaines de coopération sont les suivants :

a) La biodiversité;

b) La dégradation des terres;

c) La désertification;

d) La gestion des mers et des zones côtières;

e) Les changements climatiques;

f) La gestion des déchets; et

g) Tout autre domaine dont les Parties peuvent convenir.

Article 3. Modes de coopération

Pour atteindre l'objectif du présent Mémorandum, les Parties recourent aux modes de coopération suivants :

a) Échange de renseignements et de compétences techniques concernant la gestion de la pollution et des déchets, notamment le recyclage, la gestion des zones côtières, la protection et la préservation des ressources naturelles et des ressources marines, la gestion de la faune sauvage, les activités de sensibilisation et d'information relatives à l'environnement, le renforcement des capacités, la gestion de l'environnement, l'évaluation environnementale et les cadres réglementaires relatifs à l'environnement, les questions de suivi, d'application et de répression des infractions;

b) Coopération et échange de vues sur les questions environnementales multilatérales, tels que les changements climatiques, la couche d'ozone, la diversité biologique, la désertification, les océans, les déchets dangereux et les substances toxiques, ainsi que toutes autres questions environnementales d'intérêt mondial que les Parties jugent pertinentes;

c) Consultation avec des organismes internationaux chargés de la protection de l'environnement et du développement durable, y compris la Commission du développement durable des Nations Unies, le Fonds pour l'environnement mondial et le Programme des Nations Unies pour l'environnement, et

d) Renforcement de la coopération régionale en matière d'environnement et d'organismes tels que la Conférence ministérielle africaine sur l'environnement, et promotion de la mise en œuvre du plan d'action de l'Initiative en faveur de l'environnement adoptée dans le cadre du Nouveau partenariat pour le développement de l'Afrique.

Article 4. Mise en œuvre

Aux fins de la coopération dans les domaines visés ci-dessus à l'article 2, les Parties entendent :

a) Échanger des renseignements sur les technologies écologiquement rationnelles;

b) Organiser des réunions d'experts, des séminaires et des programmes de formation communs;

c) Appuyer des programmes et des initiatives de promotion du développement durable, en s'intéressant particulièrement aux technologies écologiquement rationnelles et à l'élaboration de lois relatives à l'environnement;

d) Appuyer la gestion de l'information relative à l'environnement; et

e) Coopérer par tout autre moyen dont les Parties conviennent.

Article 5. Autorités compétentes

1) Les autorités compétentes chargées de la mise en œuvre du présent Mémorandum sont :

a) Dans le cas de la République sud-africaine, le Département des affaires environnementales; et

b) Dans le cas de la République fédérale du Nigéria, le Ministère fédéral de l'environnement.

2) Chaque autorité compétente nomme un coordonnateur pour la mise en œuvre du présent Mémorandum.

3) Les coordonnateurs se rencontrent régulièrement pour examiner les questions touchant la mise en œuvre du présent Mémorandum. Ils conviennent par écrit des lieux et dates de ces rencontres.

4) Chaque Partie supporte les dépenses qu'elle engage aux fins de la mise en œuvre du présent Mémorandum.

Article 6. Règlement des différends

Tout différend entre les Parties résultant de l'interprétation ou de la mise en œuvre du présent Mémorandum est réglé à l'amiable par la voie de consultations ou de négociations entre les Parties.

Article 7. Modification

Le présent Mémorandum peut être modifié par consentement mutuel des Parties au moyen d'un échange de notes, par la voie diplomatique, entre les Parties.

Article 8. Entrée en vigueur, durée et dénonciation

1) Le présent Mémorandum entre en vigueur à la date de sa signature par les Parties.

2) Le présent Mémorandum demeure en vigueur pendant une période de cinq ans, puis est tacitement reconduit pour des périodes successives de même durée, à moins qu'une Partie n'envoie, par la voie diplomatique et au moins six mois à l'avance, une notification écrite à l'autre Partie l'informant de son intention de le dénoncer.

EN FOI DE QUOI, les soussignés, à ce dûment autorisés par leurs Gouvernements respectifs, ont signé le présent Accord et y ont apposé leur sceau, en deux exemplaires en langue anglaise, les deux textes faisant également foi.

FAIT au Cap, le 7 mai 2013.

Pour le Gouvernement de la République sud-africaine :
[SIGNÉ]

Pour le Gouvernement de la République fédérale du Nigéria :
[SIGNÉ]

No. 51338

South Africa and Nigeria

Memorandum of Understanding between the Government of the Republic of South Africa and the Government of the Federal Republic of Nigeria on cooperation in the fields of geology, mining, mineral processing and metallurgy. Cape Town, 7 May 2013

Entry into force: *7 May 2013 by signature, in accordance with article 9*

Authentic text: *English*

Registration with the Secretariat of the United Nations: *South Africa, 16 September 2013*

Afrique du Sud et Nigéria

Mémorandum d'accord entre le Gouvernement de la République sud-africaine et le Gouvernement de la République fédérale du Nigéria relatif à la coopération dans les domaines de la géologie, de l'exploitation minière, du traitement des minerais et de la métallurgie. Le Cap, 7 mai 2013

Entrée en vigueur : *7 mai 2013 par signature, conformément à l'article 9*

Texte authentique : *anglais*

Enregistrement auprès du Secrétariat de l'Organisation des Nations Unies : *Afrique du Sud, 16 septembre 2013*

[English text – Texte anglais]

MEMORANDUM OF UNDERSTANDING

BETWEEN

THE GOVERNMENT OF THE REPUBLIC OF SOUTH AFRICA

AND

THE GOVERNMENT OF THE FEDERAL REPUBLIC OF NIGERIA

ON COOPERATION IN THE FIELDS OF GEOLOGY, MINING, MINERAL PROCESSING AND METALLURGY

PREAMBLE

The Government of the Republic of South Africa and the Government of the Federal Republic of Nigeria (hereinafter jointly referred to as the "Parties" and separately as "Party");

TAKING into account the friendly relations and cooperation existing between the two Countries;

NOTING with satisfaction the fruitful outcome of economic, technical and scientific cooperation between the two Countries;

RECOGNIZING that the Parties are member states of the African Union and State Parties to the Protocol on Minerals of the African Union;

CONSIDERING that bilateral cooperation in the fields of geology, mining, mineral processing and metallurgy shall be of mutual social, economic and environmental benefit to the two Countries;

SEEKING further to broaden and deepen the mutually beneficial economic, scientific, and technical cooperation between the Parties on the basis of mutual respects for each other's sovereignty, mutual benefit, equality and non-interference in each other's internal affairs;

HEREBY AGREE as follows:-

ARTICLE 1
PURPOSE

The purpose of this Memorandum of Understanding is to promote cooperation in the fields of geology, mining, mineral processing and metallurgy between the Parties on the basis of equality and mutual understanding, taking into account the experience of their specialists in the said fields.

ARTICLE 2
SCOPE OF COOPERATION

1. Within the allocated budget of the respective Countries the Parties shall promote cooperation in the fields of geology, mining, mineral processing and metallurgy through:

(a) the joint identification and implementation of joint co-operation programmes and projects aimed at the promotion of value addition activities in the mining sector;

(b) the facilitation of co-operation of reciprocal benefit between mining institutions of both Countries;

(c) collaborative projects in the fields of mining, geosciences, mineral title administration, mining exploration, metallurgy, mines health safety and environment, mineral beneficiation and mineral economics;

(d) the development of training programmes and/skills exchange development of specialists in the mining sector for both Countries

(e) the establishment and promotion of collaborative beneficiation facilities and small scale mining to enhance value addition from precious metals and other minerals;

(f) the development of common strategies and regulatory frameworks in the mining sector;

(g) the exchanging of information, technology transfer, research and development co-operation and establishment of databases; and

(h) promoting co-operation on iron and steel, industrial, base and precious minerals processing

2. The Parties shall promote any form of cooperation in the fields of geology, mining, minerals processing and metallurgy as may be agreed upon in writing from time to time.

3. The Parties shall promote the collaboration of government agencies in the mineral sector, approve and support the creation of partnerships as may be agreed upon in writing from time to time.

4. The terms and conditions of each programme or project undertaken pursuant to this Memorandum of Understanding shall be agreed upon by the Parties in separate Technical Agreements.

ARTICLE 3

COMPETENT AUTHORITIES

1. The Competent Authority responsible for the implementation and coordination of this Memorandum of Understanding shall be-

(a) in the case of the Government of the Federal Republic of Nigeria, the Ministry of Mines and Steel Development; and

(b) in the case of the Government of the Republic of South Africa, the Department of Mineral Resources.

2. The Competent Authorities shall be responsible for-

   (a) the identification of programmes and implementing agencies on behalf of their respective Countries;

   (b) the monitoring and evaluation of results of the programmes entered into;

   (c) the review of progress of programmes entered into and;

   (d) the consideration of any other aspects relevant to the promotion of bilateral cooperation between the Parties.

ARTICLE 4
WORKING GROUPS

1. The Parties shall, where appropriate, establish working groups for the purpose of the joint development of plans of cooperation as well as implementation and analysis of the work to be performed in the areas referred to in Article 2(1).

2. The agenda, times and place of the meetings of the workinggroup shall be agreed upon in writing by the Parties.

ARTICLE 5
EXPENSES

Within the allocated budget of the respective Countries each Party shall be responsible for its own costs that may result as a consequence of the implementation and application of this Memorandum of Understanding.

ARTICLE 6

PUBLICATIONS OF REPORTS AND CONFIDENTIALITY

1. Subject to the domestic law of each Party, the outcome or result of specific programmes of cooperation carried out under this Memorandum of Understanding, which is not in the public domain, shall be kept confidential by the Parties.

2. If a Party wishes to share the outcome or result with a third party, prior written consent of the other Party shall be obtained.

3. The outcome and results of specific programmes of cooperation carried out under this Memorandum of Understanding shall be published only with the written consent of the Parties.

ARTICLE 7
APPLICABLE LAW

All activities carried out in terms of this Memorandum of Understanding shall be subjected to the domestic law in force in the respective countries, as well as the international agreements, conventions and treaties which they are party to.

ARTICLE 8
SETTLEMENT OF DISPUTES

1. Any dispute between the Parties arising out of the interpretation, application or implementation of the provisions of this Memorandum of Understanding shall be settled amicably through consultation or negotiations between the Parties.

ARTICLE 9
ENTRY INTO FORCE, DURATION AND TERMINATION

1. This Memorandum of Understanding shall enter into force on the date of signature thereof.

2. This Memorandum of Understanding shall remain in force for a period of five (5) years and thereafter shall be automatically renewed for a further period of five (5) years, unless terminated in accordance with Sub-article (3), of this Article.

3. This Memorandum of Understanding may be terminated by either Party be giving three (3) months written notice in advance through the diplomatic channel to the other Party of its intention to terminate this Memorandum of Understanding.

4. The termination of this Memorandum of Understanding shall not affect the completion of any project undertaken by the Parties prior to the termination thereof, or full execution of any cooperation activity that has not been fully executed at the time of termination, unless otherwise agreed upon in writing by the Parties.

ARTICLE 10
AMENDMENT

This Memorandum of Understanding may be amended by mutual consent of the Parties through an Exchange of Notes between the Parties through the diplomatic channel.

IN WITNESS WHEREOF, the undersigned being duly authorized thereto by their respective Governments have signed and sealed this Memorandum of Understanding in duplicate in English Language both texts being equally authentic.

DONE at Cape Town on this 7th day of May 2013

FOR THE GOVERNMENT OF THE REPUBLIC OF SOUTH AFRICA	**FOR THE GOVERNMENT OF THE FEDERAL REPUBLIC OF NIGERIA**

[TRANSLATION – TRADUCTION]

MÉMORANDUM D'ACCORD ENTRE LE GOUVERNEMENT DE LA RÉPUBLIQUE SUD-AFRICAINE ET LE GOUVERNEMENT DE LA RÉPUBLIQUE FÉDÉRALE DU NIGÉRIA RELATIF À LA COOPÉRATION DANS LES DOMAINES DE LA GÉOLOGIE, DE L'EXPLOITATION MINIÈRE, DU TRAITEMENT DES MINERAIS ET DE LA MÉTALLURGIE

Préambule

Le Gouvernement de la République sud-africaine et le Gouvernement de la République fédérale du Nigéria (ci-après dénommés, ensemble, les « Parties » et, séparément, la « Partie »),

Tenant compte des relations amicales et de la coopération existant entre les deux pays,

Notant avec satisfaction les résultats fructueux de la coopération économique, technique et scientifique entre les deux pays,

Reconnaissant que les Parties sont des États membres de l'Union africaine et des États parties au Protocole minier de l'Union africaine,

Considérant qu'une coopération bilatérale dans les domaines de la géologie, de l'exploitation minière, du traitement des minerais et de la métallurgie offre des avantages sociaux, économiques et environnementaux mutuels aux deux pays,

Désireux d'élargir et d'approfondir davantage une coopération économique, scientifique et technique mutuellement avantageuse entre les Parties sur la base du respect de leur souveraineté, de l'intérêt mutuel, de l'égalité et de la non-ingérence dans les affaires intérieures de l'autre Partie,

Sont convenus de ce qui suit :

Article premier. Objet

Le présent Mémorandum d'accord a pour objet de promouvoir la coopération entre les Parties dans les domaines de la géologie, de l'exploitation minière, du traitement des minerais et de la métallurgie sur la base de l'égalité et de la compréhension mutuelle, en tenant compte de l'expérience de leurs spécialistes dans lesdits domaines.

Article 2. Étendue de la coopération

1. Dans les limites du budget alloué par chaque pays, les Parties favorisent la coopération dans les domaines de la géologie, de l'exploitation minière, du traitement des minerais et de la métallurgie par :

a) La conception et l'exécution concertées de programmes et de projets de coopération conjoints visant à promouvoir la mise en œuvre d'activités à valeur ajoutée dans le secteur minier;

b) La facilitation d'une coopération mutuellement avantageuse entre les institutions minières des deux pays;

c) L'élaboration de projets de collaboration dans les domaines de l'exploitation minière, des géosciences, de l'administration des titres miniers, de l'exploration minière, de la métallurgie, de la santé, de la sécurité et de l'environnement dans le secteur minier, de l'enrichissement des minerais et de l'économie minérale;

d) La conception de programmes de formation et d'échange de compétences pour les spécialistes du secteur minier des deux pays;

e) L'établissement et la promotion en collaboration d'installations d'enrichissement et de projets miniers de petite taille afin d'accroître la valeur ajoutée provenant des métaux précieux et autres minéraux;

f) Le développement de stratégies et de cadres réglementaires communs dans le secteur minier;

g) L'échange d'informations, le transfert de technologies, la coopération en matière de recherche et de développement et l'établissement de bases de données; et

h) La promotion de la coopération pour le traitement du fer et de l'acier et des minéraux industriels, de base et précieux.

2. Les Parties encouragent toutes les formes de coopération dans les domaines de la géologie, de l'exploitation minière, du traitement des minerais et de la métallurgie dont elles peuvent convenir entre elles de temps à autre, par écrit.

3. Les Parties facilitent la collaboration entre les organismes publics de leurs secteurs miniers respectifs, et approuvent et soutiennent les créations de partenariat dont elles peuvent convenir entre elles de temps à autre, par écrit.

4. Les Parties conviennent des modalités de chaque programme ou projet entrepris dans le cadre du présent Mémorandum d'accord par voie d'accords techniques distincts.

Article 3. Autorités compétentes

1. Les autorités compétentes responsables de la mise en œuvre et de la coordination du présent Mémorandum d'accord sont :

a) Dans le cas du Gouvernement de la République fédérale du Nigéria, le Ministère des mines et de la sidérurgie; et

b) Dans le cas du Gouvernement de la République sud-africaine, le Département des ressources minérales.

2. Les autorités compétentes exercent les responsabilités suivantes :

a) Sélection des programmes et des organismes chargés de les mettre en œuvre au nom de leur pays;

b) Contrôle et évaluation des résultats des programmes mis en place;

c) Suivi de l'état d'avancement des programmes mis en place; et

d) Examen de tous autres aspects pertinents pour la promotion de la coopération bilatérale entre les Parties.

Article 4. Groupes de travail

1. Les parties forment, le cas échéant, des groupes de travail aux fins de l'élaboration conjointe de plans de coopération ainsi que de la mise en œuvre et de l'analyse des activités réalisées dans les domaines visés au paragraphe 1 de l'article 2.

2. Les Parties conviennent par écrit de l'ordre du jour, de la date et du lieu des réunions du groupe de travail.

Article 5. Frais

Dans les limites du budget alloué par leurs pays respectifs, chaque Partie assume les frais qui peuvent découler de la mise en œuvre et de l'application du présent Mémorandum d'accord.

Article 6. Publication de rapports et confidentialité

1. Sous réserve de la législation interne de chaque Partie, les Parties respectent le caractère confidentiel des résultats des programmes spécifiques de coopération réalisés dans le cadre du présent Mémorandum d'accord qui ne sont pas du domaine public.

2. Si une Partie souhaite partager ces résultats avec une tierce partie, elle doit obtenir au préalable le consentement écrit de l'autre Partie.

3. Les conclusions et résultats des programmes spécifiques de coopération réalisés dans le cadre du présent Mémorandum d'accord ne peuvent être publiés sans le consentement écrit des Parties.

Article 7. Législation applicable

Toutes les activités menées au titre du présent Mémorandum d'accord sont soumises à la législation nationale en vigueur dans le pays concerné, de même qu'aux accords, conventions et traités internationaux conclus par celui-ci.

Article 8. Règlement des différends

1. Tout différend entre les Parties résultant de l'interprétation, de l'application ou de la mise en œuvre des dispositions du présent Mémorandum d'accord est réglé à l'amiable par voie de consultations ou de négociations entre les Parties.

Article 9. Entrée en vigueur, durée et dénonciation

1. Le présent Mémorandum d'accord entre en vigueur à la date de sa signature.

2. Le présent Mémorandum d'accord demeure en vigueur pendant une période de cinq ans, puis est tacitement reconduit pour une période de même durée, sauf en cas de dénonciation effectuée conformément au paragraphe 3 du présent article.

3. Chaque Partie peut dénoncer, par la voie diplomatique, le présent Mémorandum d'accord au moyen d'un préavis d'au moins trois mois notifiant à l'autre Partie son intention de mettre fin au Mémorandum d'accord.

4. La dénonciation du présent Mémorandum d'accord n'a aucune incidence sur l'achèvement de tout projet entrepris par les Parties avant ladite dénonciation ou sur la pleine exécution de toute activité de coopération qui demeure inachevée à la date de la dénonciation, à moins que les Parties n'en conviennent autrement par écrit.

Article 10. Modification

Le présent Mémorandum d'accord peut être modifié par consentement mutuel des Parties au moyen d'un échange de notes, par la voie diplomatique, entre les Parties.

EN FOI DE QUOI, les soussignés, à ce dûment autorisés par leurs Gouvernements respectifs, ont signé le présent Mémorandum d'accord et y ont apposé leur sceau, en double exemplaire en langue anglaise, les deux textes faisant également foi.

Fait au Cap, le 7 mai 2013.

Pour le Gouvernement de la République sud-africaine :
[SIGNÉ]

Pour le Gouvernement de la République fédérale du Nigéria :
[SIGNÉ]

No. 51339

South Africa
and
Nigeria

Memorandum of Understanding between the Government of the Republic of South Africa and the Government of the Federal Republic of Nigeria on co-operation in the legal field. Cape Town, 7 May 2013

Entry into force: *7 May 2013 by signature, in accordance with article 12*

Authentic text: *English*

Registration with the Secretariat of the United Nations: *South Africa, 16 September 2013*

Afrique du Sud
et
Nigéria

Mémorandum d'accord entre le Gouvernement de la République sud-africaine et le Gouvernement de la République fédérale du Nigéria relatif à la coopération dans le domaine juridique. Le Cap, 7 mai 2013

Entrée en vigueur : *7 mai 2013 par signature, conformément à l'article 12*

Texte authentique : *anglais*

Enregistrement auprès du Secrétariat de l'Organisation des Nations Unies : *Afrique du Sud, 16 septembre 2013*

[ENGLISH TEXT – TEXTE ANGLAIS]

MEMORANDUM OF UNDERSTANDING

BETWEEN

THE GOVERNMENT OF THE REPUBLIC OF SOUTH AFRICA

AND

THE GOVERNMENT OF THE FEDERAL REPUBLIC OF NIGERIA

ON CO-OPERATION IN THE LEGAL FIELD

PREAMBLE

The Government of the Republic of South Africa and the Government of the Federal Republic of Nigeria (hereinafter jointly referred to as the "Parties" and separately as a "Party");

RECOGNISING the principles of sovereign equality and territorial integrity of all States;

CONSCIOUS of the benefits to be derived from close co-operation and the maintenance of friendly relations between the two countries;

CONSIDERING the need to promote democratic principles and good governance between the two countries;

DESIROUS of developing close co-operation in the legal field by promoting and maintaining an efficient and effective legal profession and judicial system in the two countries.

HEREBY AGREE as follows:-

ARTICLE 1
AREAS OF CO-OPERATION

The Parties undertake to promote closer co-operation in civil matters, including legal training and technical assistance.

ARTICLE 2
COMPETENT AUTHORITY

1) The Competent Authorities responsible for the implementation of the Memorandum of Understanding shall be—

a) in the case of the Government of the Federal Republic of Nigeria, the Federal Ministry of Justice; and

b) in the case of the Government of the Republic of South Africa, the Department of Justice Constitutional Development.

2) If a Competent Authority is changed, the other Party shall be notified through the diplomatic channel of the designation of the new authority

ARTICLE 3
ENFORCEMENT OF JUDGEMENTS AND EXCHANGE OF LEGAL MATERIALS

1) The Parties shall encourage reciprocal enforcement of judgments and orders.

2) The Parties shall exchange laws, legal publications and information.

ARTICLE 4
EXCHANGE OF PROGRAMMES AND TECHNICAL SUPPORT

1) The Parties shall encourage exchange of programmes concerning:—

a) judges, lawyers, magistrates, prosecutors, including organizations representing these professions;

b) library personnel, legal publications and relevant laws;

c) legal training; and

d) researchers from the Nigerian Law Reform Commission and the South Africa Law Reform Commission.

2) The Parties shall endeavour to provide each other with technical support in the legal field.

3) The Parties shall, to the extent possible, co-operate in the secondment of judges, magistrates, legal officers and judicial staff.

ARTICLE 5
SERMINARS, SYMPOSIUMS AND CONFERENCES

1) The Parties shall co-operate in holding seminars, symposiums and conferences on legal subjects of mutual interest.

2) When holding seminars, symposiums and conferences on legal subjects, a Party may invite appropriate institutions of the other Party to send delegates to such seminars, symposiums and conferences.

3) Invitations to attend a conference, symposium or seminar shall be done through the diplomatic channels.

ARTICLE 6
FINANCIAL ARRANGEMENT

1) The host Party shall be responsible for the cost of arranging the conference, symposium or seminar.

2) The sending Party shall be responsible for the expenses for international travels, accommodation and other subsistence undertaken under this MOU.

3) The host Party shall assist with the logistic arrangements and local travel.

4) The Parties shall agree on such logistic arrangements before the intended visit is undertaken.

5) The sending Party shall be responsible for the expenses in respect of the exchange of materials under this MOU.

ARTICLE 7
APPLICATION OF AGREEMENT

This MOU shall not prejudice obligations arising from other bilateral Agreements concluded between the two countries.

ARTICLE 8
APPLICATION OF DOMESTIC LAW

All activities carried out in terms of this MOU shall be subject to the domestic laws in force in the respective countries of the Parties.

ARTICLE 9

NOTICES

(1) Any notice or communication between the Parties concerning this MOU must be in writing and shall be sent to the following address or to such other address as may from time to time be indicated by either Party in writing:

FOR THE GOVERNMENT OF THE FEDERAL REPUBLIC OF NIGERIA	THE GOVERNMENT OF THE REPUBLIC OF SOUTH AFRICA
The Solicitor-General of the	The Director General
Permanent Secretary, Federal Ministry of Justice	Department of Justice and Constitutional Development
P.M.B 192,	Private Bag X81
Abuja	Pretoria
Email: justice@fmj.gov.ng	South Africa
	Tel: 012-315 1420
	Fax: 012-323 1846

2) The effective date of such notice or communication shall be the date of receipt of such notice or communication.

ARTICLE 10
MONITORING

The Parties shall meet whenever necessary, in each other's territory, in order to monitor progress in the implementation of this MOU.

ARTICLE 11
SETTLEMENT OF DISPUTES

Any dispute between the Parties arising out of the interpretation or implementation of this MOU shall be settled amicably through consultation or negotiation between the Parties through the diplomatic channels

ARTICLE 12

ENTRY INTO FORCE

This MOU shall enter into force on the date of signature thereof by the Parties.

ARTICLE 13

AMENDMENT

This MOU may be amended by mutual consent of the Parties through an Exchange of Notes between the Parties through the diplomatic channels.

ARTICLE 14

DURATION AND TERMINATION

This MOU shall remain in force for a period of three (3) years, after which it shall be renewed automatically for similar periods unless terminated by either Party giving six (6) month's written notice in advance through the diplomatic channels of its intention to terminate this MOU.

IN WITNESS WHEREOF, the undersigned, being duly authorized by their respective Governments, have signed and sealed this MOU in two originals in the English language, both texts being equally authentic.

Done at Cape Town this 7th day of May 2013.

Signature... [signature]

Name Jeff Radebe

Designation Minister

Date 7 May 2013

Signature... [signature]

Name D. Ashitu

Designation Minister

Date 7 May 2013

[TRANSLATION – TRADUCTION]

MÉMORANDUM D'ACCORD ENTRE LE GOUVERNEMENT DE LA RÉPUBLIQUE SUD-AFRICAINE ET LE GOUVERNEMENT DE LA RÉPUBLIQUE FÉDÉRALE DU NIGÉRIA RELATIF À LA COOPÉRATION DANS LE DOMAINE JURIDIQUE

Préambule

Le Gouvernement de la République sud-africaine et le Gouvernement de la République fédérale du Nigéria (ci-après dénommés, ensemble, les « Parties » et, séparément, la « Partie »),

Reconnaissant les principes d'égalité souveraine et d'intégrité territoriale de tous les États,

Ayant à l'esprit les avantages qui résultent de la coopération étroite entre les deux pays et du maintien de leurs relations amicales,

Considérant la nécessité de promouvoir les principes démocratiques et la bonne gouvernance entre les deux pays,

Désireux de développer une coopération étroite dans le domaine juridique en assurant la promotion et le maintien d'un système judiciaire et de juristes qui soit efficient et efficace dans les deux pays,

Sont convenus de ce qui suit :

Article premier. Domaines de coopération

Les Parties s'engagent à promouvoir une coopération plus étroite dans les affaires civiles, y compris la formation juridique et l'assistance technique.

Article 2. Autorités compétentes

1) Les autorités compétentes chargées de la mise en œuvre du présent Mémorandum d'accord sont :

a) Dans le cas du Gouvernement de la République fédérale du Nigéria, le Ministère fédéral de la justice; et

b) Dans le cas du Gouvernement de la République sud-africaine, le Département de la justice et du développement constitutionnel.

2) En cas de changement des autorités compétentes, la Partie concernée communique à l'autre Partie par la voie diplomatique la dénomination de la nouvelle autorité.

Article 3. Exécution des jugements et échange de matériel juridique

1) Les Parties encouragent l'exécution réciproque des jugements et ordonnances.

2) Les Parties échangent sur la législation, les publications juridiques et d'autres informations.

Article 4. Programmes d'échange et assistance technique

1) Les Parties encouragent les programmes d'échange concernant :

a) Les juges, avocats, magistrats et procureurs, y compris les organisations représentant ces professions;

b) Le personnel de bibliothèques, les publications juridiques et la législation correspondante;

c) La formation juridique; et

d) Les chercheurs de la Commission sur la réforme législative nigériane et de la Commission sur la réforme législative sud-africaine;

2) Les Parties s'efforcent de se prêter mutuellement une assistance technique dans le domaine juridique.

3) Les Parties coopèrent, dans la mesure du possible, pour permettre le détachement de juges, de magistrats, de conseillers juridiques et de personnel judiciaire.

Article 5. Séminaires, symposiums et conférences

1) Les Parties organisent des séminaires, des symposiums et des conférences sur des questions juridiques d'intérêt commun.

2) Lors de l'organisation de séminaires, de symposiums et de conférences sur des questions juridiques, une Partie peut inviter les institutions appropriées de l'autre Partie à envoyer des délégués à ces séminaires, symposiums et conférences.

3) Toute invitation à assister à une conférence, un symposium ou un séminaire doit être adressée par la voie diplomatique.

Article 6. Arrangements financiers

1) Les coûts liés à l'organisation d'une conférence, d'un symposium ou d'un séminaire sont à la charge de la Partie hôte.

2) Les frais nécessaires au transport international et à l'hébergement ainsi que les autres frais de subsistance alloués au titre du présent Mémorandum sont à la charge de la Partie d'origine.

3) La Partie hôte apporte son appui concernant les arrangements logistiques et les déplacements sur place.

4) Les Parties s'entendent sur ces arrangements logistiques préalablement à la visite prévue.

5) Les frais liés à l'échange de matériels dans le cadre du présent Mémorandum sont à la charge de la Partie d'origine.

Article 7. Application des accords

Le présent Mémorandum ne porte pas atteinte aux obligations découlant des autres accords bilatéraux conclus entre les deux pays.

Article 8. Application de la législation nationale

Toutes les activités entreprises au titre du présent Mémorandum sont soumises à la législation nationale en vigueur dans les pays respectifs des Parties.

Article 9. Notifications

1) Toute notification ou communication entre les Parties relative au présent Mémorandum d'accord est faite par écrit et envoyée à l'adresse détaillée ci-dessous ou à une autre adresse que pourrait parfois indiquer par écrit l'une ou l'autre des Parties :

- Pour le Gouvernement de la République fédérale du Nigéria

  Le Solliciteur général du Secrétariat permanent,
  Ministère fédéral de la justice
  P.M.B 192,
  Abuja
  Courriel : justice@fmj.gov.ng

- Pour le Gouvernement de la République sud-africaine

  Le Directeur général
  Département de la justice et du développement constitutionnel
  Private Bag X81
  Pretoria
  Afrique du Sud
  Téléphone : 012-315 1420
  Télécopie : 012-323 1846

2) Ladite notification ou communication prend effet à la date de sa réception.

Article 10. Suivi

Lorsque cela s'avère nécessaire, les Parties se réunissent sur le territoire de chacune d'elles afin de suivre les progrès de la mise en œuvre du présent Mémorandum d'accord.

Article 11. Règlement des différends

Tout différend entre les Parties résultant de l'interprétation ou de la mise en œuvre du présent Mémorandum d'accord est réglé à l'amiable au moyen de consultations ou de négociations entre les Parties effectuées par la voie diplomatique.

Article 12. Entrée en vigueur

Le présent Mémorandum d'accord entre en vigueur à la date de sa signature par les Parties.

Article 13. Modification

Le présent Mémorandum d'accord peut être modifié par consentement mutuel des Parties au moyen d'un échange de notes, par la voie diplomatique, entre les Parties.

Article 14. Durée et dénonciation

Le présent Mémorandum d'accord reste en vigueur pour une période de trois ans, puis est reconduit d'office pour des périodes de même durée, à moins qu'il ne soit dénoncé par la voie diplomatique par l'une des Parties au moyen d'un préavis de six mois notifiant à l'autre Partie son intention d'y mettre fin.

EN FOI DE QUOI, les soussignés, à ce dûment autorisés par leurs Gouvernements respectifs, ont signé le présent Mémorandum d'accord et y ont apposé leur sceau, en double exemplaire en langue anglaise, les deux textes faisant également foi.

FAIT au Cap, le 7 mai 2013.

[JEFF RADEBE]
7 mai 2013

[SIGNÉ]
7 mai 2013

No. 51340

South Africa
and
Nigeria

Memorandum of Understanding between the Government of the Republic of South Africa and the Government of the Federal Republic of Nigeria on co-operation in the field of women development and empowerment and child development. Cape Town, 7 May 2013

Entry into force: *7 May 2013 by signature, in accordance with article 12*

Authentic text: *English*

Registration with the Secretariat of the United Nations: *South Africa, 16 September 2013*

Afrique du Sud
et
Nigéria

Mémorandum d'accord entre le Gouvernement de la République sud-africaine et le Gouvernement de la République fédérale du Nigeria relatif à la coopération dans les domaines de la promotion et de l'autonomisation de la femme et du développement de l'enfant. Le Cap, 7 mai 2013

Entrée en vigueur : *7 mai 2013 par signature, conformément à l'article 12*

Texte authentique : *anglais*

Enregistrement auprès du Secrétariat de l'Organisation des Nations Unies : *Afrique du Sud, 16 septembre 2013*

[ENGLISH TEXT – TEXTE ANGLAIS]

MEMORANDUM OF UNDERSTANDING

BETWEEN

THE GOVERNMENT OF THE REPUBLIC OF SOUTH AFRICA

AND

THE GOVERNMENT OF THE FEDERAL REPUBLIC OF NIGERIA

ON

CO-OPERATION IN THE FIELD OF WOMEN DEVELOPMENT AND EMPOWERMENT AND CHILD DEVELOPMENT

Preamble

The Government of the Republic of South Africa and the Government of the Federal Republic of Nigeria (hereinafter jointly referred to as the "Parties" and separately as a "Party");

DETERMINED to further promote peace, stability and security and develop their relations in the field of women affairs and child development, and guided by the principle of mutual respect for each other's sovereignty;

DETERMINED FURTHER to strengthen the mutual ties of friendship and understanding existing between the Parties. Working in the spirit of the African Union (AU), the New Partnership for Africa's Development (NEPAD) and other international and regional initiatives and norms for the greater well-being of women and children of the Parties;

CONSIDERING that it would be in their mutual interest to establish a bilateral mechanism for encouraging the exchange of information and ideas on the various policies;

RECOGNISING that it is fundamental to nurture collaboration between institutions, public and private, national and international in order to create the necessary synergies and guarantee the sustainability of actions undertaken.

DESIRING THEREFORE to enter into a bilateral Agreement which will create the basis of collaboration between the Parties in the realization of women and children's human rights.

HEREBY AGREE as follows:

ARTICLE 1

OBJECTIVES

The Parties shall promote the development of co-operation in the field of women development and empowerment and child development between the Parties on the basis of equality and mutual advantages and in line with internationally agreed norms.

ARTICLE 2

COMPETENT AUTHORITIES

In pursuing these objectives, the competent authorities responsible for the implementation of this Memorandum of Understanding (hereinafter referred to as "this MoU") shall be-

(a) in the case of the Government of the Federal Republic of Nigeria, Ministry of Women Affairs; and
(b) in the case of the Government of the Republic of South Africa, the Department of Women, Children and People with Disabilities.

ARTICLE 3

MODALITIES AND SCOPE OF CO-OPERATION

The Parties shall, subject to the domestic law in force in each country, accord each other every possible facility to ensure better understanding of women development or empowerment and child development through:-

(i) undertaking study tours and exchange of visits;

(ii) exchanging of information on legal matters like the National Gender Policy;

(iii) maintaining constant contacts with a view to generating and sharing ideas that will uplift the status of women;

(iv) capacity building of women in political and economic spheres in both countries with a view to empowering them.

(v) undertaking business exchange visits to income generating centres, Small Scale and Agro Allied Ventures and Centre for the Arts and Crafts;

(vi) establishing export outlets for goods produced by Women to enhance their economic empowerment through trade exhibitions and fairs;

(vii) establishing exchange programmes for the implementation of various regional and international instruments, conventions and treaties on women;

(viii) promotion of civil society cooperation between the Parties;

(ix) establishment of joint rojects and other joint mechanisms;

(x) exchange of experts to deliver lectures and capacity building;

(xi) exchange of visits and sharing of information and experience through seminars and conferences;

ARTICLE 4

GENDER RESEARCH AND ANALYSIS

The Parties shall carry out research and analysis on the following:

(i) Gender and development issues;

(ii) economic empowerment of women;

(iii) women in politics and decision-making;

(iv) trafficking in women and ways of combating it;

(v) women and HIV or AIDS;

(vi) remittance by women migrants.

(vii) violence against women; causes and solutions;

(viii) bio-remediation;

(ix) food crop fortification;

(x) telemedicine;

(xi) stem cell transplantation or xenotransplantation;

(xii) pollution causes and reduction or prevention;

(viii) women with disabilities;

xiv) women and climate change;

(xv) strengthening the voices of young women and girl-child.

ARTICLE 5

CHILD DEVELOPMENT MATTERS

The Parties shall pursue the following exchange programmes of child Development:

(i) exchange information and share experiences on the Parties' implementation of the convention on the rights of the child and other legal instruments;

(ii) establish and exchange ideas on the Parties' various legal framework on specific programmes or problem areas such as trafficking in children, sexual exploitation, child health and nutrition, juvenile justice administration, child case or care work (such as adoption, fostering), counseling the girl child, early childhood and education programmes;

(iii) exchange ideas and policies on programmes for children in especially difficult circumstances ;

(iv) establishment of children's exchange programme for children of both countries with a view to promoting educational and cultural benefits and for the promotion of love, friendship and universal brotherhood;

(v) mutually agree to share experience and programmes on orphans and vulnerable children with special focus on children orphaned by the HIV or AIDS pandemic, their care and support and solution to stigmatization;

(vi) training of childcare professionals (desk officers) of both countries in juvenile justice administration, adoption and fostering service to broaden the desk officers understanding of child cevelopment issues and enhance their technical competence;

(vii) strengthening support programmes for orphans and vulnerable children (OVC), including the provision of care and support services;

(viii) supporting the creation of an enabling environment for emphasing gender and HIV into all sectors;

(ix) support and strengthening of mechanisms for monitoring emphasised HIV or AIDS or gender programmes at all levels;

(x) establishment of collaborative projects in areas of rehabilitation of minors;

(xi) strengthening child-friendly cities or school-friendly environment through awareness programmes such as gender based violence and other programmes on harmful practices against children.

ARTICLE 6

PERSONS WITH DISABILITIES AND THE ELDERLY

With regard to persons with disabilities and the elderly the Parties shall-

(i) exchange technologies, research and development programmes, expertise in Information Communication Technology and Special Needs Education;

(ii) assist accessibility, availability and affordability of Information Communication Technology to people with disabilities;

(iii) undertake or establish programmes directed at improving the E-learning experience for persons with disabilities;

(iv) exchange information and techniques of care and management of the elderly, families in distress people with disabilities, emphasising, rehabilitation of people with disabilities and destitution management;

(v) establishment of collaborative projects in areas of rehabilitation of PWDS and the elderly.

ARTICLE 7

ROLE OF WOMEN IN OIL AND GAS INDUSTRY

The areas of cooperation in the field of women development in the oil and gas sector shall be-

(i) exchange of visits and sharing of information with South African Women on Oil and Energy (WOESA) or by whatever name they are called;

(ii) establishment of a data base for women in the oil and gas sector;

(iii) establishment of a joint oil sector institution such as the Petroleum Technology Institute (PTI);

(iv) promoting of broad based understanding in the field of oil and gas through seminars and conferences;

(v) development of alternative energy sources.

ARTICLE 8

WOMEN IN AGRICULTURE

With regard to women in agriculture the Parties shall cooperate in the following areas;

(i) agricultural technology, research and developmental Programmes, bio-resource enterprises, food crops fortification, preservation technique and machineries;
(ii) capacity building through exchange programmes and information and study tours;

(iii) exchange information and technique on how to access finances, loans and credits;

(iv) educate women on food processing, preservation, storage and marketing strategies as well as how to access to international markets, trade fairs and other outlets;

(v) showcase their products;

(vi) exchange information on better farming methods and seedlings;

(vii) educate women on entrepreneurial development and marketing skills;

(viii) capacity building for women on product conceptualization design or standardization, packaging and marketing;

(ix) alleviate poverty and economic empowerment through programmes such as agro-processed rural enterprises; and

(x) promote agro-processing and sustainable land use and management of natural resources through gender and climate change programmes.

ARTICLE 9

SCIENCE AND TECHNOLOGY

The Parties shall with regard to science and technology-

(i) exchange information technologies, research and development in agriculture, bio-resource enterprises, mining and bio-remediation, pollution, food crops fortification,telemedicine, stem cell transplantation, xenotransplatation, ICT, education, preservation techniques and machinery;

(ii) exchange female teachers in core science subjects;

(iii) establish collaborative projects to carry out research into any area of interest agreed upon by them.

(iv) establish a holiday camp and ICT resource village for digital exchange to basic ICT appreciation and the development;

(v) explore ways to PWDS with equipments vital for their general well-being (e.g wheel-chairs, laptops, computers, audio device, braille printers, head phones special programme to access internet, digital talking books, text-telephones voice actuated input system among others).

ARTICLE 10

MULTISECTORAL COLLABORATION

The Parties shall-

(i) establish collaborative projects in areas of tourism, women development and rehabilitation of commercial sex workers;

(ii) establish collaborative projects with relevant agencies to address trafficking in women andchildren;

(iii) establish systems to facilitate a safe return of victims of human trafficking and possible reintegration into the society;

(iv) undertake eradication of trafficking in women and children through increased diplomatic channels;

(v) undertake joint research projects on trafficking;

(vi) undertake joint investigation and prosecution of traffickers;

(vii) establishment a joint project or shelter centre for the rehabilitation and reintegration of intercepted trafficked children into the society;

(viii) develop and implement a joint advocacy and social mobilization package to assist mobilized resources and support implementation of programmes and policies aimed at addressing problems of children;

(ix) establish international children exchange programmes in the form of camping and study tours to enable them to learn the traditions, cultures, lifestyles of the nationals of the other Party, as well as to establish friendships that will facilitate future exchange of ideas for national development;

(x) provide formation of international network of civil society organization by the Parties to facilitate the implementation of policies and legislations aimed at promoting and protecting the rights of the child;

(xi) carry out joint research into violence against women and the girl child especially sexual violence;

(xii) encourage international educational collaboration and exchange programmes for women to broaden their scope of understanding;

(xiii) encourage the focus on the education of women especially on vocational, technical and technology for self reliance, managerial ability and marketability of skills;

(xiv) collaborate on women economic empowerment programmes to ensure sustainability and benefits;

(xv) collaborate on entrepreneurship through cooperatives for women and people with disabilities;

(xvi) collaborate on maternal and child mortality;

(xvii) collaborate on women in "cross-border and informal trade";

(xviii) collaborate on concerns of incarcerated women and children and gender-based violence by law-enforcement officers.

ARTICLE 11

EXISTING AND UNEXPIRED OBLIGATIONS

At the expiration or termination of this MoU, its provisions and the provisions of any separate protocols, contracts, agreements, or accords or addendum made in that respect shall continue to govern any un-expired obligations and projects shall be carried to completion.

ARTICLE 12

ENTRY INTO FORCE

This MoU shall enter into force upon signature thereof.

ARTICLE 13

DURATION AND TERMINATION

This MoU shall remain in force for a period of five (5) years, whereafter it shall be automatically renewed by tacit agreement for additional periods of five (5) years each, unless notice to terminate it is given in writing through the diplomatic channel by one of the Parties six (6) months prior to the expiration of the relevant period.

ARTICLE 14

OBSERVATION OF LAWS AND REGULATIONS

(1) Any programme or project undertaken in terms of this MOU shall be developed and executed in full compliance with the domestic laws of the Parties.

(2) The representatives of the Parties shall under this MoU, observe the laws and regulations of the host country when participating in programmes and projects organized under this MoU.

ARTICLE 15

SETTLEMENT OF DISPUTES

Any dispute between the Parties arising out of the implementation or interpretation of this MoU shall be settled amicably through consultation or negotiations between the Parties through the diplomatic channel.

ARTICLE 16

AMENDMENT

This MoU may be amended by mutual consent of the Parties through an Exchange of Notes between the Parties through the diplomatic channel.

IN WITNESS WHEREOF, the undersigned, being duly authorized thereto by their respective Governments, have signed and sealed this MoU in duplicate in the English language, both texts being equally authentic.

DONE at CAPE TOWN on this 7th day of MAY 2013

FOR THE GOVERNMENT OF THE REPUBLIC OF SOUTH AFRICA	FOR THE GOVERNMENT OF THE FEDERAL REPUBLIC OF NIGERIA

[TRANSLATION – TRADUCTION]

MÉMORANDUM D'ACCORD ENTRE LE GOUVERNEMENT DE LA RÉPUBLIQUE SUD-AFRICAINE ET LE GOUVERNEMENT DE LA RÉPUBLIQUE FÉDÉRALE DU NIGÉRIA RELATIF À LA COOPÉRATION DANS LES DOMAINES DE LA PROMOTION ET DE L'AUTONOMISATION DE LA FEMME ET DU DÉVELOPPEMENT DE L'ENFANT

Préambule

Le Gouvernement de la République sud-africaine et le Gouvernement de la République fédérale du Nigéria (ci-après dénommés, ensemble, les « Parties » et, séparément, la « Partie »),

Déterminés à continuer de favoriser la paix, la stabilité et la sécurité et à développer leurs relations s'agissant des questions relatives aux femmes et au développement de l'enfant, et guidés par le principe du respect mutuel de la souveraineté de l'autre,

Déterminés, aussi, à renforcer les liens d'amitié et d'entente qui les unissent. Travaillant dans l'esprit de l'Union africaine, du Nouveau partenariat pour le développement de l'Afrique et des autres initiatives et normes internationales et régionales visant à améliorer le bien-être des femmes et des enfants vivant sur leur territoire,

Considérant qu'il serait dans leur intérêt mutuel de mettre en place un mécanisme bilatéral pour encourager l'échange d'informations et d'idées sur les différentes politiques,

Reconnaissant qu'il est essentiel de favoriser la collaboration entre les institutions, publiques et privées, nationales et internationales, en vue de créer les synergies nécessaires et de garantir la pérennité des actions entreprises,

Souhaitant, dès lors, conclure un accord bilatéral qui jettera les bases d'une collaboration entre les Parties en vue de la réalisation des droits fondamentaux des femmes et des enfants,

Sont convenus de ce qui suit :

Article premier. Objectifs

Les Parties favorisent le développement d'une coopération entre elles dans les domaines de la promotion et de l'autonomisation de la femme et du développement de l'enfant, sur la base des principes d'égalité et de réciprocité des avantages, et dans le respect des normes convenues au niveau international.

Article 2. Autorités compétentes

En vue de la réalisation de ces objectifs, les autorités compétentes chargées de la mise en œuvre du présent Mémorandum d'accord sont :

a) Dans le cas du Gouvernement de la République fédérale du Nigéria, le Ministère de la condition féminine; et

b) Dans le cas du Gouvernement de la République sud-africaine, le Département des femmes, des enfants et des personnes handicapées.

Article 3. Modalités et portée de la coopération

Sous réserve de la législation en vigueur dans chaque pays, les Parties s'accordent mutuellement toutes les facilités possibles pour assurer une meilleure compréhension de la promotion ou de l'autonomisation de la femme et du développement de l'enfant, par les moyens suivants :

i) L'organisation de voyages d'étude et de visites d'échange;

ii) L'échange d'informations sur les questions juridiques, telles que la politique nationale en matière d'égalité des sexes;

iii) La préservation d'échanges continus en vue de produire et de partager des idées qui amélioreront la condition de la femme;

iv) Le renforcement des capacités des femmes, en vue de leur autonomisation, dans les sphères politiques et économiques des deux pays;

v) L'organisation de visites d'échange professionnelles dans les centres générateurs de revenus, dans des petites entreprises et des entreprises agricoles, et au centre des arts et métiers;

vi) La création de débouchés à l'exportation pour les marchandises produites par les femmes en vue de renforcer leur autonomie économique, au moyen d'expositions et de foires commerciales;

vii) La mise sur pied de programmes d'échange aux fins de la mise en œuvre de différents instruments, conventions et traités régionaux et internationaux relatifs aux femmes;

viii) La promotion de la coopération entre les sociétés civiles des Parties;

ix) La mise sur pied de projets et d'autres mécanismes communs;

x) L'échange d'experts aux fins de l'organisation de conférences et d'activités de renforcement des capacités;

xi) L'organisation de visites d'échange et le partage d'informations et de l'expérience au moyen de séminaires et de conférences.

Article 4. Recherche et analyse sur l'égalité des sexes

Les Parties mènent des activités de recherche et d'analyse sur les sujets suivants :

i) L'égalité des sexes et les questions de développement;

ii) L'émancipation économique des femmes;

iii) Les femmes en politique et la prise de décisions;

iv) La traite des femmes et les moyens de lutter contre ce phénomène;

v) Les femmes et le VIH ou le sida;

vi) L'envoi de fonds par les migrantes;

vii) La violence à l'égard des femmes; les causes et les solutions;

viii) La bioremédiation;

ix) La fortification des cultures vivrières;

x) La télémédecine;

xi) La greffe de cellules souches ou la xénogreffe;

xii) Les causes de la pollution et la réduction ou la prévention du phénomène;

xiii) Les femmes handicapées;

xiv) Les femmes et les changements climatiques;

xv) Renforcer la possibilité pour les jeunes femmes et les filles de faire entendre leur voix.

Article 5. Questions relatives au développement de l'enfant

S'agissant des programmes d'échange pour le développement de l'enfant, les Parties :

i) Échangent des informations et partagent des expériences concernant la mise en œuvre, par elles, de la Convention relative aux droits de l'enfant et d'autres instruments juridiques;

ii) Formulent et échangent des idées sur leurs différents cadres juridiques concernant des programmes ou des problèmes précis tels que la traite des enfants, l'exploitation sexuelle, la santé et la nutrition de l'enfant, l'administration de la justice pour mineurs, les activités d'accueil ou de protection de l'enfance (adoption ou placement dans une famille d'accueil, par exemple), les conseils aux filles, les programmes pour la petite enfance et les programmes d'éducation;

iii) Échangent des idées et des politiques sur les programmes pour les enfants vivant des situations particulièrement difficiles;

iv) Mettent sur pied des programmes d'échange pour les enfants des deux pays, en vue d'en tirer des avantages sur les plans éducatif et culturel et de promouvoir l'amour, l'amitié et le sentiment de fraternité universelle;

v) Partagent des expériences et des programmes concernant les orphelins et les enfants vulnérables, en mettant l'accent sur les enfants devenus orphelins en raison de la pandémie de VIH/sida, les soins et le soutien à leur apporter et les solutions pour lutter contre leur stigmatisation;

vi) Forment les professionnels de l'enfance (administrateurs) des deux pays s'agissant de l'administration de la justice pour mineurs, de l'adoption et du service de placement en famille d'accueil, afin d'élargir leur compréhension des questions relatives au développement de l'enfant et d'améliorer leur compétence technique;

vii) Renforcent les programmes de soutien aux orphelins et aux enfants vulnérables, y compris la fourniture de services de soin et d'aide;

viii) Soutiennent la création d'un environnement porteur pour mettre l'accent sur l'égalité des sexes et le VIH dans tous les secteurs;

ix) Soutiennent et renforcent les mécanismes de suivi des programmes relatifs au VIH, au sida ou à l'égalité des sexes à tous les niveaux;

x) Mettent sur pied des projets de collaboration en matière de réinsertion des mineurs;

xi) Développent des villes accueillantes pour les enfants ou un environnement favorable aux écoles au moyen de programmes de sensibilisation portant par exemple sur la violence sexiste et d'autres programmes sur les pratiques néfastes visant les enfants.

Article 6. Personnes handicapées et personnes âgées

S'agissant des personnes handicapées et des personnes âgées, les Parties :

i) Échangent des technologies, des programmes de recherche et de développement, de l'expertise dans les technologies de l'information et de la communication et dans les besoins éducatifs spéciaux;

ii) Mènent des activités visant à rendre les technologies de l'information et de la communication plus accessibles, disponibles et abordables pour les personnes handicapées;

iii) Lancent ou mettent sur pied des programmes visant à améliorer l'apprentissage en ligne pour les personnes handicapées;

iv) Échangent des informations et des techniques pour les soins et la prise en charge des personnes âgées, des familles en détresse de personnes handicapées, en mettant l'accent sur la réinsertion des personnes handicapées et la gestion des situations de destitution;

v) Mettent sur pied des programmes de collaboration en matière de réinsertion des personnes handicapées et des personnes âgées.

Article 7. Rôle des femmes dans le secteur du pétrole et du gaz

S'agissant de la promotion de la femme dans le secteur du pétrole et du gaz, les domaines de coopération sont les suivants :

i) L'organisation de visites d'échange et le partage d'informations avec l'organisation Femmes dans le secteur du pétrole et de l'énergie en Afrique du Sud (WOESA) ou d'autres organisations semblables;

ii) La création d'une base de données pour les femmes dans le secteur du pétrole et du gaz;

iii) La création d'une institution commune pour le secteur du pétrole telle que l'Institut de technologie pétrolière (PTI);

iv) La promotion d'une large compréhension dans le domaine du pétrole et du gaz au moyen de séminaires et de conférences;

v) Le développement de sources d'énergie de substitution.

Article 8. Les femmes dans l'agriculture

S'agissant des femmes dans le secteur de l'agriculture, les Parties coopèrent dans les domaines suivants :

i) La technologie agricole, les programmes de recherche et de développement, les entreprises des secteurs des bioressources, l'enrichissement des cultures vivrières, les techniques de conservation et les machines;

ii) Le renforcement des capacités au moyen de programmes d'échange, du partage des informations et des visites d'étude;

iii) L'échange d'informations et de techniques sur les façons d'obtenir des financements, des prêts et des crédits;

iv) La formation des femmes à la transformation, la conservation, au stockage des produits alimentaires et aux stratégies de commercialisation, ainsi qu'à la façon d'accéder aux marchés internationaux, aux foires commerciales et aux autres débouchés;

v) La mise en avant des produits des femmes;

vi) L'échange d'informations sur de meilleures techniques agricoles et de meilleurs plants;

vii) La formation des femmes dans le domaine du développement des entreprises et du commerce;

viii) Le renforcement des capacités des femmes s'agissant de la création, de la conception ou de la normalisation des produits, du conditionnement et de la commercialisation;

ix) L'atténuation de la pauvreté et l'émancipation économique au moyen de programmes concernant notamment les entreprises rurales de transformation des produits agricoles; et

x) La promotion de la transformation des produits alimentaires, de l'utilisation durable des terres et de la gestion des ressources naturelles au moyen de programmes sur l'égalité des sexes et les changements climatiques.

Article 9. Science et technologie

S'agissant de la science et de la technologie, les Parties :

i) Procèdent à des échanges concernant les technologies de l'information, la recherche et le développement dans l'agriculture, les entreprises des secteurs des bioressources, l'extraction et la bioremédiation, la pollution, l'enrichissement des cultures vivrières, la télémédecine, la greffe de cellules souches, la xénogreffe, les TIC, l'éducation, les techniques de conservation et les machines;

ii) Échangent des enseignantes dans les sciences fondamentales;

iii) Mettent sur pied des projets de collaboration en vue de mener des recherches dans tout domaine intéressant les deux Parties;

iv) Créent un camp de vacances et un village de ressources des TIC aux fins de l'échange numérique pour mettre en valeur et développer les TIC de base;

v) Cherchent les moyens de fournir aux personnes handicapées du matériel essentiel pour leur bien-être général (par exemple, des fauteuils roulants, des ordinateurs portables, des ordinateurs de bureau, des appareils sonores, des imprimantes en braille, des écouteurs, des programmes spéciaux d'accès à Internet, des livres numériques audio, des téléphones à texte ou des systèmes de saisie activés par la voix, entre autres).

Article 10. Collaboration multisectorielle

Les Parties :

i) Mettent sur pied des projets de collaboration dans les domaines du tourisme, de la promotion de la femme et de la réinsertion des professionnelles du sexe;

ii) Mettent en place des projets de collaboration avec les organismes compétents en vue de lutter contre la traite des femmes et des enfants;

iii) Mettent en place des systèmes pour faciliter le retour sans danger des victimes de la traite des êtres humains et leur réintégration éventuelle dans la société;

iv) Entreprennent d'éliminer la traite des femmes et des enfants en renforçant leurs relations diplomatiques;

v) Entreprennent des projets de recherche communs sur la traite;

vi) Mènent ensemble les enquêtes et les poursuites concernant les trafiquants;

vii) Mettent sur pied un projet commun ou un centre d'accueil pour la réadaptation des enfants victimes de la traite et leur réinsertion dans la société;

viii) Mettent au point et mettent en œuvre un programme commun de plaidoyer et de mobilisation sociale en vue d'aider à la mobilisation des ressources et à la mise en œuvre des programmes et des politiques de lutte contre les problèmes que connaissent les enfants;

ix) Mettent sur pied des programmes d'échanges internationaux pour les enfants, sous la forme de camps de vacances et de visites d'étude, pour leur permettre d'apprendre les traditions, les cultures et le mode de vie des ressortissants de l'autre Partie, et pour créer des amitiés qui faciliteront dans l'avenir l'échange d'idées aux fins du développement national;

x) Permettent la formation d'un réseau international d'organisations de la société civile par les Parties afin de faciliter la mise en œuvre des politiques et des textes de loi visant à promouvoir et à protéger les droits de l'enfant;

xi) Mènent ensemble des recherches sur la violence à l'égard des femmes et des filles, en particulier la violence sexuelle;

xii) Encouragent la collaboration internationale en matière d'éducation et les programmes d'échange pour les femmes, en vue d'élargir leurs horizons;

xiii) Encouragent la mise en avant de l'éducation des femmes, s'agissant en particulier de la formation professionnelle, technique et technologique, pour les rendre autonomes et leur permettre d'acquérir des compétences en gestion et de tirer profit de leurs compétences;

xiv) Collaborent dans le cadre de programmes d'émancipation économique des femmes en vue d'assurer la durabilité et d'obtenir des avantages;

xv) Collaborent sur le thème de l'entrepreneuriat au moyen de coopératives pour les femmes et les personnes handicapées;

xvi) Collaborent sur le thème de la mortalité maternelle et post-infantile;

xvii) Collaborent sur le thème des femmes dans le commerce transfrontières et informel;

xviii) Collaborent sur le thème des problèmes liés aux femmes et aux enfants incarcérés et de la violence sexiste commise par des membres des forces de l'ordre.

Article 11. Obligations existantes et non expirées

À l'expiration ou en cas de dénonciation du présent Mémorandum d'accord, les dispositions de celui-ci et les dispositions des protocoles, contrats, arrangements, accords ou additifs conclus au titre de celui-ci continuent de régir les obligations non expirées et les projets sont menés à terme.

Article 12. Entrée en vigueur

Le présent Mémorandum d'accord entre en vigueur à la date de sa signature.

Article 13. Durée et dénonciation

Le présent Mémorandum d'accord reste en vigueur pour une période de cinq ans, puis est reconduit d'office pour des périodes successives de même durée, à moins que l'une des Parties ne transmette à l'autre une notification écrite de dénonciation, par la voie diplomatique, six mois avant l'expiration de la période en cours.

Article 14. Respect des lois et règlements

1) Les programmes ou projets entrepris conformément au présent Mémorandum d'accord sont mis au point et exécutés en parfaite conformité avec la législation interne des Parties.

2) Les représentants des Parties respectent, au titre du présent Mémorandum d'accord, les lois et règlements du pays hôte lorsqu'ils participent à des programmes et à des projets organisés au titre du présent Mémorandum d'accord.

Article 15. Règlement des différends

Tout différend entre les Parties issu de l'interprétation ou de la mise en œuvre du présent Mémorandum d'accord est réglé à l'amiable au moyen de consultations ou de négociations entre les Parties par la voie diplomatique.

Article 16. Modification

Le présent Mémorandum d'accord peut être modifié par accord mutuel des Parties au moyen d'un échange de notes, par la voie diplomatique, entre les Parties.

EN FOI DE QUOI, les soussignés, à ce dûment autorisés par leurs Gouvernements respectifs, ont signé le présent Mémorandum d'accord et y ont apposé leur sceau, en deux exemplaires en langue anglaise, les deux textes faisant également foi.

FAIT au Cap, le 7 mai 2013.

Pour le Gouvernement de la République sud-africaine :
[SIGNÉ]

Pour le Gouvernement de la République fédérale du Nigéria :
[SIGNÉ]

No. 51341

South Africa
and
Nigeria

Agreement between the Government of the Republic of South Africa and the Government of the Federal Republic of Nigeria on the waiver of visa requirements for categories of citizens holding diplomatic or official passports (with addendum). Cape Town, 7 May 2013

Entry into force: *6 June 2013, in accordance with article 11*

Authentic text: *English*

Registration with the Secretariat of the United Nations: *South Africa, 16 September 2013*

Afrique du Sud
et
Nigéria

Accord entre le Gouvernement de la République sud-africaine et le Gouvernement de la République fédérale du Nigéria relatif à la suppression des formalités de visas pour les catégories de citoyens détenteurs de passeports diplomatiques ou officiels (avec annexe). Le Cap, 7 mai 2013

Entrée en vigueur : *6 juin 2013, conformément à l'article 11*

Texte authentique : *anglais*

Enregistrement auprès du Secrétariat de l'Organisation des Nations Unies : *Afrique du Sud, 16 septembre 2013*

[ENGLISH TEXT – TEXTE ANGLAIS]

AGREEMENT

BETWEEN

THE GOVERNMENT OF THE REPUBLIC OF SOUTH AFRICA

AND

THE GOVERNMENT OF THE FEDERAL REPUBLIC OF NIGERIA

ON THE WAIVER OF VISA REQUIREMENTS FOR CATEGORIES OF CITIZENS HOLDING DIPLOMATIC OR OFFICIAL PASSPORTS

PREAMBLE

The Government of the Republic of South Africa and the Government of the Federal Republic of Nigeria (hereinafter jointly referred to as the "Parties" and separately as a "Party");

MINDFUL of the existing relationship between the Parties in areas of mutual interest, including immigration matters;

DESIROUS to further promote friendly relations existing between the Parties and wishing to further foster closer cooperation in matters of mutual interest;

RECOGNISING the need to ensure smooth transit of categories of citizens of the Parties holding diplomatic or official passports through the borders of the Parties by exempting such citizens from visa requirements;

HEREBY AGREE as follows:

ARTICLE 1
COMPETENT AUTHORITIES

The Competent Authorities responsible for the implementation of this Agreement shall be:

(a) on behalf of the Government of the Federal Republic of Nigeria, the Ministry of Interior; and

(b) on behalf of the Government of the Republic of South Africa, the Department of Home Affairs.

ARTICLE 2

WAIVER OF VISA REQUIREMENTS

(1) This Agreement is applicable to the categories of citizens of each Party mentioned in Addendum A to this Agreement.

(2) Citizens of the country of one Party holding valid diplomatic or official passports of that country, may enter into, exit from, transit through and stay in the country of the other Party for a period not exceeding ninety (90) days without having to obtain a visa.

(3) Waiver of visa requirements in terms of this Agreement shall be based on the principle of reciprocity.

ARTICLE 3

ACCREDITED DIPLOMATIC AND CONSULAR STAFF

(1) Citizens of the country of a Party who are holders of valid diplomatic or official passports, as well as members of their immediate families who have been issued with valid diplomatic or official passports, shall not be required to obtain a visa to enter into, exit from, transit through or stay in the country of the other Party for the duration of their accreditation, provided they have complied with the accreditation requirements of the other Party within thirty (30) days after their arrival.

(2) Each Party shall notify the other Party in advance in writing through the diplomatic channel of the arrival of such Party's citizens who are holders of valid diplomatic or official passports, including any member of their immediate families who will be accompanying such citizens.

(3) Immediate family contemplated in this Agreement means a spouse, any unmarried child under the age of 18 years, and any unmarried dependent offspring between the age of 18 and 23 who is undertaking full time studies at an education institution.

ARTICLE 4
MOVEMENT CONTROL

The entry into or exit from the country of the other Party by a citizen of a country of either Party who is in possession of a valid diplomatic or official passport, shall take place through the international points of entry and exit of the respective Parties.

ARTICLE 5
COMPLIANCE WITH DOMESTIC LAWS

This Agreement shall not exempt the citizens of either country who are holders of valid diplomatic or official passports, including members of their immediate families accompanying them, from complying with the domestic law in force in the territory of the other Party.

ARTICLE 6
REFUSAL OF ENTRY AND ISSUING OF NEW DIPLOMATIC OR OFFICIAL PASSPORT

(1) Each Party reserves the right to refuse entry into or shorten the stay in its country of any citizen of the country of the other Party who is a holder of a valid diplomatic or official passport, whom it may consider undesirable.

(2) If a citizen of the country of one Party loses his or her diplomatic or official passport in the country of the other Party—

(a) he or she shall inform the relevant authorities in the host country thereof; and

(b) the Diplomatic Mission or Consulate concerned shall issue a new diplomatic or official passport or travel document to its citizen and inform the relevant authorities of the host country thereof.

ARTICLE 7
SUSPENSION

(1) Each Party reserves the right to completely or partially suspend this Agreement for purposes of maintaining law and order or safeguarding health and security interests.

(2) The suspension, together with the reasons thereof, shall be conveyed to the other Party in writing through the diplomatic channel and shall take effect immediately upon receipt of that written notification by the other Party.

(3) The suspending Party shall lift the suspension as soon as possible, once the reason for the suspension ceases to exist, by way of written notification to the other Party through the diplomatic channel.

ARTICLE 8
NOTIFICATION OF RELEVANT DOCUMENTS

(1) Each Party shall transmit to the other, through the diplomatic channel, specimens of its diplomatic and official passports, including a detailed description of such documents currently in use.

(2) Each Party shall also transmit to the other, through the diplomatic channel, specimens of its new or modified diplomatic and official passports, including a detailed description of such documents, at least thirty (30) days before they are brought into circulation.

ARTICLE 9

AMENDMENT

This Agreement may be amended by mutual consent of the Parties and such amendment must be in writing, signed by the Parties, and communicated by an Exchange of Notes through the diplomatic channel.

ARTICLE 10

SETTLEMENT OF DISPUTES

Any dispute between the Parties arising out of the interpretation or implementation of this Agreement shall be settled amicably through consultation or negotiations between the Parties.

ARTICLE 11

ENTRY INTO FORCE AND DURATION

(1) This Agreement shall enter into force thirty (30) days after the date of signature thereof by the Parties.

(2) This Agreement shall remain in force until terminated by either Party in accordance with Article 12.

ARTICLE 12

TERMINATION

This Agreement may be terminated by either Party by giving at least three (3) months written notice in advance to the other Party through the diplomatic channel of its intention to terminate it.

IN WITNESS WHEREOF the undersigned, being duly authorised thereto by their respective Governments, have signed and sealed this Agreement in duplicate in the English language, both texts being equally authentic.

DONE at Cape Town on this the 7th day of May 2013

G. N. M. Pandor

FOR THE GOVERNMENT OF THE REPUBLIC OF SOUTH AFRICA

FOR THE GOVERNMENT OF THE FEDERAL REPUBLIC OF NIGERIA

Addendum A

Categories of citizens of the Parties holding diplomatic or official passports recognised in terms of this Agreement

1.	Presidents/Heads of State
2.	Deputy Presidents/Vice Presidents
3.	Cabinet Ministers/Deputy Ministers
4.	Ambassadors/High Commissioners
5.	Diplomatic/Consular officers (on official mission)
6.	Government officials/employees (on official mission)
7.	Recognised dignitaries (on official mission)
8.	Immediate Family members referred to in Article 3 of this Agreement

[TRANSLATION – TRADUCTION]

ACCORD ENTRE LE GOUVERNEMENT DE LA RÉPUBLIQUE SUD-AFRICAINE ET LE GOUVERNEMENT DE LA RÉPUBLIQUE FÉDÉRALE DU NIGÉRIA RELATIF À LA SUPPRESSION DES FORMALITÉS DE VISAS POUR LES CATÉGORIES DE CITOYENS DÉTENTEURS DE PASSEPORTS DIPLOMATIQUES OU OFFICIELS

Préambule

Le Gouvernement de la République sud-africaine et le Gouvernement de la République fédérale du Nigéria (ci-après dénommés, ensemble, les « Parties » et, séparément, la « Partie »),

Compte tenu des relations existant entre les Parties en ce qui a trait à des questions d'intérêt commun, y compris en matière d'immigration,

Désireux de renforcer les relations amicales existant entre les Parties et souhaitant favoriser une coopération plus étroite sur des questions d'intérêt commun,

Reconnaissant le besoin de faciliter le passage aux frontières des Parties de certaines catégories de citoyens des Parties qui détiennent des passeports diplomatiques ou officiels en exemptant lesdits citoyens des formalités de visas,

Sont convenus de ce qui suit :

Article premier. Autorités compétentes

1. Les autorités compétentes responsables de la mise en œuvre du présent Accord sont :

a) Pour le Gouvernement de la République fédérale du Nigéria, le Ministère de l'intérieur; et

b) Pour le Gouvernement de la République sud-africaine, le Département des affaires intérieures.

Article 2. Suppression des formalités de visas

1. Le présent Accord s'applique aux catégories de citoyens de chaque Partie mentionnées à l'Annexe A du présent Accord.

2. Les citoyens d'une Partie qui sont titulaires d'un passeport diplomatique ou officiel valide de ce pays peuvent entrer sur le territoire de l'autre Partie, le quitter, le traverser et y séjourner pour une période maximale de 90 jours sans avoir à obtenir de visa.

3. La suppression des formalités de visas prévue aux termes du présent Accord est fondée sur le principe de la réciprocité.

Article 3. Personnel diplomatique et consulaire accrédité

1. Les citoyens du pays d'une Partie qui sont titulaires d'un passeport diplomatique ou officiel valide, ainsi que les membres de leur famille proche qui détiennent un passeport diplomatique ou officiel valide, peuvent, sans visa, entrer sur le territoire de l'autre Partie, le quitter, le traverser et y séjourner pendant la durée de leur accréditation, pour autant qu'ils se conforment aux conditions d'accréditation de l'autre Partie dans un délai de 30 jours suivant leur arrivée.

2. Chaque Partie notifie à l'autre Partie au préalable, par écrit et par la voie diplomatique, l'arrivée de ses citoyens détenteurs d'un passeport diplomatique ou officiel valide, y compris des membres de leur famille proche qui les accompagnent.

3. Les membres de la famille proche visés dans le présent Accord désignent le conjoint, tout enfant célibataire âgé de moins de 18 ans et tout descendant célibataire âgé entre 18 et 23 ans qui effectue des études à temps plein dans un établissement d'enseignement.

Article 4. Contrôle des mouvements

L'entrée ou la sortie d'un citoyen du pays d'une Partie sur le territoire de l'autre Partie, qui est détenteur d'un passeport diplomatique ou officiel valide, s'effectue par les points d'entrée ou de sortie internationaux des Parties respectives.

Article 5. Respect de la législation nationale

Le présent Accord ne dispense pas les citoyens des deux pays qui sont titulaires d'un passeport diplomatique ou officiel valide, y compris les membres de leur famille proche qui les accompagnent, de se conformer à la législation nationale en vigueur sur le territoire de l'autre Partie.

Article 6. Refus d'entrée et délivrance d'un nouveau passeport diplomatique ou officiel

1. Chaque Partie se réserve le droit de refuser l'entrée ou de raccourcir le séjour sur son territoire de citoyens du pays de l'autre Partie qui sont titulaires d'un passeport diplomatique ou officiel valide et qu'elle peut juger indésirables.

2. Lorsqu'un citoyen du pays de l'une des Parties perd son passeport diplomatique ou officiel sur le territoire du pays de l'autre Partie :

a) Il en informe les autorités compétentes de l'État d'accueil; et

b) La mission diplomatique ou le consulat concerné délivre un nouveau passeport diplomatique ou officiel ou un document de voyage pour son citoyen et en informe les autorités compétentes de l'État d'accueil.

Article 7. Suspension

1. Chaque Partie se réserve le droit de suspendre le présent Accord en tout ou en partie afin de maintenir l'ordre public et de préserver ses intérêts en matière de santé et de sécurité.

2. La décision de suspension, dûment justifiée, est notifiée à l'autre Partie par écrit, par la voie diplomatique, et entre en vigueur immédiatement à la date de la réception de cette notification écrite par l'autre Partie.

3. Lorsque les motifs de la suspension cessent d'exister, la Partie qui a demandé la suspension l'annule dès que possible au moyen d'une notification écrite adressée, par la voie diplomatique, à l'autre Partie.

Article 8. Notification de documents pertinents

1 Chaque Partie transmet à l'autre Partie, par la voie diplomatique, des modèles de ses passeports diplomatiques et officiels, avec une description détaillée desdits documents qui sont en cours d'utilisation.

2. Chaque Partie transmet à l'autre Partie, par la voie diplomatique, des modèles de ses passeports diplomatiques et officiels nouveaux ou modifiés, avec une description détaillée desdits documents, au moins 30 jours avant leur mise en service.

Article 9. Modification

Le présent Accord peut être modifié d'un commun accord entre les Parties par écrit, signé par les Parties et communiqué au moyen d'un échange de notes, par la voie diplomatique.

Article 10. Règlement des différends

Tout différend entre les Parties issu de l'interprétation ou de la mise en œuvre du présent Accord est réglé à l'amiable au moyen de consultations ou de négociations entre les Parties.

Article 11. Entrée en vigueur et durée

1. Le présent Accord entre en vigueur 30 jours après la date de sa signature par les Parties.

2. Le présent Accord demeure en vigueur jusqu'à sa dénonciation, effectuée conformément à l'article 12.

Article 12. Dénonciation

Chaque Partie peut dénoncer le présent Accord au moyen d'un préavis écrit de trois mois, adressé par la voie diplomatique, notifiant l'autre Partie de son intention d'y mettre fin.

EN FOI DE QUOI, les soussignés, à ce dûment autorisés par leurs Gouvernements respectifs, ont signé le présent Accord et y ont apposé leur sceau, en double exemplaire et en langue anglaise, les deux textes faisant également foi.

FAIT au Cap, le 7 mai 2013.

Pour le Gouvernement de la République sud-africaine :

[G. N. M. PANDOR]

Pour le Gouvernement de la République fédérale du Nigéria :

[SIGNÉ]

ANNEXE A

CATÉGORIES DE CITOYENS DES PARTIES DÉTENTEURS DE PASSEPORTS DIPLOMATIQUES OU OFFICIELS RECONNUS AU TITRE DU PRÉSENT ACCORD

1.	Présidents et Chefs d'États
2.	Vice-Présidents
3.	Ministres et Sous-ministres du cabinet
4.	Ambassadeurs et Hauts-Commissaires
5.	Agents diplomatiques et consulaires (en mission officielle)
6.	Agents et fonctionnaires de l'État (en mission officielle)
7.	Dignitaires reconnus (en mission officielle)
8.	Membres de la famille proche visés à l'article 3 du présent Accord

No. 51342

South Africa
and
Guinea

Memorandum of Understanding (MoU) between the Government of the Republic of South Africa and the Government of the Republic of Guinea on the implementation of a project to improve the sustainable management of solid waste in the city of Conakry (with annex). Addis Ababa, 24 May 2013

Entry into force: *24 May 2013 by signature, in accordance with article 9*

Authentic texts: *English and French*

Registration with the Secretariat of the United Nations: *South Africa, 16 September 2013*

Afrique du Sud
et
Guinée

Protocole d'Accord (PA) entre le Gouvernement de la République de Guinée et le Gouvernement de la République d'Afrique du Sud sur la mise en œuvre d'un projet visant à améliorer la gestion durable des déchets solides dans la ville de Conakry (avec annexe). Addis-Abeba, 24 mai 2013

Entrée en vigueur : *24 mai 2013 par signature, conformément à l'article 9*

Textes authentiques : *anglais et français*

Enregistrement auprès du Secrétariat de l'Organisation des Nations Unies : *Afrique du Sud, 16 septembre 2013*

[ENGLISH TEXT – TEXTE ANGLAIS] *

MEMORANDUM OF UNDERSTANDING (MoU)

BETWEEN

THE GOVERNMENT OF THE REPUBLIC OF SOUTH AFRICA

AND

THE GOVERNMENT OF THE REPUBLIC OF GUINEA

ON THE IMPLEMENTATION OF A PROJECT TO IMPROVE THE SUSTAINABLE MANAGEMENT OF SOLID WASTE IN THE CITY OF CONAKRY

* Published as submitted -- Publié tel que soumis.

PREAMBLE

The Government of the Republic of South Africa and the Government of the Republic of Guinea,

MINDFUL of the friendly relations and solidarity that exists between the two countries;

DESIROUS to further reinforce and consolidate South-South cooperation;

CONSCIOUS of the high priority the Government of the Republic of Guinea has accorded to address major challenges in dealing with the collection, transfer, disposal and management of waste in the City of Conakry;

COGNISANT of the significant positive impact that the execution of a project for the sustainable management of solid waste would have on the health and general living standards of the people in the City of Conakry;

HEREBY AGREE AS FOLLOWS:

ARTICLE 1 – PURPOSE

1. In the spirit of this Memorandum of Understanding, the Government of the Republic of South Africa shall support the Government of the Republic of Guinea in the implementation of the project to improve the sustainable management of solid waste in the City of Conakry.

2. The purpose of the Project is to improve the sustainable management of solid waste in the City of Conakry and its results shall be measured according to the outcome of Annexure A of this Memorandum of Understanding titled "Timeline budget and work plan for the implementation of the Project for the sustainable management of solid waste in the City of Conakry",

which shall form an integral part of this Memorandum of Understanding.

ARTICLE 2 – DEFINITIONS

The terms and acronyms used in this Memorandum of Understanding (hereinafter referred to as "MoU") have the following meaning, unless the context indicates otherwise:

(a) **COMPETENT AUTHORITY:** The Competent Authority is a joint forum, between the Government of the Republic of South Africa and the Government of the Republic of Guinea, which shall assess progress on the implementation and review the impact of the Project.

(b) **DIRCO:** The Department of International Relations and Cooperation of the Republic of South Africa.

(c) **MATD:** The Ministry of Territorial Administration and Decentralisation of the Republic of Guinea.

(d) **THE PARTY/THE PARTIES:** The Government of the Republic of South Africa and the Government of the Republic of Guinea are the Parties to this Memorandum of Understanding. The 'Party' (singular) will refer to one of the two Parties in a specific context, while the 'Parties' (plural) refer to both Parties in the context of this document.

(e) **PMU:** The Project Management Unit shall comprise of a Project Coordinator, an Administrative Assistant and a Financial Officer and shall be responsible for the day-to-day management of administrative and financial activities related to the implementation of the Project.

(f) **PSC:** The Project Steering Committee shall comprise of no more than nine line function responsibility Managers in the Ministry of Territorial Administration and Decentralisation and the local government of the City of Conakry, which shall, by virtue of their positions be directly related to the implementation of this Project. The Chairperson of the PSC shall be nominated by the Minister of Territorial Administration and Decentralisation. The Embassy of the Republic of South Africa, represented by the Ambassador or an Embassy official nominated by the Ambassador, shall co-chair the PSC.

(g) **PROJECT:** The Project is the subject matter of this MoU and refers to the set of interrelated activities aiming to address the major challenges, in dealing with the collection, transfer, disposal and management of solid waste in the City of Conakry.

(h) **SPTD:** The Public Service of Garbage Transfer (Transportation) in the City of Conakry, Republic of Guinea.

ARTICLE 3 – COMPETENT AUTHORITIES

1. The Competent Authorities, responsible for the implementation of this MoU, shall be –

   (a) in the case of the Government of the Republic of South Africa – **DIRCO**; and
   (b) in the case of the Government of the Republic of Guinea – **MATD.**

2. The Competent Authorities shall be responsible for assessing progress in the implementation of this Project and be concerned with all matters related its success, particularly socio-political, financial and administrative arrangements.

3. The Competent Authorities shall be comprised of the Heads of Department, or delegated representatives.

   (a) In the case of the Republic of South Africa – the **DIRCO**; and

(b) In the case of the Republic of Guinea - **MATD.**

4 The Competent Authorities shall meet once a year in the City of Conakry to review reports on the socio-political impact of the Project, as well as financial and administrative arrangements, to be presented to it by the Project Steering Committee. In exceptional circumstances, if required, ad hoc meetings of the Competent Authority could be arranged through the normal diplomatic channel at a mutually convenient time.

5. The Competent Authorities are mandated to make recommendations to their respective governments on specific issues, which are expected to contribute to the success of the implementation of the Project for consideration and implementation.

6. All organisational and venue costs related to the hosting of meetings of the Competent Authorities in Conakry shall be covered by the funds allocated to this Project. The Project Steering Committee (PSC) and the Project Management Unit (PMU) shall submit a draft budget for the proposed meeting of the Competent Authorities in Conakry to the **DIRCO** through the South African Embassy in the Republic of Guinea, at least 30 days before the event, for final approval.

ARTICLE 4 – OBLIGATIONS AND RESPONSIBILITIES

1. The Government of the Republic of South Africa shall contribute the total amount of ZAR45,000,000 (forty five million South African Rand), towards the implementation of the Project. Funding shall be disbursed, in accordance with the requirements of the agreed Timeline Budget and Work Plan for the implementation of the Project, through the Embassy of the Republic of South Africa in Conakry, which shall act on behalf of the Government of the Republic of South Africa.

2. The disbursement of funding shall be fully in compliance with the Public Finance Management Act (PFMA), Act 1 of 1999, as amended and other relevant domestic laws and financial regulations of the Republic of South Africa. The disbursement of funding shall be underpinned by the principles of transparency and accountability and shall include the keeping of sound financial records on the disbursement of the funds.

3. The Government of the Republic of Guinea shall establish the relevant management structures, i.e. the Project Steering Committee and the Project Management Unit, to facilitate the successful implementation of the Project.

4. In support of the work of the implementation structures the PMU shall appoint a general staff component, comprising inter alia of janitors, drivers and security personnel, in consultation with the PSC. The appointment of a general staff component shall be strictly in accordance with the relevant labour laws of the Republic of Guinea.

5. The Government of the Republic of Guinea shall provide and maintain sufficient storage facilities required for the proper upkeep and safe-keeping of all mechanical and material equipment procured, in terms of the Project. In addition, the Government of the Republic of Guinea shall also provide a fully functional Project Office with the required security services at all the Project facilities.

6. The Republic of Guinea shall guarantee full tax exemption of all imported products, equipment and material necessary for the implementation of the Project.

7. The Parties shall facilitate the issuance of the necessary travel documents, such as visas, and the fulfilment of all required administrative formalities that would ensure the unhindered movement of experts and technicians, assigned to support the implementation of the Project.

8. All travel expenses, strictly motivated and related to work on the implementation of the Project, shall be covered by the Project budget.

ARTICLE 5 – IMPLEMENTATION STRUCTURES

1. The management and day-to-day activities to implement the Project shall primarily be the responsibility of the Project Steering Committee and the Project Management Unit, which will account in its entirety to the Competent Authorities (Article 3).

2. <u>The Project Steering Committee (PSC):</u>

2.1. The Republic of Guinea shall, through the MATD, establish the PSC for the purpose of the overall planning, directing and coordination of the implementation of the Project.

2.2. The MATD shall nominate the Chairperson of the PSC, who shall then convene the PSC comprising of line function responsibility managers in the Ministry and the local government of the City of Conakry, directly related to the implementation of the Project.

2.3. The Embassy of the Republic of South Africa in Conakry shall be a full member of the PSC and advise regularly on requirements for the disbursement of funds. The Embassy of the Republic of South Africa in Conakry shall assist the PSC with the final compilation and submission of 'Requests for funding.'

2.4. The PSC shall meet regularly, at least once a month, at the most convenient time for the majority of members. A quorum for the PSC shall be constituted of two-thirds of its members and must include the representative of the Embassy of the Republic of South Africa in Conakry. Duly compiled minutes of the PSC meeting must be distributed to all the members of the Committee and copied to the Project Management Unit for information, at least one week before the next meeting.

2.5. The PSC shall consider recommendations on all the materials and equipment to be procured during the implementation of the Project, as proposed by the PMU.

2.6. The PSC may co-opt the services of the National Directorate of Cleaning and Improvement of Living Standards in the Ministry of Environmental Affairs and the Public Service of Garbage Transfer in the City of Conakry (SPTD) to monitor and evaluate the technical reporting and training based on specific themes related to the Project.

2.7. The PSC may undertake actions to consciously promote environmental protection and the benefits of recycling as a means to improve sanitary and general living conditions.

2.8. The PSC shall, in collaboration with the Project Management Unit, propose and facilitate all the arrangements (including submitting a draft budget for approval by the DIRCO) for the annual meeting of the Competent Authorities.

2.9. The PSC shall present reports on the socio-political impact of the Project, as well as financial and administrative arrangements to the Competent Authority. The comprehensive draft report, due for review by the Competent Authorities, shall be submitted at least one month in advance to its members.

3. The Project Management Unit (PMU):

3.1. The PMU shall comprise of a Project Coordinator, an Administrative Assistant and a Financial Officer. The appointment of staff members of the PMU shall be done on the basis of their proven knowledge and experience in the field of waste management. Provision shall be made in the Project budget to pay market related salaries to each one of the Staff members in the PMU. Should there be a need to increase the staff component of the PMU, such requirements shall be duly motivated and submitted through the PSC for consideration.

3.2. The PMU shall be responsible for the day-to-day management of all administrative and financial activities related to the implementation of the Project and in particular compiling and motivating for funding, in accordance with the relevant South African laws and regulations, as described in Article 4(2) of the MoU.

3.3. The management responsibilities of the PMU shall include the management of general support staff, for example janitors, drivers and security personnel required for the implementation of the Project. The PMU shall make recommendations to the PSC for consideration on the size and breakdown of the general support staff component to be appointed. These recommendations shall include all aspects of the working conditions, such as, inter alia, daily working hours, provision of protective work uniforms, assignments, annual leave and weekly or monthly wages.

3.4. In pursuance of the responsibility as described in Article 5 (3.2.) the PMU shall make recommendations and motivate to the PSC for the technical specifications of all required equipment and material that need to be procured for the successful implementation of the Project.

3.5. The actual procurement of equipment and material necessary for the successful implementation of the Project shall be the responsibility of the PMU and payment of the relevant service providers shall be done in collaboration with the Embassy of the Republic of South Africa in Conakry.

ARTICLE 6 - MONITORING AND EVALUATION

1. The Project Management Unit (PMU) shall submit monthly progress reports to the Project Steering Committee (PSC) for monitoring and evaluation purposes. Such reports shall be submitted regularly and in time for the meetings of the PSC.

2. Monitoring and evaluation shall be conducted on a continuous basis and any serious variance on the timeline or work plan beyond the competency of the Project Coordinator must immediately be brought to the attention of the Chairperson of the PSC. In consultation with the Project Coordinator, the Chairperson of the PSC shall determine what corrective action must be taken or alternatively would call an ad hoc meeting of the PSC. In each instance the Chairperson and the Project Coordinator shall provide full and comprehensive feedback to the next full meeting of the PSC.

3. The PMU shall submit quarterly monitoring and evaluation reports, through the PSC to the Business Unit West Africa in the DIRCO and the African Renaissance Fund Secretariat, before the middle of the following month.

ARTICLE 7 – HANDLING OF DISPUTES

1. Any dispute between the Parties arising out of the implementation of the MoU shall be settled amicably through consultation and negotiations between the Parties.

2. Any dispute which could not be settled as contemplated in Article 7 (1) shall be referred to arbitration in accordance with the arbitration rules of the United Nations Commission on International Trade Law (UNCITRAL) in force on the date of the dispute.

3. The Parties agree to abide and be bound by such arbitration decision which they shall accept as final.

ARTICLE 8 - AMENDMENT OF THIS MoU

1. This MoU may be amended by mutual consent of the Parties through an Exchange of Notes, communicated through the diplomatic channel.

ARTICLE 9 – ENTRY INTO FORCE AND TERMINATION

1. This MoU shall enter into force on the date of signature thereof.

2. This MoU may be terminated by either Party, by giving ninety days written notice to the other in advance of its intention to terminate, through the diplomatic channel.

3. The termination of this MoU shall not affect the completion of any project undertaken by the Parties prior to the termination thereof, or the full execution of any cooperative activity that has not been fully executed at the time of termination, unless otherwise agreed upon in writing by the Parties.

IN WITNESS WHEREOF the undersigned, being duly authorised by their respective Governments, have signed and sealed this MoU in duplicate, in the English and French language, both texts being equally authentic.

DONE at Addis Ababa on this 24th day of May 2013

FOR THE GOVERNMENT OF THE REPUBLIC OF SOUTH AFRICA	**FOR THE GOVERNMENT OF THE REPUBLIC OF GUINEA**

Annexure A: Timeline budget and work plan for the implementation of the Project for the sustainable management of solid waste in the City of Conakry

Objectives	Activities	sub activities	Qty	unit price	Total COST GNF	YEAR	
						Y1	Y2
Municipal solid waste are collected, transferred and processed	Establishment of a system of collection of municipal solid waste	purchase of 2 sweepers and street cleaners	2	1 400 000 000	2 800 000 000	2 800 000 000	
		purchase of 2 jetters	2	1 400 000 000	2 800 000 000	2 800 000 000	
		purchase of 2 vehicles for the green font with radio equipment	2	400 000 000	800 000 000	800 000 000	
		purchase of 750 recycle bins	750	3 250 000	2 437 500 000	2 437 500 000	
		purchase of 750 work outfits	750	500 000	375 000 000	375 000 000	
		purchase of 200 outfits for the Green police	200	500 000	100 000 000	100 000 000	
		purchase of 1300 wheelbarrows	1 300	1 000 000	1 300 000 000	1 300 000 000	
		purchase of 1300 shovels	1 300	60 000	78 000 000	78 000 000	
		purchase of 1000 forks	1 500	60 000	90 000 000	90 000 000	
		purchase of 4200 sweeps	4 200	60 000	252 000 000	252 000 000	
		sub-total			***11 032 500 000***	***11 032 500 000***	***0***
	Construction of two waste transfer centers	Civil engineering works	1	850 000 000	850 000 000	850 000 000	
		purchase of 2 trucks lift container	2	1 500 000 000	3 000 000 000	3 000 000 000	
		Purchase of 10 containers garbage of 18 m3	10	150 000 000	1 500 000 000	1 500 000 000	
		Purchase of 2 Packer buckets of 18 m 3	2	1 500 000 000	3 000 000 000	3 000 000 000	
		Purchase of 1 large capacity loader shovel (2706E)	1	2 825 846 800	2 825 846 800	2 825 846 800	0
		sub-total			***11 175 846 800***	***11 175 846 800***	***0***
		TOTAL SOLID WASTE			**22 208 346 800**	**22 208 346 800**	0

Objectives	Activities	sub activities	Qty	unit price	Total COST GNF	Y1	Y2
The capacity of the actors are reinforced	Training of stakeholders in implementation	Training of the members of the Steering Committee ,project management unit, Technical Services, etc.	1	450 000 000	450 000 000	450 000 000	
		TOTAL CAPACITY-BUILDING			**450 000 000**	**450 000 000**	
The beneficiary populations are informed	Develop the strategy and communication tool	Develop strategy	1	50 000 000	50 000 000	50 000 000	
		Develop communication tools	1	100 000 000	100 000 000	100 000 000	
	Inform and sensitize the population	Completion of awareness-raising campaigns	1	900 000 000	900 000 000	600 000 000	300 000 000
		TOTAL AWARENESS			**1 050 000 000**	**750 000 000**	**300 000 000**
the Project management is run effectively and efficiently	y	Operation of the Steering Committee (premiums of sessions, snacks, travel, etc.)	1	1 600 000 000	1 600 000 000	900 000 000	700 000 000
		Implement the management unit (salaries, field missions, study tours, etc.)	1	4 500 000 000	4 500 000 000	3 000 000 000	1 500 000 000
		purchases of 3 Vehicles	3	400 000 000	1 200 000 000	1 200 000 000	
		Fuel and lubricant	1	6 000 000 000	6 000 000 000	4 000 000 000	2 000 000 000
		Furnitures for management unit Office	1	150 000 000	150 000 000	150 000 000	
		Computer equipment (laptops, desktops, a copier, two multi-function printers)	1	100 000 000	100 000 000	100 000 000	
		TOTAL PROJECT MANAGEMENT			**13 550 000 000**	**9 350 000 000**	**4 200 000 000**
MONITORING AND EVALUATION					**600 000 000**	**400 000 000**	**200 000 000**
TOTAL COST IN GNF					**37 858 346 800**	**33 158 346 800**	**4 700 000 000**
TOTAL COST IN EURO					**4 235 188**	**3 709 402**	525 786

ANNEXURE A: Timeline budget and work plan for the implementation of the Project for the sustainable management of solid waste in the City of Conakry

Q=Quarter

Activities	sub activities	YEAR 1				YEAR 2			
		Q1	Q2	Q3	Q4	Q1	Q2	Q3	Q4
Establishment of a system of garbage collection	purchase of 2 sweepers and street cleaners								
	purchase of 2 jetters								
	purchase of 2 vehicles for the green font with radio								
	purchase of 750 recyclebins								
	purchase of 750 work outfits								
	purchase of 200 outfits for the Green police								
	purchase of 1300 wheelbarrows								
	purchase of 1300 shovels								
	purchase of 1000 forks								
	purchase of 4200 sweeps								
Construction of two waste transfer centers	Civil engineering works								
	Purchase of 2 trucks lift container								
	Purchase of 10 containers garbage 18 m3								
	Purchase of 2 buckets Packer								
	Purchase of 1 shovel loader capacity								
Training of stakeholders in implementation	Training of the members of the Steering Committee ,project management unit, Technical Services, etc.								
Develop the strategy and communication tool	Develop strategy								
	Develop communication tools								
Inform and sensitize the population	Completion of awareness-raising campaigns								
Implement project structures and the definition of their roles	Operation of the Steering Committee (premium sessions, snacks, travel, etc.)								
	Implement the management unit (salaries, field missions, study tours, etc.)								
	purchases of 3 vehicules								
	Fuel and lubricant								
	Furniture for management unit office								
	Computer equipment (2 laptops, a copier, a multifunctional printer)								
	2 Drivers (salaries, travel allowances, etc)								
Monitoring and Evaluation									

[FRENCH TEXT – TEXTE FRANÇAIS] *

PROTOCOLE D'ACCORD (PA)

ENTRE LE GOUVERNEMENT DE LA REPUBLIQUE DE GUINEE

ET

LE GOUVERNEMENT DE LA REPUBLIQUE D'AFRIQUE DU SUD

SUR LA MISE EN OEUVRE D'UN PROJET VISANT A AMELIORER LA GESTION DURABLE DES DECHETS SOLIDES DANS LA VILLE DE CONAKRY

* Published as submitted -- Publié tel que soumis.

PREAMBULE

Le Gouvernement de la République de Guinée et le Gouvernement de la République d'Afrique du Sud,

TENANT COMPTE des relations amicales et de solidarité qui existent entre les deux pays;

DESIREUX de renforcer et de consolider la coopération Sud-Sud;

CONSCIENTS de la priorité absolue que le Gouvernement de la République de Guinée accorde pour relever les défis majeurs dans le traitement de la collecte, le transfert, l'élimination et la gestion des déchets dans la ville de Conakry ;

CONSCIENTS de l'impact positif significatif que l'exécution d'un projet de gestion durable des déchets solides pourrait avoir sur la santé et le niveau de vie général de la population de la ville de Conakry;

CONVIENNENT DE CE QUI SUIT:

In the spirit of the MOU

ARTICLE 1 – BUT

1. Selon le but du Projet d'Accord, le Gouvernement de la République de Guinée soutient le Gouvernement de la République d'Afrique du Sud dans la mise en œuvre d'un projet visant à améliorer la gestion durable des déchets solides dans la ville de Conakry

2. Le but de ce projet est d'améliorer la gestion durable des déchets solides dans la ville de Conakry et ses résultats doivent être mesurés en fonction du résultat de l'annexe A du présent protocole d'entente intitulée Chronologie du budget et plan de travail pour la mise en œuvre du Projet pour le développement de la gestion durable durable des déchets solides dans la ville de Conakry », qui font partie intégrante du présent accord.

ARTICLE 2 – DEFINITIONS

Les termes et acronymes utilisés dans le présent protocole d'entente (ci-après dénommé "protocole d'accord") ont la signification suivante, à moins que le contexte ne s'y oppose:

(a) **LES AUTORITES COMPETENTES**: les Autorités Compétentes est un forum conjoint entre le Gouvernement de la République d'Afrique du Sud et le

Gouvernement de la République de Guinée, qui évalue les progrès sur la mise en œuvre et examine l'impact du projet.

(b) **DIRCO:** The Department of International Relations and Cooperation of the Republic of South Africa.

(c) **MATD:** le Ministère de l'Administration du Territoire et de la Decentralisation de la republique de Guinée.

(d) **LA PARTIE / LES PARTIES:** Le Gouvernement de la République d'Afrique du Sud et le Gouvernement de la République de Guinée sont les Parties au présent protocole d'entente et la «Partie» (au singulier) se réfère à l'une des deux Parties dans un contexte spécifique, tandis que les «Parties» (au pluriel) se réfèrent aux deux parties dans le cadre de ce document.

(e) **UGP:** L'Unité de Gestion du Projet comprend un Coordonnateur de projet, un Assistant Administratif et un Agent Financier et sera responsable de la gestion quotidienne des activités administratives et financières liées à la mise en œuvre du projet.

(f) **CPP:** Le Comité de pilotage du projet se compose d'au plus neuf gestionnaires de lignes de fonction de responsabilité au sein du Ministère de l'Administration Territoriale et de la Décentralisation et des institutions du gouvernement local de la ville de Conakry directement liée à la mise en œuvre de ce projet, en raison de leurs positions. Le président du CPP est nommé par le Ministre de l'Administration Territoriale et de la Décentralisation. L'Ambassade de la République d'Afrique du Sud, représenté par l'Ambassadeur ou un agent nommé par l'ambassadeur doit co-présider le CPP.

(g) **PROJET:** Le projet est l'objet de ce protocole d'accord et se réfère à l'ensemble des activités interdépendantes visant à relever les défis majeurs, portant sur la collecte, le transfert, l'élimination et la gestion des déchets solides dans la ville de Conakry.

(h) **SPTD:** Service Public de Transfert des Déchets de la ville de Conakry, capitale de la République de Guinée.

ARTICLE 3 – LES AUTORITES COMPETENTES

1. Les Autorités Compétentes responsables de la mise en œuvre de ce protocole d'entente doivent être -

   a. dans le cas de la République d'Afrique du Sud - le **DIRCO** et,
   b. dans le cas de la République de Guinée – **MATD**

2. Les Autorités Compétentes sont responsables de l'examen des progrès réalisés dans la mise en œuvre du projet et se préoccupés de toutes les

questions liées à son succès, particulièrement l'impact sociopolitique du projet, ainsi que les arrangements financiers et administratifs.

3. Les Autorités Compétentes doivent être composés des Chefs de Département ou leurs représentants désignés.

4. les Autorités Compétentes doivent se réunir une fois par an dans la ville de Conakry pour examiner les rapports sur l'impact sociopolitique du projet, ainsi que les arrangements financiers et administratifs, qui seront présentés par le Comité de pilotage du projet. Dans des circonstances exceptionnelles, si nécessaire, des réunions ad hoc des Autorités Compétentes pourraient être organisées par la voie diplomatique normale à une date fixée de commun accord.

5. Les Autorités Compétentes sont mandatées de faire des recommandations sur des questions spécifiques, qui devraient contribuer à la mise en œuvre réussie du projet au Gouvernement de la République d'Afrique du Sud et au Gouvernement de la République de Guinée, pour examen et mise en œuvre.

6. Tous les frais liés à la tenue des réunions des Autorités Compétentes à Conakry seront couverts par les fonds alloués à ce projet. Le Comité de Pilotage du Projet (CPP) et l'Unité de Gestion du Projet (UGP) doivent soumettre un draft du budget de la réunion des Autorités Compétentes à Conakry au DIRCO par l'intermédiaire de l'Ambassade de l'Afrique du Sud en République de Guinée ,30 jours au moins avant l'évènement, pour approbation finale.

ARTICLE 4 – OBLIGATIONS AND RESPONSABILITES

1. Le Gouvernement de la République d'Afrique du Sud va verser le montant total de 45 000000 de Rand sud africain (quarante cinq millions de Rands sud-africain). Le financement sera fait en conformité avec les exigences du budget Chronologique et le plan de travail convenu pour la mise en œuvre du projet par le biais de l'Ambassade de la République d'Afrique du Sud à Conakry, qui agira au nom du Gouvernement de la République d'Afrique du Sud.

2. Le versement des fonds doit être pleinement en conformité avec la Loi sur la gestion des finances publiques (PFMA), Act 1 de 1999, telle que modifiée et d'autres lois nationales pertinentes et les règlements financiers de la République d'Afrique du Sud. Le versement des fonds doit être gouverné par les principes de transparence et de responsabilité et doit inclure la tenue d'une comptabilité claire sur le décaissement des fonds.

3. Le Gouvernement de la République de Guinée doit mettre en place les structures concernées de gestion, à savoir le Comité de Pilotage du Projet et l'Unité de gestion du projet, afin de faciliter la mise en œuvre du projet.

4. En appui de l'action des structures de mise en œuvre, l'Unité de Gestion du Projet doit recruter du personnel additionnel, comprenant, entre autres, les concierges, chauffeurs et le personnel de sécurité, en consultation avec le CPP. Le recrutement de ce personnel additionnel doit être fait en stricte conformité avec les lois du travail de la République de Guinée.

5. Le Gouvernement de la République de Guinée doit fournir et entretenir les entrepôts nécessaires pour le bon stockage, l'entretien et la garde de tous les équipements mécaniques et le matériel acheté, pour ce projet. En outre, le Gouvernement de la République de Guinée fournira également un bureau du projet entièrement fonctionnel avec les services de sécurité nécessaires pour toutes les installations du projet.

6. La République de Guinée doit garantir l'exonération totale d'impôt de tous les produits importés, l'équipement et le matériel nécessaires pour la mise en œuvre du projet.

7. Les Parties facilitent la délivrance des documents de voyage nécessaires, tels que les visas, et l'accomplissement de toutes les formalités administratives requises pour assurer la circulation sans entraves aux experts et techniciens affectés pour l'assistance dans la mise en œuvre du projet.

8. Tous les frais de déplacement, strictement motivés et liés au travail de la mise en œuvre du projet, doivent être couverts par le budget du projet.

ARTICLE 5 – STRUCTURES DE LA MISE EN OEUVRE DU PROJET

1. La gestion quotidienne des activités pour mettre en œuvre le projet relève en premier lieu de la responsabilité du CPP et de l'UGP, qui rendent compte intégralement aux Autorités Compétentes (Article3).

2. Le Comité de Pilotage du Projet (CPP)

2.1.La République de Guinée, à travers le MATD, établit le CPP aux fins de planification globale, de diriger et coordonner la mise en œuvre du projet.

2.2.Le MATD nomme le Président du CPP qui doit convoquer les membres du CPP comprenant des responsables hiérarchiques en fonction de responsabilité au sein du Ministère et le gouvernement local de la ville de Conakry, directement liée à la mise en œuvre du projet.

2.3.L'Ambassade de la République d'Afrique du Sud à Conakry est un membre à part entière du CPP et donne régulièrement son avis sur les conditions requises pour le décaissement des fonds. L'Ambassade de la République d'Afrique du Sud à Conakry assiste CPP dans la compilation et la soumission des «demandes de décaissement ».

2.4.Le CPP se réunit régulièrement, au moins une fois par mois, au moment le plus commode pour la majorité des membres. Le quorum pour le CPP est constitué des deux tiers de ses membres et doit inclure le représentant de l'ambassade de la République d'Afrique du Sud à Conakry. Des procès-verbaux dûment établis de la réunion du CPP doivent être distribués à tous les membres du Comité, avec copie à l'Unité de gestion de projet pour information, au moins une semaine avant la prochaine réunion.

2.5. Le CPP examine les recommandations sur tous les matériels et équipements qui seront achetés au cours de la mise en œuvre du projet, tel que proposé par l'UGP.

2.6.Le CPP doit utiliser les services de la Direction Nationale de l'Assainissement et du Cadre de Vie du Ministère de l'Environnement et des Eaux et Forêts et du SPTD de la ville de Conakry pour suivre et évaluer l'information technique et de formation sur des thèmes spécifiques liés au Project.

2.7.Le CPP doit entreprendre des actions devant contribuer consciemment à la promotion de la protection environnementale et les avantages du recyclage comme un moyen d'améliorer les conditions sanitaires et les conditions de vie générale.

2.8.Le CPP, en collaboration avec l'Unité de Gestion du Projet, propose et facilite toutes les démarches (y compris soumettre un projet de budget pour approbation) pour la réunion annuelle des Autorités Compétentes.

2.9.Le CPP présentera des rapports sur l'impact sociopolitique du projet, ainsi que les arrangements financiers et administratifs aux Autorités Compétentes. Le projet de rapport complet, en raison d'un examen par les Autorités Compétente, doivent être soumis au moins un mois à l'avance à ses membres.

3. <u>L'Unité de Gestion du Projet (UGP):</u>

3.1. L'UGP est composé d'un coordonnateur de projet, un assistant administratif et un Responsable financier. La nomination des membres du personnel de l'UGP sera faite sur la base de leur connaissance et expérience de gestion prouvées dans le domaine de l'assainissement et de la gestion des déchets . Des dispositions doivent être prises dans le budget du projet pour payer les salaires de chacun des membres du personnel de l'UGP. En cas de nécessité d'augmenter la composante du personnel de l'UGP, ces exigences doivent être dûment motivées et présentées par le CPP pour examen.

3.2. L'UGP sera responsable de la gestion au jour le jour de toutes les activités administratives et financières liées à la mise en œuvre du projet, et en particulier la compilation et la motivation pour le financement, en conformité avec les lois et règlements en Afrique du Sud, tel que décrit à l'article 4 (2) du Protocole d'accord.

3.3. Les responsabilités en matière de gestion de l'UGP incluent la gestion du personnel de soutien général, par exemple, pour les concierges, les chauffeurs et le personnel de sécurité nécessaires à la mise en œuvre du projet. L'UGP fera des recommandations au CPP aux fins d'examen de la taille et la répartition de la composante du personnel d'appui général à être nommée. Ces recommandations comprennent tous les aspects des conditions de travail, telles que, entre autres, la journée de travail, la fourniture de vêtements de travail de protection, les affectations, les congés annuels et les salaires hebdomadaires ou mensuels.

3.4. En application de la responsabilité visée à l'article 5 (3.2.) L'UGP doit faire des recommandations et de motiver au CPP pour les spécifications techniques de tous les équipements et le matériel requis qui doivent être fournis pour la mise en œuvre réussie du projet.

3.5. L'achat réel de l'équipement et du matériel nécessaires pour la mise en œuvre réussie du projet est de la responsabilité de l'UGP et le paiement des prestataires de services concernés doit se faire en collaboration avec l'Ambassade de la République d'Afrique du Sud à Conakry.

ARTICLE 6 – SUIVI-EVALUATION

1. L'UGP doit soumettre des rapports mensuels d'avancement au CPP à des fins de suivi et d'évaluation. Ces rapports doivent être soumis régulièrement et à temps pour les réunions du CPP.

2. Le suivi et l'évaluation doivent être effectués sur une base continue et tout écart important sur le calendrier ou plan de travail au-delà de la compétence du coordonnateur du projet doit être immédiatement porté à l'attention du Président du CPP. En consultation avec le coordonnateur du projet, le président du CPP détermine quelles mesures correctives doivent être prises ou encore pourrait appeler une réunion ad hoc du CPP. Dans chaque cas, le président et le coordonnateur du projet doivent fournir les informations complètes et détaillées à la prochaine réunion plénière du CPP.

3. L'UGP doit soumettre un rapport trimestriel de suivi et d'évaluation, par l'intermédiaire du CPP à l'unité d'affaires Afrique de l'Ouest dans le DIRCO et au Secrétariat du Fonds de Renaissance Africaine avant le milieu du mois suivant.

ARTICLE 7 – GESTION DES LITTIGES

1. Tout différend entre les Parties découlant de la mise en œuvre du protocole d'accord doit être réglé à l'amiable par voie de consultations et de négociations entre les Parties.

2. Tout différend qui ne pourrait être réglé comme il est prévu à l'article 7 (1) doit être soumis à l'arbitrage conformément aux règles d'arbitrage de la Commission des Nations Unies pour le droit commercial international (CNUDCI) en vigueur à la date du différend.

3. Les Parties s'engagent à respecter et à être liées par une telle décision arbitrale qu'ils acceptent comme définitive.

ARTICLE 8 - MODIFICATION DE CE PROTOCOLE D'ACCORD

1. Ce protocole peut être modifié par consentement mutuel des Parties, par un échange de notes, par la voie diplomatique.

ARTICLE 9 - ENTREE EN VIGUEUR ET RÉSILIATION

1. Ce protocole d'accord entrera en vigueur à la date de sa signature.

2. Ce protocole d'accord peut être résilié par l'une des Parties, en donnant un avis écrit quatre-vingt-dix jours à l'avance, par la voie diplomatique.

3. La resiliation du présent protocole d'accord ne doit pas affecter la réalisation de tout projet entrepris par les Parties avant a fin de celle-ci, ou la pleine exécution de toute activité coopérative qui n'a pas été entièrement exécutée au moment de la résiliation, sauf accord contraire par écrit par les Parties.

EN FOI DE QUOI les Soussignés, dûment autorisés par leurs Gouvernements respectifs, ont signé et scellé le présent protocole d'accord en double exemplaire, en langues française et anglaise, les deux textes faisant également foi

FAIT à...Addis Ababa... le ....24....May....................... 2013

POUR LA REPUBLIQUE DE GUINÉE

POUR LA REPUBLIQUE D'AFRIQUE DU SUD

ANNEXE A: PLAN D'ACTION OPERATIONNEL POUR 2 ANS

Objectifs	Activités	sous activités	Qté	Pu	Cout total GNF	ANNEE	
						A1	A2
Les dechets solides urbains sont collectés,transferés et traités	Mise en place d'un système de collecte des déchets solides urbains	achat de 2 Balayeuses et nettoyeuses de rue	2	1 400 000 000	2 800 000 000	2 800 000 000	
		achat 2 hydrocureurs	2	1 400 000 000	2 800 000 000	2 800 000 000	
		achat de 2 véhicules pour la police verte avec équipements radios	2	400 000 000	800 000 000	800 000 000	
		achat 750 poubelles	750	3 250 000	2 437 500 000	2 437 500 000	
		achat de 750 Tenues de travail	750	500 000	375 000 000	375 000 000	
		achat de 200 tenues pour la police verte	200	500 000	100 000 000	100 000 000	
		achat de 1300 brouettes	1 300	1 000 000	1 300 000 000	1 300 000 000	
		achat de 1300 pelles	1 300	60 000	78 000 000	78 000 000	
		achat de 1000 fourches	1 500	60 000	90 000 000	90 000 000	
		achat de 4200 balaies	4 200	60 000	252 000 000	252 000 000	
		sous-total			***11 032 500 000***	***11 032 500 000***	-
	Construction de 2 centres de transfert des dechets	Travaux de genie civil	1	850 000 000	850 000 000	850 000 000	
		achat de 2 camions lève conteneur	2	1 500 000 000	3 000 000 000	3 000 000 000	
		Achat de 10 containers à ordures de 18 m3	10	150 000 000	1 500 000 000	1 500 000 000	
		Achat de 2 bennes tasseuses de 18m3	2	1 500 000 000	3 000 000 000	3 000 000 000	
		Achat de 1 pelle chargeuse de grande capacité 2706E	1	2 825 846 800	2 825 846 800	2 825 846 800	-
		sous-total			***11 175 846 800***	***11 175 846 800***	-
		TOTAL DECHETS SOLIDES			**22 208 346 800**	**22 208 346 800**	-
Les capacités des acteurs sont renforcés	Formation des acteurs de mise en œuvre	Formation des membres du comité de pilotage, de l'Unité de gestion, les Services Techniques, etc.	1	450 000 000	450 000 000	450 000 000	
		TOTAL RENFORCEMENT CAPACITE			**450 000 000**	**450 000 000**	
Les populations bénéficiaires sont informés	Elaborer la strategie et outil de communication	Elaborer la stratégie	1	50 000 000	50 000 000	50 000 000	
		Elaborer les outils de communication	1	100 000 000	100 000 000	100 000 000	
	Informer et sensibiliser la population	Réalisation des campagnes de sensibilisation	1	900 000 000	900 000 000	600 000 000	300 000 000,00
		TOTAL SENSIBILISATION			**1 050 000 000**	**750 000 000**	**300 000 000,00**
La gestion du projet est assurée de manière efficace et efficiente	Mettre en place des structures du projet et la définition de leurs rôles	Fonctionnement du comité de pilotage (Primes de sessions, collation, voyages, etc.)	1	1 600 000 000	1 600 000 000	900 000 000	700 000 000,00
		Mettre en place l'unité de gestion (salaires, missions de terrain, voyages d'études, etc.)	1	4 500 000 000	4 500 000 000	3 000 000 000	1 500 000 000,00
		Achats de 3 véhicules	3	400 000 000	1 200 000 000	1 200 000 000	
		Carburant et lubrifiant	1	6 000 000 000	6 000 000 000	4 000 000 000	2 000 000 000,00
		Mobiliers de bureau pour l'unité de gestion	1	150 000 000	150 000 000	150 000 000	
		Equipements informatiques (ordinateurs portables, ordinateurS de Bureau une photocopieuse, deux imprimantes multifonctionnelles)	1	100 000 000	100 000 000	100 000 000	
		TOTAL GESTION DU PROJET			**13 550 000 000**	**9 350 000 000**	**4 200 000 000,00**
SUIVI ET EVALUATION					**600 000 000**	**400 000 000**	**200 000 000,00**
COUT TOTAL EN GNF					**37 858 346 800**	**33 158 346 800**	**4 700 000 000,00**
COUT TOTAL EN EURO					**4 235 188**	**3 709 402**	**525 786**

ANNEXE A: CHRONOGRAME DES ACTIVITES T= Trimestre

Activités	sous activités	ANNEE 1				ANNEE 2			
		T1	T2	T3	T4	T1	T2	T3	T4
Mise en place d'un système de collecte des ordures	achat de 2 Balayeuses et nettoyeuses de rue	■	■						
	achat de 2 hydrocureurs	■	■						
	achat de 2 véhicules pour la police verte avec équipements radios	■							
	achat 750 poubelles plastiques	■							
	achat de 750 Tenues de travail	■							
	achat de 200 tenues pour la police verte	■							
	achat de 1300 brouettes	■							
	achat de 1300 pelles	■							
	achat de 1000 fourches	■							
	achat de 4200 balaies	■							
Construction de 2 centres de transfert des dechets	Travaux de genie civil	■							
	Achat de 2 camions lève conteneur	■	■						
	Achat de 10 containers à ordures 18 m3	■	■						
	Achat de 2 bennes tasseuses	■	■						
	Achat de d'1 pelle chargeuse de grande capacité	■	■						
Formation des acteurs de mise en œuvre	Formation des membres du comité de pilotage, de l'Unité de gestion, les Services Techniques, etc.	■	■						
Elaborer la strategie et outil de communication	Elaborer la stratégie		■						
	Elaborer les outils de communication		■						
Informer et sensibiliser la population	Réalisation des campagnes de sensibilisation		■	■	■	■	■	■	■
Mettre en place des structures du projet et la définition de leurs rôles	Fonctionnement du comité de pilotage (Primes de sesions, collation, voyages, etc.)	■	■	■	■	■	■	■	■
	Mettre en place l'unité de gestion (salaires, missions de terrain, voyages d'études, etc.)	■	■	■	■	■	■	■	■
	Achats de 3 véhicules	■							
	Carburant et lubrifiant	■	■	■	■	■	■	■	■
	Mobiliers de bureau pour l'unité de gestion	■							
	Equipements informatiques (2 ordinateurs portables, une phorocopieuse, une imprimante multifonctionnelle)	■							
	2 Chauffeurs (salaires, primes de voyage, etc)	■	■	■	■	■	■	■	■
Suivi et Evaluation		■	■	■	■	■	■	■	■

No. 51343

Spain
and
Austria

Agreement between the Government of the Kingdom of Spain and the Government of the Republic of Austria concerning relations in the audiovisual field (with annex). Madrid, 18 April 2012

Entry into force: *1 September 2013, in accordance with article 14*

Authentic texts: *German and Spanish*

Registration with the Secretariat of the United Nations: *Spain, 13 September 2013*

Espagne
et
Autriche

Accord entre le Gouvernement du Royaume d'Espagne et le Gouvernement de la République d'Autriche concernant les relations dans le domaine audiovisuel (avec annexe). Madrid, 18 avril 2012

Entrée en vigueur : *1er septembre 2013, conformément à l'article 14*

Textes authentiques : *allemand et espagnol*

Enregistrement auprès du Secrétariat de l'Organisation des Nations Unies : *Espagne, 13 septembre 2013*

[GERMAN TEXT – TEXTE ALLEMAND]

Abkommen zwischen der Regierung des Königreiches Spanien und Regierung der Republik Österreich über Beziehungen im audiovisuellen Bereich

Die Regierung des Königreiches Spanien und die Regierung der Republik Österreich,

in der Überzeugung, dass audiovisuelle Gemeinschaftsproduktionen einen wichtigen Beitrag zur Stärkung der Filmindustrie sowie zur Förderung des wirtschaftlichen und kulturellen Austausches zwischen den beiden Ländern leisten können,

entschlossen, die Entwicklung der wirtschaftlichen und kulturellen Zusammenarbeit zwischen den Vertragsparteien anzuregen,

geleitet von dem Wunsch, eine Grundlage für gute Beziehungen auf dem audiovisuellen Gebiet, insbesondere für die gemeinsame Herstellung von Kinofilmen zu schaffen,

eingedenk dessen, dass die Qualität der Gemeinschaftsproduktionen zur Ausweitung ihrer Herstellung und Verbreitung in beiden Länder beitragen kann,

sind wie folgt übereingekommen:

Artikel 1

Gemeinschaftsproduktionen

Gemeinschaftsproduktionen im Sinne dieses Abkommens sind Kinofilme auf beliebigem Träger – einschließlich Spielfilme, Animationsfilme und Dokumentarfilme –, die den für die Filmwirtschaft in jeder der beteiligten Vertragsparteien geltenden Bestimmungen entsprechen und zur kommerziellen Auswertung bestimmt sind.

Artikel 2

Gleichstellung mit nationalen Produktionen

(1) Gemeinschaftsproduktionen werden als nationale audiovisuelle Produktionen angesehen.

(2) Gemeinschaftsproduktionen haben vollen Anspruch auf die Vergünstigungen entsprechend den nationalen Bestimmungen, die für die audiovisuelle Wirtschaft in dem jeweiligen Vertragsstaat gelten oder noch erlassen werden.

Diese Vergünstigungen stehen nur den Produzenten des betreffenden Vertragsstaates zu.

Artikel 3

Gemeinschaftsproduzenten

(1) Die für eine Gemeinschaftsproduktion vorgesehenen Vergünstigungen werden Produzenten gewährt, die über eine ausreichende technische und finanzielle Organisation sowie über eine entsprechende Berufsqualifikation verfügen.

(2) Die Gemeinschaftsproduzenten müssen ihren Sitz oder - sofern sie ihren Sitz in einem anderen Vertragsstaat des Abkommens vom 2. Mai 1992 über den Europäischen Wirtschaftsraum haben - eine Zweigniederlassung oder Betriebsstätte im Hoheitsgebiet einer der Vertragsparteien haben.

Artikel 4

Voraussetzungen für die Anerkennung von Gemeinschaftsproduktionen

(1) Die finanzielle Beteiligung der Gemeinschaftsproduzenten beider Länder darf nicht weniger als 20 vH und nicht mehr als 80 vH der gesamten Herstellungskosten der Gemeinschaftsproduktion betragen.

(2) Der Beitrag jedes Gemeinschaftsproduzenten muss eine tatsächliche technische und künstlerische Beteiligung in Form einer angemessenen Beschäftigung von in diesen Bereichen verantwortlichem Personal umfassen, die seinem finanziellen Anteil zu entsprechen hat.

(3) Es ist darauf Bedacht zu nehmen, dass Kopierwerksarbeiten, Atelieraufnahmen und die Tonbearbeitung (Mischung, Synchronisierung und dergleichen) und Untertitelung nach Maßgabe der technischen Möglichkeiten im Hoheitsgebiet einer der Vertragsparteien durchgeführt werden.

(4) Der zwischen den Gemeinschaftsproduzenten abzuschließende Gemeinschaftsproduktionsvertrag muss jedem Gemeinschaftsproduzenten das Miteigentum am Originalnegativ (Bild und Ton) gewährleisten. Des Weiteren muss der Vertrag sicherstellen, dass jeder Gemeinschaftsproduzent Anspruch auf Kopierausgangsmaterialien (Internegativ, Tonnegativ und dergleichen) in der jeweiligen Landessprache hat. Das Herstellen von Kopierausgangsmaterial in anderen Sprachen hat im Einvernehmen der Gemeinschaftsproduzenten zu erfolgen.

(5) Von der Endfassung der Gemeinschaftsproduktion müssen Original-, Synchron- oder untertitelte Fassungen in deutscher und in spanischer Sprache hergestellt werden. Diese Fassungen können Dialogstellen in einer anderen Sprache enthalten, soweit dies nach dem Drehbuch erforderlich ist.

(6) Im Gemeinschaftsproduktionsvertrag ist vorzusehen, dass die Einnahmen aus allen Verwertungsarten entsprechend der finanziellen Beteiligung eines jeden Gemeinschaftsproduzenten aufzuteilen sind. In Ausnahmefällen kann auch eine Abgrenzung von Auswertungsgebieten und -bereichen erfolgen, wobei die jeweiligen Marktgrößen und Marktwerte entsprechend zu berücksichtigen sind.

(7) Der Gemeinschaftsproduktionsvertrag hat eine Regelung über den Weltvertrieb zu enthalten.

(8) Gemeinschaftsproduktionen sollen bei Vorführungen auf internationalen Filmfestivals beide Produktionsländer im Sinne von Artikel 8 nennen.

Artikel 5

Teilnehmer

Die an der Herstellung einer Gemeinschaftsproduktion Teilnehmenden müssen folgendem Personenkreis angehören:

(1) In Bezug auf die Republik Österreich:

a. Staatsangehörige eines Mitgliedstaates der Europäischen Union, die Arbeitnehmerfreizügigkeit genießen, oder Staatsangehörige eines anderen Vertragsstaates des Abkommens vom 2. Mai 1992 über den Europäischen Wirtschaftsraum sowie

b. Personen jedweder Staatsangehörigkeit oder Staatenlose, die ihren ständigen Wohnsitz im Hoheitsgebiet der Republik Österreich haben, sowie Flüchtlinge; wobei diese Personen die Berechtigung zur Arbeitsaufnahme in der Republik Österreich besitzen müssen.

(2) In Bezug auf das Königreich Spanien: Staatsangehörige des Königreichs Spanien oder eines anderen Mitgliedstaates der Europäischen Union.

(3) Können Personen nach diesen Bestimmungen beiden Vertragsparteien zugerechnet werden, so haben sich die Gemeinschaftsproduzenten über die Zuordnung zu einigen. Kommt es zu keiner Einigung, so werden diese Personen demjenigen Gemeinschaftsproduzenten zugeordnet, der sie im Rahmen der Gemeinschaftsproduktion vertraglich verpflichtet.

(4) Die Mitwirkung von Regisseuren, Autoren und Darstellern, die nicht die Voraussetzungen der Absätze 1 oder 2 erfüllen, kann ausnahmsweise und unter Berücksichtigung der Anforderungen der Gemeinschaftsproduktion im Einvernehmen der gemäß Artikel 11 zuständigen Behörden beider Vertragsparteien zugelassen werden.

Artikel 6

Minderheits- und Mehrheitsbeteiligungen bei multilateralen Gemeinschaftsproduktionen

Im Fall von multilateralen Gemeinschaftsproduktionen darf die finanzielle Minderheitsbeteiligung nicht weniger als 10 vH und die Mehrheitsbeteiligung nicht mehr als 70 vH der gesamten Herstellungskosten der Gemeinschaftsproduktionen betragen.

Artikel 7

Finanzielle Gemeinschaftsproduktionen

Abweichend von den vorangehenden Bestimmungen dieses Abkommens können im Interesse der Förderung von bilateralen Gemeinschaftsproduktionen auch Vorhaben zugelassen werden, die in einem der Länder der Vertragsparteien hergestellt werden und bei denen sich die Minderheitsbeteiligung nach Maßgabe des Gemeinschaftsproduktionsvertrages nur auf einen finanziellen Beitrag beschränkt, wenn

1. das Vorhaben im besonderen kulturellen oder wirtschaftlichen Interesse der Vertragsparteien liegt und eine anerkannte technische und künstlerische Qualität aufweist,

2. eine Koproduktion im nicht rein finanziellen Sinne die Einheit des Werkes gefährden würde,
3. es sich um eine Minderheitsbeteiligung, die nicht weniger als 10 vH und nicht mehr als 25 vH der gesamten Herstellungskosten betragen darf, handelt,
4. das Vorhaben die Bedingungen für die Erlangung des Ursprungszeugnisses nach der Gesetzgebung jenes Staates, in dem der Mehrheitsproduzent seinen Sitz oder eine Zweigniederlassung oder Betriebsstätte im Sinne von Artikel 3 Absatz 2 hat, aufweist,
5. der Vertrag zwischen den Gemeinschaftsproduzenten Bestimmungen über die Aufteilung der Verwertungserlöse enthält und
6. die finanziellen Aufwendungen in beiden Ländern für die Förderung solcher Gemeinschaftsproduktionen ausgeglichen sind, wobei die im Anhang genannten Durchführungsbestimmungen, welche einen integrativen Bestandteil des vorliegenden Vertrages darstellen, zu berücksichtigen sind.

Die mit den Gemeinschaftsproduktionen verbundenen finanziellen Aufwendungen der beiden Länder sollen innerhalb von drei Jahren insgesamt ausgeglichen sein. Zur Überprüfung des finanziellen Ausgleichs werden die Vertragsparteien einander regelmäßig, zumindest jedoch einmal jährlich, über den Abschluss von Förderungsverträgen unterrichten. Hierzu werden die jeweiligen nationalen Institutionen miteinander in Kontakt treten.

Artikel 8

Hinweis auf Gemeinschaftsproduktion

Titelvorspann oder Titelnachspann sowie das Werbematerial der Gemeinschaftsproduktionen haben den Hinweis zu enthalten, dass es sich – nach Maßgabe des jeweiligen Beteiligungsverhältnisses – um eine österreichisch-spanische oder eine spanisch-österreichische Gemeinschaftsproduktion handelt.

Artikel 9

Gleichgewichtige Beteiligung

(1) Es soll ein Gleichgewicht hinsichtlich sowohl der künstlerischen und technischen Beteiligungen als auch der finanziellen und technischen Leistungen beider Länder (Studios, Laboratorien, Postproduktion und dergleichen) eingehalten werden.

(2) Die Gemischte Kommission nach Artikel 13 untersucht, ob dieses Gleichgewicht eingehalten wurde, und ergreift, wenn dies nicht der Fall ist, die Maßnahmen, die sie für dessen Wiederherstellung als notwendig erachtet.

Artikel 10

Verbreitung von Gemeinschaftsproduktionen

(1) Beide Vertragsparteien messen der Förderung und der Verbreitung von Gemeinschaftsproduktionen und auch von nationalen audiovisuellen Produktionen der jeweiligen anderen Vertragspartei besondere Bedeutung bei.

(2) Beide Vertragsparteien werden sich bemühen, dass - unter dem Vorbehalt der Gegenseitigkeit - auch audiovisuelle Produktionen, die keine Gemeinschaftsproduktionen sind, die aber als nationale Produktionen in dem anderen Staat hergestellt worden sind, jeweils eine Verleihförderung im Rahmen der hierfür zur Verfügung stehenden Haushaltsmittel erhalten können.

(3) Die diesbezüglichen Vergabcrichtlinien werden von jeder Vertragspartei bestimmt, wobei wesentliche Änderungen der Vergaberichtlinien binnen angemessener Frist der anderen Vertragspartei anzuzeigen sind.

Artikel 11

Zuständige nationale Behörden

(1) Gemeinschaftsproduktionen, auf die dieses Abkommen Anwendung finden soll, bedürfen der Anerkennung durch die jeweils zuständigen Behörden beider Vertragsparteien. Diese sind in der Republik Österreich das Bundesministerium für Wirtschaft, Familie und Jugend und im Königreich Spanien das Institut für Film und audiovisuelle Kunst (Instituto de la Cinematografía y de las Artes Audiovisuales), das dem Ministerium für Bildung, Kultur und Sport (Ministerio de Educación, Cultura y Deporte) unterstellt ist, sowie die zuständigen Einrichtungen der Autonomen Gemeinschaften (Comunidades Autónomas).

(2) Werden die zuständigen Behörden durch andere ersetzt, haben die Vertragsparteien einander binnen angemessener Frist über die sodann zuständigen Behörden in Kenntnis zu setzen.

(3) Die zuständigen Behörden beider Vertragsparteien werden sich über die Anwendung des vorliegenden Abkommens verständigen, um bei der Umsetzung der Bestimmungen aufgetretene Schwierigkeiten zu lösen. Außerdem werden sie gegebenenfalls zur Förderung der kulturellen und wirtschaftlichen Zusammenarbeit im audiovisuellen Bereich entsprechende Änderungen im gemeinsamen Interesse beider Länder vorschlagen.

(4) Die zuständigen Behörden beider Vertragsparteien informieren sich regelmäßig über Erteilung, Ablehnung, Änderung und Widerruf der Bewilligung von Gemeinschaftsproduktionen. Vor Ablehnung eines Antrages auf Bewilligungserteilung sowie vor Widerruf einer Bewilligung konsultiert die zuständige Behörde diejenige der anderen Vertragspartei.

Artikel 12

Antragstellung

Der Antrag auf Anerkennung einer Gemeinschaftsproduktion ist unter Berücksichtigung der in der Anlage zu diesem Abkommen enthaltenen Durchführungsbestimmungen, die einen integrierenden Bestandteil des Abkommens darstellen, bei den jeweils zuständigen Behörden zu stellen.

Artikel 13

Gemischte Kommission

(1) Zur Überprüfung der Anwendung dieses Abkommens bilden die Vertragsparteien eine paritätisch zu besetzende Gemischte Kommission, die sich aus Vertretern beider Regierungen und Berufsorganisationen zusammensetzt.

(2) Die Vertragsparteien werden einander rechtzeitig vor der konstituierenden Sitzung dieser Kommission sowie bei einem nicht bloß vorübergehenden Wechsel eines Mitgliedes die Namen der entsendeten Personen bekannt geben.

(3) Die Kommission tritt grundsätzlich einmal alle zwei Jahre zusammen, abwechselnd in einem der beiden Länder. Auf Antrag einer der Vertragsparteien, insbesondere wenn bei der Anwendung dieses Abkommens besondere Schwierigkeiten entstehen, kann die Gemischte Kommission auch zu einer Sondersitzung einberufen werden.

Artikel 14

Schlussbestimmungen

(1) Dieses Abkommen wird auf unbefristete Zeit geschlossen und tritt an die Stelle des Abkommens zwischen der Regierung von Spanien und der Österreichischen Bundesregierung über die Beziehungen auf dem Gebiete des Filmwesens vom 9. Februar 1970. Es tritt am ersten Tag des zweiten Monats nach dem Monat in Kraft, an dem beide Vertragsparteien einander schriftlich darüber in Kenntnis gesetzt haben, dass die erforderlichen innerstaatlichen Voraussetzungen für das Inkrafttreten erfüllt sind.

(2) Dieses Abkommen kann jederzeit unter Einhaltung einer Frist von drei Monaten zum Ende eines Kalenderjahres schriftlich gekündigt werden.

Geschehen zu Madrid am 18. April 2012.

in zweifacher Urschrift in spanischer und in deutscher Sprache, wobei beide Texte gleichermaßen authentisch sind.

Für die Regierung des Königreiches Spanien:

José María Lassalle Ruiz
Staatssekretär für Kultur im Ministerium für Bildung, Kultur und Sport

Für die Regierung der Republik Österreich:

Dr. Wolfgang Waldner
Staatssekretär im Bundesministerium für europäische und internationale Angelegenheiten

Anlage

(1) Die Produzenten beider Vertragsparteien müssen, um in den Genuss der Bestimmungen dieses Abkommens zu gelangen, vor Beginn der Dreharbeiten den Antrag auf Anerkennung der Gemeinschaftsproduktion an ihre jeweilige Behörde richten.

(2) Den Anträgen sind insbesondere folgende, inhaltlich jeweils übereinstimmende Unterlagen beizufügen:

a. der Gemeinschaftsproduktionsvertrag,

b. eine detaillierte Drehvorlage oder andere Unterlagen, die über den geplanten Stoff und seine Gestaltung ausreichend Aufschluss geben,

c. die Listen des technischen und künstlerischen Personals mit Kennzeichnung der Tätigkeiten beziehungsweise Rollen sowie des Wohnortes und der Staatsangehörigkeit der Mitwirkenden,

d. ein Nachweis über den Erwerb oder den optionierten Erwerb jener Rechte, die in Bezug auf die Drehvorlage und die vorbestehenden Werke für die Herstellung und umfassende Verwertung des gegenständlichen Projektes notwendig sind,

e. eine Regelung über die jeweilige Beteiligung der Gemeinschaftsproduzenten an etwaigen Mehrkosten, wobei die Beteiligung grundsätzlich dem jeweiligen finanziellen Beitrag zu entsprechen hat, jedoch in Ausnahmefällen die Beteiligung des Minderheitsproduzenten auf einen geringeren Prozentsatz oder einen bestimmten Betrag beschränkt werden kann,

f. eine Kalkulation der voraussichtlichen gesamten Herstellungskosten des Vorhabens und ein detaillierter Finanzierungsplan, der auch über den Status der Verfügbarkeit der Finanzierungsbestandteile Auskunft gibt,

g. eine Übersicht über den technischen Beitrag der Gemeinschaftsproduzenten und

h. ein Terminplan der Herstellung mit Angabe der voraussichtlichen Drehorte für die Herstellung der Produktion sowie der Arbeiten der Postproduktion.

(3) Die Behörden können darüber hinaus sonstige, von ihnen für die Beurteilung des Vorhabens als notwendig erachtete, Unterlagen und Erläuterungen anfordern.

(4) Die Behörde der Vertragspartei mit finanzieller Minderheitsbeteiligung kann ihre Anerkennung erst erteilen, nachdem sie die entsprechende Stellungnahme der Behörde der Vertragspartei mit finanzieller Mehrheitsbeteiligung erhalten hat. Die zuständige Behörde der Vertragspartei des Mehrheitsproduzenten teilt ihren Entscheidungsvorschlag der zuständigen Behörde der Vertragspartei des Minderheitsproduzenten mit. Die zuständige Behörde der Vertragspartei des Minderheitsproduzenten übermittelt ihrerseits ihre Stellungnahme.

(5) Nachträgliche Änderungen des Gemeinschaftsproduktionsvertrags sind den zuständigen Behörden unverzüglich zur Anerkennung vorzulegen.

(6) Die Anerkennung kann mit Bedingungen und Auflagen versehen werden, die sicherstellen, dass die Bestimmungen des Abkommens eingehalten werden.

(7) Im Falle der Notwendigkeit sind Änderungen an diesem Vertrag möglich, ebenso auch der Ersatz eines Koproduzenten durch einen anderen. Diese Änderungen sind jedoch - vor Beendigung der Produktion - an die Zustimmung der zuständigen Behörden beider Länder gebunden. Der Ersatz eines Koproduzenten ist nur in Ausnahmefällen und nur mit dem Einverständnis der zuständigen Behörden beider Länder möglich.

[SPANISH TEXT – TEXTE ESPAGNOL]

CONVENIO ENTRE EL GOBIERNO DEL REINO DE ESPAÑA Y EL GOBIERNO DE LA REPÚBLICA DE AUSTRIA ACERCA DE LAS RELACIONES EN EL CAMPO AUDIOVISUAL

El Gobierno del Reino de España y

El Gobierno de la República de Austria,

En el convencimiento de que las coproducciones audiovisuales pueden efectuar una importante contribución al fortalecimiento de la industria cinematográfica y al fomento del intercambio económico y cultural entre ambos países,

Decididos a impulsar el desarrollo de la cooperación económica y cultural entre las Partes,

Guiados por el deseo de sentar las bases para unas buenas relaciones en el campo audiovisual, especialmente para la coproducción de películas de cine,

Teniendo presente que la calidad de las coproducciones puede contribuir a intensificar y ampliar su realización y difusión en ambos países,

Han acordado lo que sigue:

Artículo 1
Coproducciones

A los fines del presente Convenio, el término coproducciones comprende las obras cinematográficas sobre cualquier soporte, incluidas las de ficción, de animación y los documentales, conforme a las disposiciones relativas a la industria cinematográfica existentes en cada uno de los dos países, destinadas a su explotación comercial.

Artículo 2
Equiparación con las producciones nacionales

(1) Las coproducciones estarán consideradas como producciones audiovisuales nacionales.

(2) Las coproducciones tendrán pleno derecho a las ayudas previstas en las disposiciones nacionales aplicables actualmente o en el futuro al sector audiovisual en el respectivo Estado firmante.

Estas ventajas serán otorgadas solamente al productor del respectivo Estado firmante.

Artículo 3
Coproductores

(1) Las ayudas previstas para una coproducción se concederán a productores que dispongan de la suficiente organización técnica y económica y de la correspondiente cualificación profesional.

(2) Los coproductores deberán tener su domicilio, o bien -si tienen su domicilio en otro Estado firmante del Acuerdo de 2 de mayo de 1992 sobre el Espacio Económico Europeo- una sucursal o establecimiento, en el territorio nacional de una de los Partes.

Artículo 4
Requisitos para la aprobación de coproducciones

(1) La participación económica de los coproductores de ambos países no podrá ser inferior al 20 % ni superior al 80 % de la totalidad de los costes de elaboración de la coproducción.

(2) La aportación de cada coproductor deberá comprender una participación efectiva en personal técnico y artístico que implique una contratación adecuada de personal responsable en esos campos, debiendo estar en correspondencia esa aportación con su participación económica proporcional.

(3) Se deberá procurar que, en la medida de las posibilidades técnicas, se realice en el territorio nacional de una de las Partes trabajos de copiado, de rodaje en estudio y de tratamiento del sonido (mezclas, doblaje y similares) y de subtitulado.

(4) El contrato de coproducción para concertar entre los coproductores deberá garantizar a cada coproductor la copropiedad del negativo original (imagen y sonido). Asimismo el contrato deberá garantizar que cada coproductor tenga derecho a material de partida para el copiado (internegativo, negativo de sonido y similares) en la correspondiente lengua nacional. La elaboración de material de partida para el copiado en otras lenguas deberá tener lugar de mutuo acuerdo entre los coproductores.

(5) Se deberá elaborar versiones originales o dobladas o subtituladas en español y en alemán de la versión final de la coproducción. Esas versiones podrán contener diálogos en una lengua distinta, siempre y cuando así lo exija el guión.

(6) En el contrato de coproducción deberá preverse que los ingresos derivados de todos los tipos de explotación se repartan con arreglo a la participación económica de cada coproductor. En casos excepcionales, se podrá efectuar una delimitación de territorios y campos de explotación, prestando la correspondiente atención a las respectivas envergaduras y valores de los mercados.

(7) El contrato de coproducción deberá contener una disposición sobre la distribución mundial.

(8) Las obras cinematográficas realizadas en coproducción que se presenten en Festivales Internacionales deberán mencionar los países coproductores en el sentido del artículo 8.

Artículo 5
Participantes

Los participantes en la elaboración de una coproducción deberán pertenecer al siguiente conjunto de personas:

(1) En lo que respecta al Reino de España, nacionales de España o de otro estado miembro de la Unión Europea.

(2) En lo que respecta a la República de Austria

(a) nacionales de un Estado miembro de la Unión Europea que disfruten el derecho a la libre circulación de trabajadores o de otro Estado firmante del Acuerdo de 2 de mayo de 1992 sobre el Espacio Económico Europeo, así como

(b) personas de cualquier nacionalidad, o apátridas, que tengan su residencia permanente en el territorio nacional de la República de Austria, así como refugiados; todas esas personas deberán tener permiso de trabajo en la República de Austria.

(3) Si de conformidad con estas disposiciones alguna persona puede ser considerada como perteneciente a ambas Partes, los coproductores llegarán a un acuerdo acerca de su pertenencia a una u otra. Si no llegan a ese acuerdo, dichas personas se considerarán pertenecientes al coproductor vinculado contractualmente con ellas en el marco de la coproducción.

(4) La intervención de directores, autores y actores que no cumplan los requisitos previstos en los apartados 1 ó 2 podrá admitirse de modo excepcional y teniendo en cuenta las exigencias de la coproducción por mutuo acuerdo de las autoridades de ambas Partes competentes conforme al artículo 11.

Artículo 6
Participaciones minoritarias y mayoritarias en coproducciones multilaterales

En el caso de coproducciones multilaterales la participación económica minoritaria ,no podrá ser inferior al 10 % de los costes de producción totales de las coproducciones, mientras que la participación mayoritaria no podrá superar el 70 % de los mismos.

Artículo 7
Coproducciones financieras

No obstante las anteriores disposiciones del presente Convenio, también se podrá admitir en aras del fomento de coproducciones bilaterales proyectos elaborados en uno de los Estados firmantes aunque en esos proyectos la participación minoritaria se limite con arreglo al contrato de coproducción a una contribución económica, siempre y cuando:

(1) el proyecto sea de especial interés cultural o económico para las Partes y posea reconocida calidad técnica y artística,

(2) la coproducción en sentido no meramente económico pondría en peligro la unidad de la obra,

(3) se trate de una participación minoritaria, que no podrá ser inferior al 10% ni superior al 25% de los costes de producción totales,

(4) el proyecto cumpla las condiciones de obtención del certificado de nacionalidad previstas por la legislación del Estado en el que el productor mayoritario tenga su domicilio, o una sucursal o un establecimiento en el sentido del artículo 3 apartado 2,

(5) el contrato entre los coproductores contenga disposiciones relativas al reparto de los rendimientos de la explotación,

(6) los costes económicos que implique en ambos países el fomento de esas coproducciones estén equilibrados teniendo en cuenta las disposiciones de ejecución contenidas en el Anexo al presente Convenio que es parte integrante del mismo.

Las aportaciones financieras realizadas por una y otra parte deberán estar, en el conjunto de esas coproducciones, globalmente equilibradas en un periodo de tres años. Para comprobar si existe el equilibrio económico cada Parte informará a la otra periódicamente, al menos una vez al año, sobre la formalización de esta clase de contratos. Para ello se pondrán en contacto las respectivas instituciones nacionales.

Artículo 8
Mención de la coproducción

Los títulos de crédito iniciales o finales y el material publicitario de las coproducciones deberán contener la mención de que -atendiendo a la correspondiente participación- se trata de una coproducción hispano-austriaca o austriaco-española.

Artículo 9
Participación equilibrada

(1) Deberá existir equilibrio tanto en lo que respecta a las participaciones artísticas y técnicas como en lo referente a las aportaciones económicas y técnicas de ambos países (estudios, laboratorios, postproducción y similares).

(2) La Comisión Mixta prevista en el artículo 13 examinará si se ha respetado ese equilibrio, y de lo contrario tomará las medidas que considere necesarias para su restablecimiento.

Artículo 10
Difusión de las coproducciones

(1) Cada Parte atribuye especial importancia al fomento y difusión de coproducciones realizadas al amparo del presente convenio, y también de producciones audiovisuales nacionales de la otra Parte.

(2) Ambas Partes, en el marco de los recursos presupuestarios disponibles para ello, procurarán -a condición de reciprocidad- fomentar la distribución también de las producciones audiovisuales que, sin ser coproducciones, hayan sido elaboradas como producciones nacionales en el otro Estado.

(3) Las directrices de adjudicación a ello referentes serán determinadas por cada Parte, que deberá anunciar a la otra Parte dentro de un plazo razonable toda modificación esencial de las mismas.

Artículo 11
Autoridades nacionales competentes

(1) Las coproducciones a las que se desee aplicar el presente Convenio estarán necesitadas de aprobación por la respectiva autoridad competente de cada Parte. Dichas autoridades son, en el Reino de España, el Instituto de la Cinematografía y de las Artes Audiovisuales, dependiente del Ministerio de Educación, Cultura y Deporte, y los organismos competentes de las Comunidades Autónomas y, en la República de Austria, el Ministerio de Economía, Familia y Juventud.

(2) Si las autoridades competentes son sustituidas por otras, cada Parte deberácomunicarlo a la otra dentro de un plazo razonable a través de la autoridad que pase a ser competente.

(3) Las autoridades competentes de ambas Partes se pondrán de acuerdo sobre la aplicación del presente Convenio a fin de solucionar las dificultades que puedan presentarse para llevar a la práctica sus disposiciones. Además, en su caso propondrán las modificaciones que sean oportunas en interés de ambos países para fomentar la cooperación cultural y económica en el campo audiovisual.

(4) La autoridad competente de cada Parte informará periódicamente a la de la otra Parte acerca de la concesión, rechazo, modificación y revocación de la aprobación de coproducciones. Antes de rechazar una solicitud de concesión de aprobación y de revocar una aprobación la autoridad competente consultará con la autoridad competente de la otra Parte.

Artículo 12
Presentación de solicitudes

La solicitud de aprobación de una coproducción deberá presentarse, teniendo en cuenta las disposiciones de ejecución contenidas en el Anexo al presente Convenio, que forma parte integrante del mismo, ante las respectivas autoridades competentes.

Artículo 13
Comisión Mixta

(1) Para supervisar la aplicación del presente Convenio las Partes formarán una Comisión Mixta paritaria compuesta por representantes de ambos Gobiernos y de organizaciones profesionales.

(2) Cada Parte dará a conocer a la otra, con la debida antelación a la sesión constituyente de la Comisión, los nombres de las personas designadas para formar parte de ella, así como en caso de cambio no meramente pasajero de un miembro de dicha Comisión.

(3) La Comisión se reunirá en todo caso una vez cada dos años, de modo alternativo en cada uno de los dos países. A solicitud de una de las Partes, especialmente si surgen dificultades especiales para la aplicación del presente Convenio, la Comisión Mixta podrá ser convocada para que celebre una sesión extraordinaria.

Artículo 14
Disposiciones finales

(1) El presente Convenio se suscribe por tiempo indefinido, sustituye al Convenio entre el Gobierno Español y el Gobierno Federal Austriaco sobre relaciones cinematográficas. de 9 de febrero de 1970. Entrará en vigor el primer día del segundo mes posterior al mes en el que ambas Partes se hayan notificado recíprocamente que están cumplidos los requisitos nacionales necesarios para su entrada en vigor.

(2) El presente Convenio podrá ser denunciado por escrito al final de cada año natural respetando un plazo de preaviso de tres meses.

Firmado en Madrid el 18 de Abril de 2012, en versión española y alemana, en dos ejemplares originales, siendo los dos textos igualmente auténticos.

Por el Gobierno del Reino de España,

José María Lassalle Ruiz,
Secretario de Estado de Cultura

Por el Gobierno de la República de Austria,

Dr. Wolfgang Waldner,
Secretario de Estado del Ministerio Federal de Asuntos Europeos e Internacionales

ANEXO

(1) A fin de disfrutar de las disposiciones del presente Convenio los productores de ambas Partes deberán dirigir a la correspondiente autoridad una solicitud de aprobación de la coproducción antes del comienzo de los trabajos de rodaje.

(2) Las solicitudes deberán ir acompañadas especialmente de los siguientes documentos de contenido coincidente:

(a) el contrato de coproducción,

(b)un plan de rodaje detallado, u otros documentos que proporcionen suficiente información sobre el contenido previsto y la forma de plasmarlo,

(c) las listas de personal técnico y artístico, indicando sus correspondientes funciones o papeles, así como su lugar de residencia y su nacionalidad,

(d) un documento acreditativo de la adquisición o de la opción de adquisición de los derechos que sean necesarios sobre el guión o sobre la obra preexistente para la elaboración y la amplia explotación del proyecto en cuestión,

(e) un acuerdo sobre la respectiva participación de los coproductores en los posibles costes adicionales, debiendo ser proporcional la participación en todos los casos a la respectiva aportación económica, si bien en casos excepcionales la participación del productor minoritario podrá ser limitada a un porcentaje menor o a un determinado importe,

(f) un cálculo de los costes de producción totales previsibles del proyecto y un plan de financiación detallado que informen también acerca de la disponibilidad de las partes integrantes de la financiación,

(g) una exposición general de la contribución técnica de los coproductores, y

(h) la programación de la producción, con indicación expresa de los lugares donde se efectuará el rodaje así como los trabajos de postproducción.

(3) Además, las autoridades podrán exigir otros documentos y aclaraciones que consideren necesarios para evaluar el proyecto.

(4) La autoridad de la Parte con participación económica minoritaria podrá condicionar su aprobación a la recepción del correspondiente dictamen de la autoridad de la Parte con participación económica mayoritaria. La autoridad competente de la Parte del productor mayoritario comunicará a la autoridad competente de la Parte del productor minoritario su propuesta de decisión. A su vez, la autoridad competente de la Parte del productor minoritario enviará su dictamen.

(5) Las modificaciones posteriores del contrato de coproducción se deberán someter sin demora alguna a la aprobación de las autoridades competentes.

(6) La aprobación podrá estar supeditada al cumplimiento de condiciones y obligaciones destinadas a garantizar que se respete las disposiciones del Convenio.

(7) Se podrán hacer enmiendas al contrato original cuando éstas sean necesarias e, inclusive, el reemplazo de un coproductor, pero éstas deberán ser sometidas a la aprobación de las autoridades competentes de ambos países, antes de concluida la producción. Sólo se permitirá el reemplazo de un coproductor en casos excepcionales y a satisfacción de las autoridades competentes de ambos países.

[TRANSLATION – TRADUCTION]

AGREEMENT BETWEEN THE GOVERNMENT OF THE KINGDOM OF SPAIN AND THE GOVERNMENT OF THE REPUBLIC OF AUSTRIA CONCERNING RELATIONS IN THE AUDIOVISUAL FIELD

The Government of the Kingdom of Spain and the Government of the Republic of Austria,

Convinced that audiovisual co-productions can make an important contribution to the strengthening of the film industry and to an increase in the economic and cultural exchange between the two countries,

Determined to stimulate economic and cultural cooperation between the Parties,

Governed by the desire to establish a basis for good relations in the audiovisual field, especially for the joint production of cinematographic works,

Bearing in mind that the quality of co-productions can contribute to fostering their creation and increasing their distribution in the two countries,

Have agreed as follows:

Article 1. Co-productions

For the purposes of this Agreement, the term “co-productions” means cinematographic works in any medium, including works of fiction, animation and documentaries, in accordance with the provisions pertaining to the film industry that are in force in the territory of each of the two countries, such works being intended for commercial exploitation.

Article 2. Consideration as national productions

1. Co-productions shall be regarded as national audiovisual productions.

2. Co-productions shall be fully entitled to the benefits deriving from national provisions concerning the audiovisual sector that are in force or may be enacted in the respective signatory State.

Only producers of the respective signatory State concerned shall be entitled to such benefits.

Article 3. Co-producers

1. The benefits provided for in respect of a co-production shall be granted to producers that possess adequate technical and financial resources and appropriate professional qualifications.

2. Co-producers must have their registered office or, if they have their registered office in another State party to the Agreement on the European Economic Area of 2 May 1992, a subsidiary or permanent establishment, in the national territory of one of the Parties.

Article 4. Conditions for the recognition of co-productions

1. The financial contribution of co-producers of both countries may not account for less than 20 % or more than 80 % of the total production costs of the co-production.

2. The contribution of each co-producer must include effective technical and artistic contribution in the form of appropriate hiring of personnel with responsibilities in those fields. That contribution shall be proportionate to each co-producer's financial contribution.

3. It shall be taken into consideration that laboratory work, studio shooting and sound processing (mixing, synchronization and similar work) and subtitling are, to the extent that technical requirements permit, carried out in the national territory of one of the Parties.

4. The co-production contract to be concluded between the co-producers shall guarantee each co-producer's co-ownership of the original picture and sound negative. Moreover, the contract shall stipulate that each co-producer shall be entitled to source material for copies (such as the internegative and sound negative) in the respective national language. The production of source material for copies in other languages requires the consent of both co-producers.

5. Original, synchronized or subtitled versions of the final version of the co-production shall be made in the Spanish and German languages. Such versions may contain dialogue in another language, provided that the script so requires.

6. The co-production contract shall stipulate that receipts from all types of exploitation shall be shared in proportion to the financial contribution of each co-producer. In exceptional cases, territories and areas of exploitation may be delimited, with due attention paid to the respective market sizes and values.

7. The co-production contract shall contain a provision on global distribution.

8. Co-produced cinematographic works shown at international festivals shall mention the co-producing countries in accordance with article 8.

Article 5. Participants

Participants in a co-production shall belong to the following categories of persons:

1. With regard to the Kingdom of Spain: nationals of Spain or another member State of the European Union;

2. With regard to the Republic of Austria:

(a) Nationals of a member State of the European Union who enjoy the right to free movement of workers or of another State party to the Agreement on the European Economic Area of 2 May 1992; and

(b) Persons of any nationality, or stateless persons, having their permanent residence in the national territory of the Republic of Austria, and refugees. All such persons must be authorized to work in the Republic of Austria.

3. Where, in accordance with these provisions, a person may be considered to belong to both Parties, the co-producers shall decide on his or her classification by agreement. Where no agreement can be reached, the said person shall be assigned to the co-producer with whom he or she is under contract in the framework of the co-production.

4. Involvement of directors, authors and actors who do not meet the requirements laid down in paragraphs 1 or 2 may be admitted exceptionally, in view of the needs of the co-production, by mutual agreement of the competent authorities of both Parties in accordance with article 11.

Article 6. Minority and majority contributions in multilateral co-productions

In the case of multilateral co-productions, the minority financial contribution may not be less than 10 % and the majority contribution may not exceed 70 % of the total production cost of the co-productions.

Article 7. Financial co-productions

Notwithstanding the preceding provisions of this Agreement, and in the interest of bilateral co-production, projects that are produced in either signatory State and in relation to which the minority contribution, in accordance with the co-production contract, is limited solely to a financial contribution, may also be permitted, provided that:

1. The project is of particular cultural and financial interest to the Parties and is characterized by recognized technical and artistic quality;

2. Co-production at a not purely financial level would undermine the unity of the work;

3. The project constitutes a minority contribution (of at least 10 % and at most 25 % of the total production costs);

4. The project meets the criteria for securing a certificate of origin under the legislation of the State in which the registered office, a branch establishment or a place of business of the majority producer is located, in accordance with article 3 (2);

5. The contract between the co-producers contains provisions on sharing the proceeds of exploitation;

6. Financial expenditures undertaken in the two countries for the promotion of such co-productions shall be balanced out, taking into consideration the implementation provisions contained in the Annex, which forms an integral part of this Agreement.

Financial expenditures undertaken by one or the other Party in connection with the said co-productions shall be broadly balanced over a period of three years. For the purpose of ascertaining such financial balance, each Party shall inform the other periodically, and at least once a year, with regard to the conclusion of relevant contracts. The respective national institutions shall contact one another to that purpose.

Article 8. Reference to the co-production

The opening and closing credits and the promotional material of co-productions shall indicate that the work in question is a Spanish-Austrian or Austrian-Spanish co-production, depending on the actual proportion of their contribution.

Article 9. Balanced contribution

1. Balance must be observed in both the artistic and technical contributions and in the financial and technical contributions of the two countries (such as studios, laboratories and post-production).

2. The Joint Commission referred to in article 13 shall assess whether such a balance has been achieved and, if that is not the case, shall take such measures as it deems necessary to restore such a balance.

Article 10. Distribution of co-productions

1. Each Party shall attach particular importance to the promotion and distribution of co-productions and of national audiovisual productions of the other Party.

2. Both Parties shall endeavour to ensure -- on the basis of reciprocity – that audiovisual productions that are not co-productions but which were produced as national productions in the other State also receive distribution funding, in the framework of budget funds available for that purpose.

3. Each Party shall establish the relevant award guidelines, and the other Party shall be notified of any essential changes to them within a reasonable period.

Article 11. Competent national authorities

1. Co-productions to which this Agreement shall apply shall be subject to approval by the respective competent authority of each Party. Such authorities shall be, in the Kingdom of Spain, the Institute of Cinematography and Audiovisual Arts, which reports to the Ministry of Education, Culture and Sport, and the competent authorities of the Autonomous Communities; and, in the Republic of Austria, the Ministry for the Economy, the Family and Youth.

2. In the event that the competent authorities are replaced, each Party shall inform the other within a reasonable period of the bodies that have become the competent authorities.

3. The competent authorities of both Parties shall consult one another on the application of this Agreement in order to resolve any difficulties that may arise in connection with the implementation of its provisions. Moreover, the said authorities shall, if appropriate, propose any changes that may be conducive to furthering cultural and economic cooperation in the audiovisual sector, in the interest of both countries.

4. The competent authority of each Party shall periodically inform the competent authority of the other Party as to the approval, rejection, modification or annulment of approval of co-productions. Prior to rejecting an application for approval or annulling an approval, a competent authority shall consult the competent authority of the other Party.

Article 12. Filing of applications

Applications for approval of a co-production shall be filed with the respective competent authorities, taking into consideration the implementation provisions contained in the Annex forming an integral part of this Agreement.

Article 13. Joint Commission

1. For the purposes of assessing the implementation of this Agreement, the Parties shall establish a Joint Commission comprising representatives from both Governments and from professional organizations.

2. Each Party shall notify the other Party, in a timely manner, prior to the inaugural session of the Commission, of the names of the persons designated to sit on the Commission and any non-temporary replacement of a Commission member.

3. The Commission shall, in principle, meet once every two years, alternately in one of the two countries. At the request of one of the Parties, especially if particular difficulties arise in connection with the implementation of this Agreement, the Joint Commission may be convened for an extraordinary session.

Article 14. Final provisions

1. This Agreement is concluded for a period of indefinite duration and shall replace the Agreement between the Spanish Government and the Austrian Federal Government on cinematographic relations of 9 February 1970. This Agreement shall enter into force on the first day of the second month following the month in which both Parties have notified each other that the necessary domestic requirements for entry into force have been fulfilled.

2. This Agreement may be terminated at the end of any calendar year, in writing, subject to three months' notice.

DONE at Madrid, on 18 April 2012, in duplicate, in the Spanish and German languages, both texts being equally authentic.

For the Government of the Kingdom of Spain:
JOSÉ MARÍA LASSALLE RUIZ
State Secretary for Culture

For the Government of the Republic of Austria:
WOLFGANG WALDNER
State Secretary at the Federal Ministry for European and International Affairs

ANNEX

1. In order to benefit from the provisions of this Agreement, the producers of both Parties must address to the respective authority an application for approval of the co-production before shooting commences.

2. Applications must contain, in particular, the following relevant documents:

(a) The co-production contract;

(b) A detailed shooting schedule, or other documents providing sufficient information on the planned subject and its treatment;

(c) The lists of technical and artistic personnel, indicating their respective functions or roles, place of residence and nationality;

(d) A proof of acquisition of, or the option to acquire, the rights to the script or a pre-existing work that are necessary for the implementation and comprehensive exploitation of the project concerned;

(e) The provisions for the contribution of each co-producer to any additional costs. The contributions should be proportional to the respective financial contribution, although in exceptional cases the contribution of the minority producer may be limited to a smaller percentage or a specific amount;

(f) A calculation of the foreseeable total production costs of the project, and detailed financing plan which also provides information on the availability of the financing components;

(g) An overview of the technical contribution of the co-producers; and

(h) The production schedule, indicating the probable shooting locations and the post-production activities.

3. The authorities may also request other documents and explanations that they consider necessary for evaluating the project.

4. The authority of the Party with the minority financial contribution may make its approval conditional on the receipt of the relevant opinion of the authority of the Party with the majority financial contribution. The competent authority of the Party of the majority producer shall transmit its proposed decision to the competent authority of the Party of the minority producer. The latter authority shall in turn transmit its opinion.

5. Subsequent amendments to the co-production contract shall be promptly submitted to the competent authorities for approval.

6. Approval may be conditional on fulfilment of conditions and obligations designed to ensure compliance with the provisions of the Agreement.

7. The original contract may be amended if necessary, including through the replacement of a co-producer, but any amendments require the approval of the competent authorities of the two countries before the production is completed. A co-producer may be replaced only in exceptional circumstances and with the consent of the competent authorities of both countries.

[TRANSLATION – TRADUCTION]

ACCORD ENTRE LE GOUVERNEMENT DU ROYAUME D'ESPAGNE ET LE GOUVERNEMENT DE LA RÉPUBLIQUE D'AUTRICHE CONCERNANT LES RELATIONS DANS LE DOMAINE AUDIOVISUEL

Le Gouvernement du Royaume d'Espagne et le Gouvernement de la République d'Autriche,

Convaincus que les coproductions audiovisuelles peuvent apporter une contribution importante au renforcement de l'industrie cinématographique et à la croissance des échanges économiques et culturels entre les deux pays,

Déterminés à encourager le développement de la coopération économique et culturelle entre les Parties,

Animés du désir de jeter les bases de bonnes relations dans le domaine audiovisuel, en particulier pour la coproduction d'œuvres cinématographiques,

Ayant à l'esprit que la qualité des coproductions peut contribuer à intensifier et élargir leur réalisation et leur diffusion dans les deux pays,

Sont convenus de ce qui suit :

Article premier. Coproductions

Aux fins du présent Accord, le terme « coproductions » désigne les œuvres cinématographiques, destinées à l'exploitation commerciale, réalisées sur n'importe quel support, y compris les œuvres de fiction, d'animation et les documentaires, conformément aux dispositions relatives à l'industrie cinématographique existant sur le territoire de chacun des deux pays.

Article 2. Équivalence avec les productions nationales

1. Les coproductions sont considérées comme des productions audiovisuelles nationales.

2. Les coproductions sont pleinement éligibles aux aides prévues dans les dispositions nationales relatives au domaine de l'audiovisuel qui s'appliquent ou qui pourraient être adoptées dans l'État signataire respectif.

Ces avantages sont accordés seulement aux producteurs de l'État signataire concerné.

Article 3. Coproducteurs

1. Les aides prévues pour une coproduction sont accordées aux producteurs qui disposent de l'organisation technique et économique suffisante et des qualifications professionnelles correspondantes.

2. Les coproducteurs doivent avoir établi leur siège sur le territoire national de l'une des Parties ou, s'ils ont établi leur siège dans un autre État signataire de l'Accord sur l'Espace économique européen du 2 mai 1992, une succursale ou un établissement permanent.

Article 4. Conditions requises pour l'approbation des coproductions

1. La participation économique des coproducteurs des deux pays ne peut être inférieure à 20 % ni supérieure à 80 % de la totalité des coûts d'élaboration de la coproduction.

2. L'apport de chaque coproducteur doit comprendre une participation effective en personnel technique et artistique qui implique l'engagement contractuel adéquat de personnel responsable dans ces domaines. Cet apport doit être proportionnel à la participation économique de chaque coproducteur.

3. Dans la mesure des possibilités techniques, les travaux de copie, de tournage en studio et de traitement du son (mélange, doublage et autres activités similaires) et de sous-titrage sont effectués sur le territoire national de l'une des Parties.

4. Le contrat de coproduction à établir entre les coproducteurs doit garantir à chaque coproducteur la copropriété du négatif original (image et son). De même, le contrat doit garantir que chaque coproducteur a droit au matériel de base pour la copie (internégatif, négatif de son et autres) dans la langue nationale correspondante. L'élaboration du matériel de base pour le tirage dans d'autres langues doit se faire d'un commun accord entre les coproducteurs.

5. Des versions originales, doublées ou sous-titrées de la version finale de la coproduction doivent être élaborées en langues espagnole et allemande. Ces versions peuvent contenir des répliques dans une autre langue, pour autant que le scénario l'exige.

6. Le contrat de coproduction prévoit que les revenus tirés de tous les types d'exploitation sont répartis conformément à la participation économique de chaque coproducteur. Dans des cas exceptionnels, une délimitation des territoires et des champs d'exploitation peut être effectuée, en accordant l'attention voulue à l'importance et aux valeurs respectives des marchés.

7. Le contrat de coproduction doit contenir une disposition relative à la distribution mondiale.

8. Les œuvres cinématographiques réalisées en coproduction présentées à des festivals internationaux doivent mentionner les pays coproducteurs conformément à l'article 8.

Article 5. Participants

Les participants à l'élaboration d'une coproduction doivent appartenir au groupe suivant de personnes :

1. Pour ce qui est du Royaume d'Espagne : des ressortissants espagnols ou d'un autre État membre de l'Union européenne;

2. Pour ce qui est de la République d'Autriche :

a) Des ressortissants d'un État membre de l'Union européenne jouissant du droit de libre circulation des travailleurs ou d'un autre État signataire de l'Accord sur l'Espace économique européen du 2 mai 1992; et

b) Des personnes de toute nationalité, ou apatrides, ayant leur résidence permanente sur le territoire de la République d'Autriche, ou des réfugiés. Toutes ces personnes doivent détenir un permis de travail dans la République d'Autriche.

3. Si, conformément à ces dispositions, une personne peut être considérée comme relevant des deux Parties, les coproducteurs parviennent à un accord au sujet de leur appartenance à l'une

ou à l'autre. S'ils n'y parviennent pas, ladite personne est considérée comme relevant du coproducteur lié contractuellement avec celle-ci dans le cadre de la coproduction.

4. L'intervention de réalisateurs, d'auteurs et d'acteurs qui ne remplissent pas les conditions prévues aux paragraphes 1 ou 2 peut être admise à titre exceptionnel et en tenant compte des exigences de la coproduction, par consentement mutuel des autorités compétentes des deux Parties conformément à l'article 11.

Article 6. Participations minoritaires et majoritaires dans les coproductions multilatérales

Dans le cas de coproductions multilatérales, la participation économique minoritaire ne peut être inférieure à 10 % du total des coûts de production des coproductions, alors que la participation majoritaire ne peut dépasser 70% de ceux-ci.

Article 7. Coproductions financières

Nonobstant les dispositions antérieures du présent Accord, et dans l'intérêt des coproductions bilatérales, des projets élaborés dans l'un des États signataires et dont la participation minoritaire, conformément au contrat de coproduction, se limite à une contribution économique, peuvent également être admis, sous réserve que :

1. Le projet présente un intérêt culturel ou économique particulier pour les Parties et possède une qualité technique et artistique reconnue;

2. La coproduction, dans un sens qui n'est pas qu'économique, mettrait en danger l'unité de l'œuvre;

3. Le projet constitue une participation minoritaire, d'au moins 10 % et d'au plus 25 % de la totalité des coûts de production;

4. Le projet remplit les conditions d'obtention du certificat de nationalité prévues par la législation de l'État dans lequel le producteur majoritaire a établi son siège, ou une succursale ou un établissement principal en vertu du paragraphe 2 de l'article 3;

5. Le contrat entre les coproducteurs contient des dispositions relatives à la répartition des rendements de l'exploitation;

6. Les coûts économiques qu'implique dans les deux pays la promotion de ces coproductions sont équilibrés, compte tenu des dispositions relatives à l'exécution figurant dans l'annexe, qui forme une partie intégrale du présent Accord.

Dans l'ensemble de ces coproductions, les apports financiers de l'une ou l'autre Partie doivent être globalement équilibrés sur une période de trois ans. Afin de vérifier cet équilibre économique, chaque Partie informe régulièrement l'autre, au moins une fois par an, de la formalisation de ce type de contrat. Les institutions nationales respectives communiquent entre elles à cet effet.

Article 8. Mention de la coproduction

Les titres de crédit initiaux ou finaux et le matériel publicitaire des coproductions doivent porter la mention que l'œuvre en question est une coproduction hispano-autrichienne ou austro-espagnole, en fonction de la participation correspondante réelle.

Article 9. Équilibre de la participation

1. Tant les participations artistiques et techniques que les apports économiques et techniques des deux pays (études, laboratoires, postproduction et autres) doivent être équilibrés.

2. Le Comité mixte prévu à l'article 13 examine si cet équilibre est respecté et, si ce n'est pas le cas, il prend les mesures jugées nécessaires à son rétablissement.

Article 10. Diffusion des coproductions

1. Chaque Partie accorde une importance particulière à la promotion et à la diffusion des coproductions, de même qu'aux productions audiovisuelles nationales de l'autre Partie.

2. Les deux Parties veillent, sous réserve de réciprocité, à ce que les productions audiovisuelles qui ne sont pas des coproductions mais qui ont été élaborées comme productions nationales dans l'autre État, reçoivent également des fonds pour la diffusion.

3. Les directives y relatives concernant l'adjudication sont déterminées par chaque Partie, qui doit annoncer à l'autre Partie dans un délai raisonnable toute modification essentielle qui y a été apportée.

Article 11. Autorités nationales compétentes

1. Les coproductions auxquelles il est souhaitable d'appliquer le présent Accord doivent avoir l'approbation de l'autorité compétente respective de chaque Partie. Ces autorités sont, pour le Royaume d'Espagne, l'Institut de la cinématographie et des arts audiovisuels qui relève du Ministère de l'éducation, de la culture et des sports, et les organes compétents des Communautés autonomes et, pour la République d'Autriche, le Ministère de l'économie, de la famille et de la jeunesse.

2. Si les autorités compétentes sont remplacées par d'autres, chaque Partie doit en informer l'autre dans un délai raisonnable par l'intermédiaire de l'autorité qui devient compétente.

3. Les autorités compétentes des deux Parties se mettent d'accord sur l'application du présent Accord afin de résoudre les difficultés qui peuvent surgir dans la mise en pratique de ses dispositions. En outre, elles proposent, le cas échéant, les modifications appropriées dans l'intérêt des deux pays aux fins de promotion de la coopération culturelle et économique dans le domaine audiovisuel.

4. L'autorité compétente de chaque Partie informe périodiquement celle de l'autre Partie au sujet de l'octroi, du refus, de la modification et de la révocation de l'homologation des coproductions. Avant de refuser une demande d'octroi d'homologation ou de révoquer une homologation, l'autorité compétente consulte l'autorité compétente de l'autre Partie.

Article 12. Présentation de demandes

La demande d'homologation d'une coproduction doit être présentée aux autorités compétentes respectives en tenant compte des dispositions relatives à l'exécution figurant dans l'annexe du présent Accord, qui fait partie intégrante de celui-ci.

Article 13. Comité mixte

1. Afin de superviser la mise en œuvre du présent Accord, les Parties contractantes mettent sur pied un Comité mixte paritaire composé de représentants des deux Gouvernements et d'organisations professionnelles.

2. Chaque Partie fait connaître à l'autre, en temps voulu et en amont de la session constituante du Comité, le nom des personnes désignées pour en faire partie, de même que celui de tout remplacement non éphémère d'un membre dudit Comité.

3. Le Comité se réunit en principe une fois tous les deux ans, alternativement dans chacun des deux pays. Sur demande de l'une des Parties, surtout si des difficultés particulières surgissent dans le cadre de la mise en œuvre du présent Accord, le Comité mixte peut être convoqué en session extraordinaire.

Article 14. Dispositions finales

1. Le présent Accord est conclu pour une durée indéterminée et remplace l'Accord conclu entre le Gouvernement espagnol et le Gouvernement fédéral autrichien concernant les relations cinématographiques, conclu le 9 février 1970. Il entre en vigueur le premier jour du deuxième mois suivant celui au cours duquel les deux Parties ont notifié à l'autre l'accomplissement des procédures internes requises à cet effet.

2. Le présent Accord peut être dénoncé par écrit à la fin de chaque année civile sous réserve d'un préavis de trois mois.

FAIT à Madrid, le 18 avril 2012, en deux exemplaires originaux, en langues espagnole et allemande, les deux textes faisant également foi.

Pour le Gouvernement du Royaume d'Espagne :

JOSÉ MARÍA LASSALLE RUIZ
Secrétaire d'État à la culture

Pour le Gouvernement de la République d'Autriche :

WOLFGANG WALDNER
Secrétaire d'État du Ministère fédéral des affaires européennes et internationales

ANNEXE

1. Afin de bénéficier des dispositions du présent Accord, les producteurs des deux Parties doivent adresser à l'autorité correspondante une demande d'homologation de la coproduction avant le début des travaux de tournage.

2. Les demandes doivent être accompagnées en particulier des documents pertinents suivants :

a) Contrat de coproduction;

b) Plan détaillé du tournage ou d'autres documents qui fournissent suffisamment d'informations sur le contenu prévu et la façon de l'exprimer;

c) Listes du personnel technique et artistique, en indiquant leurs fonctions ou leurs rôles respectifs, ainsi que leur lieu de résidence et leur nationalité;

d) Document accréditant l'acquisition ou l'option d'acquisition des droits qui sont nécessaires sur le scénario ou sur l'œuvre préexistante en vue de l'élaboration et d'une large exploitation du projet en question;

e) Arrangement relatif à la participation respective des coproducteurs aux coûts additionnels éventuels. Cette participation doit être proportionnelle à leur apport économique respectif, bien que la participation du producteur minoritaire puisse exceptionnellement être limitée à un pourcentage moins élevé ou à un montant déterminé;

f) Calcul du total des coûts de production prévisibles du projet et plan de financement détaillé qui fournissent également des informations sur la disponibilité des parties intégrantes de ce financement;

g) Exposé général de la contribution technique des coproducteurs; et

h) Programmation de la production, avec une indication des lieux probables de tournage, de même que les travaux de post-production.

3. En outre, les autorités peuvent exiger les autres documents et éclaircissements qu'elles estiment nécessaires pour évaluer le projet.

4. L'autorité de la Partie contractante détenant la participation minoritaire peut faire dépendre son approbation de la réception de l'avis correspondant de l'autorité de la Partie détenant la participation économique majoritaire. L'autorité compétente de la Partie du producteur majoritaire communique à l'autorité compétente de la Partie du producteur minoritaire sa proposition de décision. À son tour, l'autorité compétente de la Partie du producteur minoritaire communique son avis.

5. Les modifications ultérieures au contrat de coproduction sont soumises sans délai à l'approbation des autorités compétentes.

6. L'homologation peut être subordonnée à l'accomplissement des conditions et des obligations visant à garantir le respect des conditions de l'Accord.

7. Le contrat original peut être modifié lorsque des modifications, y compris le remplacement d'un coproducteur, sont nécessaires, mais celles-ci doivent être soumises à l'approbation des autorités compétentes des deux pays avant l'achèvement de la production. Le remplacement d'un coproducteur n'est autorisé que dans des cas exceptionnels et à la satisfaction des autorités compétentes des deux pays.

No. 51344

Germany and Tunisia

Agreement between the Government of the Federal Republic of Germany and the Government of the Republic of Tunisia concerning financial cooperation in 2009. Tunis, 8 December 2011

Entry into force: *30 May 2013 by notification, in accordance with article 5*

Authentic texts: *Arabic, French and German*

Registration with the Secretariat of the United Nations: *Germany, 13 September 2013*

Not published in print, in accordance with article 12(2) of the General Assembly regulations to give effect to Article 102 of the Charter of the United Nations, as amended.

Allemagne et Tunisie

Accord de coopération financière entre le Gouvernement de la République fédérale d'Allemagne et le Gouvernement de la République tunisienne de 2009. Tunis, 8 décembre 2011

Entrée en vigueur : *30 mai 2013 par notification, conformément à l'article 5*

Textes authentiques : *arabe, français et allemand*

Enregistrement auprès du Secrétariat de l'Organisation des Nations Unies : *Allemagne, 13 septembre 2013*

Non disponible en version imprimée, conformément au paragraphe 2 de l'article 12 du règlement de l'Assemblée générale destiné à mettre en application l'Article 102 de la Charte des Nations Unies, tel qu'amendé.

No. [illegible]

Germany

and

Zambia

Agreement between the Government of the Federal Republic of Germany and the Government of the Republic of Zambia concerning financial cooperation [illegible] December 2011

[illegible]

No. 51345

Germany
and
Tunisia

Agreement between the Government of the Federal Republic of Germany and the Government of the Republic of Tunisia concerning financial cooperation in 2010. Tunis, 8 December 2011

Entry into force: *30 May 2013 by notification, in accordance with article 5*

Authentic texts: *Arabic, French and German*

Registration with the Secretariat of the United Nations: *Germany, 13 September 2013*

Not published in print, in accordance with article 12(2) of the General Assembly regulations to give effect to Article 102 of the Charter of the United Nations, as amended.

Allemagne
et
Tunisie

Accord de coopération financière entre le Gouvernement de la République fédérale d'Allemagne et le Gouvernement de la République tunisienne de 2010. Tunis, 8 décembre 2011

Entrée en vigueur : *30 mai 2013 par notification, conformément à l'article 5*

Textes authentiques : *arabe, français et allemand*

Enregistrement auprès du Secrétariat de l'Organisation des Nations Unies : *Allemagne, 13 septembre 2013*

Non disponible en version imprimée, conformément au paragraphe 2 de l'article 12 du règlement de l'Assemblée générale destiné à mettre en application l'Article 102 de la Charte des Nations Unies, tel qu'amendé.

No. 51346

International Bank for Reconstruction and Development and Philippines

Loan Agreement (Second Development Policy Loan to Foster More Inclusive Growth) between the Republic of the Philippines and the International Bank for Reconstruction and Development (with schedules, appendix and International Bank for Reconstruction and Development General Conditions for Loans, dated 12 March 2012). Washington, 20 April 2013

Entry into force: *5 July 2013 by notification*

Authentic text: *English*

Registration with the Secretariat of the United Nations: *International Bank for Reconstruction and Development, 6 September 2013*

Not published in print, in accordance with article 12(2) of the General Assembly regulations to give effect to Article 102 of the Charter of the United Nations, as amended.

Banque internationale pour la reconstruction et le développement et Philippines

Accord de prêt (Deuxième prêt d'appui aux politiques de développement pour favoriser une croissance plus inclusive) entre la République des Philippines et la Banque internationale pour la reconstruction et le développement (avec annexes, appendice et Conditions générales applicables aux prêts de la Banque internationale pour la reconstruction et le développement, en date du 12 mars 2012). Washington, 20 avril 2013

Entrée en vigueur : *5 juillet 2013 par notification*

Texte authentique : *anglais*

Enregistrement auprès du Secrétariat de l'Organisation des Nations Unies : *Banque internationale pour la reconstruction et le développement, 6 septembre 2013*

Non disponible en version imprimée, conformément au paragraphe 2 de l'article 12 du règlement de l'Assemblée générale destiné à mettre en application l'Article 102 de la Charte des Nations Unies, tel qu'amendé.

International Bank for Reconstruction and Development

and

Philippines

Loan Agreement (Second Development Policy Loan to Foster More Inclusive Growth) between the Republic of the Philippines and the International Bank for Reconstruction and Development (with schedule, appendix and International Bank for Reconstruction and Development General Conditions for Loans, dated 12 March 2010). Washington, 7 April 2011

[illegible]

No. 51347

International Bank for Reconstruction and Development
and
Panama

Loan Agreement (Second Programmatic Fiscal Management and Efficiency of Expenditures Development Policy Loan) between the Republic of Panama and the International Bank for Reconstruction and Development (with schedules, appendix and International Bank for Reconstruction and Development General Conditions for Loans, dated 12 March 2012). Panama City, 1 May 2013

Entry into force: *18 July 2013 by notification*

Authentic text: *English*

Registration with the Secretariat of the United Nations: *International Bank for Reconstruction and Development, 6 September 2013*

Not published in print, in accordance with article 12(2) of the General Assembly regulations to give effect to Article 102 of the Charter of the United Nations, as amended.

Banque internationale pour la reconstruction et le développement
et
Panama

Accord de prêt (Deuxième prêt d'appui aux politiques de développement de la gestion fiscale programmatique et de l'efficacité des dépenses) entre la République du Panama et la Banque internationale pour la reconstruction et le développement (avec annexes, appendice et Conditions générales applicables aux prêts de la Banque internationale pour la reconstruction et le développement, en date du 12 mars 2012). Panama, 1er mai 2013

Entrée en vigueur : *18 juillet 2013 par notification*

Texte authentique : *anglais*

Enregistrement auprès du Secrétariat de l'Organisation des Nations Unies : *Banque internationale pour la reconstruction et le développement, 6 septembre 2013*

Non disponible en version imprimée, conformément au paragraphe 2 de l'article 12 du règlement de l'Assemblée générale destiné à mettre en application l'Article 102 de la Charte des Nations Unies, tel qu'amendé.

[illegible]

International Bank for Reconstruction and Development

et

Panama

[illegible]

No. 51348

International Bank for Reconstruction and Development
and
Peru

Loan Agreement (Higher Education Quality Improvement Project) between the Republic of Peru and the International Bank for Reconstruction and Development (with schedules, appendix and International Bank for Reconstruction and Development General Conditions for Loans, dated 12 March 2012). Lima, 15 January 2013

Entry into force: *8 May 2013 by notification*

Authentic text: *English*

Registration with the Secretariat of the United Nations: *International Bank for Reconstruction and Development, 6 September 2013*

Not published in print, in accordance with article 12(2) of the General Assembly regulations to give effect to Article 102 of the Charter of the United Nations, as amended.

Banque internationale pour la reconstruction et le développement
et
Pérou

Accord de prêt (Projet d'amélioration de la qualité de l'enseignement supérieur) entre la République du Pérou et la Banque internationale pour la reconstruction et le développement (avec annexes, appendice et Conditions générales applicables aux prêts de la Banque internationale pour la reconstruction et le développement, en date du 12 mars 2012). Lima, 15 janvier 2013

Entrée en vigueur : *8 mai 2013 par notification*

Texte authentique : *anglais*

Enregistrement auprès du Secrétariat de l'Organisation des Nations Unies : *Banque internationale pour la reconstruction et le développement, 6 septembre 2013*

Non disponible en version imprimée, conformément au paragraphe 2 de l'article 12 du règlement de l'Assemblée générale destiné à mettre en application l'Article 102 de la Charte des Nations Unies, tel qu'amendé.

No. 51349

International Bank for Reconstruction and Development
and
Turkey

Loan Agreement (Competitiveness and Savings Development Policy Loan) between the Republic of Turkey and the International Bank for Reconstruction and Development (with schedules, appendix and International Bank for Reconstruction and Development General Conditions for Loans, dated 12 March 2012). Ankara, 7 June 2013

Entry into force: *16 July 2013 by notification*

Authentic text: *English*

Registration with the Secretariat of the United Nations: *International Bank for Reconstruction and Development, 6 September 2013*

Not published in print, in accordance with article 12(2) of the General Assembly regulations to give effect to Article 102 of the Charter of the United Nations, as amended.

Banque internationale pour la reconstruction et le développement
et
Turquie

Accord de prêt (Prêt relatif à la politique de développement de la compétitivité et de l'épargne) entre la République turque et la Banque internationale pour la reconstruction et le développement (avec annexes, appendice et Conditions générales applicables aux prêts de la Banque internationale pour la reconstruction et le développement, en date du 12 mars 2012). Ankara, 7 juin 2013

Entrée en vigueur : *16 juillet 2013 par notification*

Texte authentique : *anglais*

Enregistrement auprès du Secrétariat de l'Organisation des Nations Unies : *Banque internationale pour la reconstruction et le développement, 6 septembre 2013*

Non disponible en version imprimée, conformément au paragraphe 2 de l'article 12 du règlement de l'Assemblée générale destiné à mettre en application l'Article 102 de la Charte des Nations Unies, tel qu'amendé.

No. 51350

International Bank for Reconstruction and Development and Turkey

Guarantee Agreement (Small and Medium Enterprises Energy Efficiency Project) between the Republic of Turkey and the International Bank for Reconstruction and Development (with International Bank for Reconstruction and Development General Conditions for Loans, dated 12 March 2012). Ankara, 6 May 2013

Entry into force: *22 July 2013 by notification*

Authentic text: *English*

Registration with the Secretariat of the United Nations: *International Bank for Reconstruction and Development, 6 September 2013*

Not published in print, in accordance with article 12(2) of the General Assembly regulations to give effect to Article 102 of the Charter of the United Nations, as amended.

Banque internationale pour la reconstruction et le développement et Turquie

Accord de garantie (Projet relatif à l'efficacité énergétique des petites et moyennes entreprises) entre la République turque et la Banque internationale pour la reconstruction et le développement (avec Conditions générales applicables aux prêts de la Banque internationale pour la reconstruction et le développement, en date du 12 mars 2012). Ankara, 6 mai 2013

Entrée en vigueur : *22 juillet 2013 par notification*

Texte authentique : *anglais*

Enregistrement auprès du Secrétariat de l'Organisation des Nations Unies : *Banque internationale pour la reconstruction et le développement, 6 septembre 2013*

Non disponible en version imprimée, conformément au paragraphe 2 de l'article 12 du règlement de l'Assemblée générale destiné à mettre en application l'Article 102 de la Charte des Nations Unies, tel qu'amendé.

No. [illegible]

International Bank for Reconstruction and Development

and

Turkey

Guarantee Agreement (Small and Medium Enterprises Energy Efficiency Project) between the Republic of Turkey and the International Bank for Reconstruction and Development (with International Bank for Reconstruction and Development General Conditions for Loans, dated 12 March 2012). Ankara, [illegible] 201[illegible]

[illegible]

No. 51351

International Bank for Reconstruction and Development and Turkey

Guarantee Agreement (Small and Medium Enterprises Energy Efficiency Project) between the Republic of Turkey and the International Bank for Reconstruction and Development (with International Bank for Reconstruction and Development General Conditions for Loans, dated 12 March 2012). Ankara, 6 May 2013

Entry into force: *22 July 2013 by notification*

Authentic text: *English*

Registration with the Secretariat of the United Nations: *International Bank for Reconstruction and Development, 6 September 2013*

Not published in print, in accordance with article 12(2) of the General Assembly regulations to give effect to Article 102 of the Charter of the United Nations, as amended.

Banque internationale pour la reconstruction et le développement et Turquie

Accord de garantie (Projet relatif à l'efficacité énergétique des petites et moyennes entreprises) entre la République turque et la Banque internationale pour la reconstruction et le développement (avec Conditions générales applicables aux prêts de la Banque internationale pour la reconstruction et le développement, en date du 12 mars 2012). Ankara, 6 mai 2013

Entrée en vigueur : *22 juillet 2013 par notification*

Texte authentique : *anglais*

Enregistrement auprès du Secrétariat de l'Organisation des Nations Unies : *Banque internationale pour la reconstruction et le développement, 6 septembre 2013*

Non disponible en version imprimée, conformément au paragraphe 2 de l'article 12 du règlement de l'Assemblée générale destiné à mettre en application l'Article 102 de la Charte des Nations Unies, tel qu'amendé.

No. 51352

International Bank for Reconstruction and Development and Turkey

Guarantee Agreement (Small and Medium Enterprises Energy Efficiency Project) between the Republic of Turkey and the International Bank for Reconstruction and Development (with International Bank for Reconstruction and Development General Conditions for Loans, dated 12 March 2012). Ankara, 6 May 2013

Entry into force: *22 July 2013 by notification*

Authentic text: *English*

Registration with the Secretariat of the United Nations: *International Bank for Reconstruction and Development, 6 September 2013*

Not published in print, in accordance with article 12(2) of the General Assembly regulations to give effect to Article 102 of the Charter of the United Nations, as amended.

Banque internationale pour la reconstruction et le développement et Turquie

Accord de garantie (Projet relatif à l'efficacité énergétique des petites et moyennes entreprises) entre la République turque et la Banque internationale pour la reconstruction et le développement (avec Conditions générales applicables aux prêts de la Banque internationale pour la reconstruction et le développement, en date du 12 mars 2012). Ankara, 6 mai 2013

Entrée en vigueur : *22 juillet 2013 par notification*

Texte authentique : *anglais*

Enregistrement auprès du Secrétariat de l'Organisation des Nations Unies : *Banque internationale pour la reconstruction et le développement, 6 septembre 2013*

Non disponible en version imprimée, conformément au paragraphe 2 de l'article 12 du règlement de l'Assemblée générale destiné à mettre en application l'Article 102 de la Charte des Nations Unies, tel qu'amendé.

No. 51353

International Bank for Reconstruction and Development and China

Loan Agreement (Jiangxi Wuxikou Integrated Flood Management Project) between the People's Republic of China and the International Bank for Reconstruction and Development (with schedules, appendix and International Bank for Reconstruction and Development General Conditions for Loans, dated 12 March 2012). Beijing, 6 May 2013

Entry into force: *19 July 2013 by notification*

Authentic text: *English*

Registration with the Secretariat of the United Nations: *International Bank for Reconstruction and Development, 6 September 2013*

Not published in print, in accordance with article 12(2) of the General Assembly regulations to give effect to Article 102 of the Charter of the United Nations, as amended.

Banque internationale pour la reconstruction et le développement et Chine

Accord de prêt (Projet de gestion intégrée des inondations de Jiangxi Wuxikou) entre la République populaire de Chine et la Banque internationale pour la reconstruction et le développement (avec annexes, appendice et Conditions générales applicables aux prêts de la Banque internationale pour la reconstruction et le développement, en date du 12 mars 2012). Beijing, 6 mai 2013

Entrée en vigueur : *19 juillet 2013 par notification*

Texte authentique : *anglais*

Enregistrement auprès du Secrétariat de l'Organisation des Nations Unies : *Banque internationale pour la reconstruction et le développement, 6 septembre 2013*

Non disponible en version imprimée, conformément au paragraphe 2 de l'article 12 du règlement de l'Assemblée générale destiné à mettre en application l'Article 102 de la Charte des Nations Unies, tel qu'amendé.

No. 51354

International Development Association and Viet Nam

Financing Agreement (Results-Based Rural Water Supply and Sanitation Under the National Target Program) between the Socialist Republic of Vietnam and the International Development Association (with schedules, appendix and International Development Association General Conditions for Credits and Grants, dated 31 July 2010). Hanoi, 22 February 2013

Entry into force: *23 May 2013 by notification*

Authentic text: *English*

Registration with the Secretariat of the United Nations: *International Development Association, 6 September 2013*

Not published in print, in accordance with article 12(2) of the General Assembly regulations to give effect to Article 102 of the Charter of the United Nations, as amended.

Association internationale de développement et Viet Nam

Accord de financement (Programme cible national axé sur les résultats de l'approvisionnement en eau et de l'assainissement du milieu rural) entre la République socialiste du Viet Nam et l'Association internationale de développement (avec annexes, appendice et Conditions générales applicables aux crédits et aux dons de l'Association internationale de développement, en date du 31 juillet 2010). Hanoï, 22 février 2013

Entrée en vigueur : *23 mai 2013 par notification*

Texte authentique : *anglais*

Enregistrement auprès du Secrétariat de l'Organisation des Nations Unies : *Association internationale de développement, 6 septembre 2013*

Non disponible en version imprimée, conformément au paragraphe 2 de l'article 12 du règlement de l'Assemblée générale destiné à mettre en application l'Article 102 de la Charte des Nations Unies, tel qu'amendé.

No. 51355

International Bank for Reconstruction and Development and China

Loan Agreement (Jiangxi Shangrao Sanqingshan Airport Project) between the People's Republic of China and the International Bank for Reconstruction and Development (with schedules, appendix and International Bank for Reconstruction and Development General Conditions for Loans, dated 12 March 2012). Beijing, 4 June 2013

Entry into force: *16 July 2013 by notification*

Authentic text: *English*

Registration with the Secretariat of the United Nations: *International Bank for Reconstruction and Development, 6 September 2013*

Not published in print, in accordance with article 12(2) of the General Assembly regulations to give effect to Article 102 of the Charter of the United Nations, as amended.

Banque internationale pour la reconstruction et le développement et Chine

Accord de prêt (Projet relatif à l'aéroport de Jiangxi Shangrao Sanqingshan) entre la République populaire de Chine et la Banque internationale pour la reconstruction et le développement (avec annexes, appendice et Conditions générales applicables aux prêts de la Banque internationale pour la reconstruction et le développement, en date du 12 mars 2012). Beijing, 4 juin 2013

Entrée en vigueur : *16 juillet 2013 par notification*

Texte authentique : *anglais*

Enregistrement auprès du Secrétariat de l'Organisation des Nations Unies : *Banque internationale pour la reconstruction et le développement, 6 septembre 2013*

Non disponible en version imprimée, conformément au paragraphe 2 de l'article 12 du règlement de l'Assemblée générale destiné à mettre en application l'Article 102 de la Charte des Nations Unies, tel qu'amendé.

No. 51356

International Bank for Reconstruction and Development and China

Loan Agreement (Jiangxi Poyang Lake Basin and Ecological Economic Zone Small Town Development Project) between the People's Republic of China and the International Bank for Reconstruction and Development (with schedules, appendix and International Bank for Reconstruction and Development General Conditions for Loans, dated 12 March 2012). Beijing, 17 May 2013

Entry into force: *19 July 2013 by notification*

Authentic text: *English*

Registration with the Secretariat of the United Nations: *International Bank for Reconstruction and Development, 6 September 2013*

Not published in print, in accordance with article 12(2) of the General Assembly regulations to give effect to Article 102 of the Charter of the United Nations, as amended.

Banque internationale pour la reconstruction et le développement et Chine

Accord de prêt (Projet de développement du bassin du lac Jiangxi Poyang et des petites villes de la zone économique écologique) entre la République populaire de Chine et la Banque internationale pour la reconstruction et le développement (avec annexes, appendice et Conditions générales applicables aux prêts de la Banque internationale pour la reconstruction et le développement, en date du 12 mars 2012). Beijing, 17 mai 2013

Entrée en vigueur : *19 juillet 2013 par notification*

Texte authentique : *anglais*

Enregistrement auprès du Secrétariat de l'Organisation des Nations Unies : *Banque internationale pour la reconstruction et le développement, 6 septembre 2013*

Non disponible en version imprimée, conformément au paragraphe 2 de l'article 12 du règlement de l'Assemblée générale destiné à mettre en application l'Article 102 de la Charte des Nations Unies, tel qu'amendé.